관찰자가 본 북과 남

관찰자가 본 북과 남

ⓒ 김경산, 2024

초판 1쇄 발행 2024년 5월 20일

지은이	김경산
펴낸이	이기봉
편집	좋은땅 편집팀
펴낸곳	도서출판 좋은땅
주소	서울특별시 마포구 양화로12길 26 지월드빌딩 (서교동 395-7)
전화	02)374-8616~7
팩스	02)374-8614
이메일	gworldbook@naver.com
홈페이지	www.g-world.co.kr

ISBN 979-11-388-3134-5 (03300)

관찰자가 본 북과 남
강성대국 조선의 미래

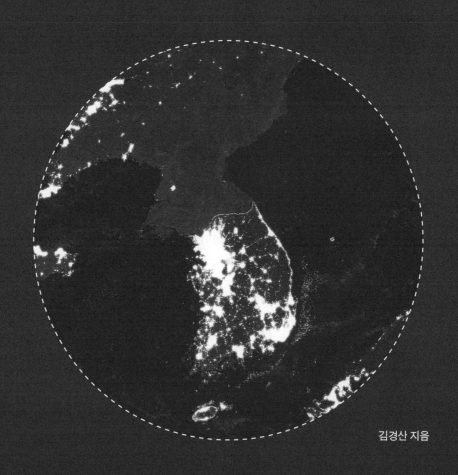

김경산 지음

좋은땅

추천의 글

김영수
북한연구소 소장

북한 독자를 계몽하는 이런 책은 아직 없었다. 남과 북을 동시에 살았던 경험으로 '조선'의 살길을 제시한 보기 드문 책이다. 북한의 '육두품'들이 북한 변화를 앞당기는 자극제가 되기를 기대한다.

고영환
통일부장관 특별보좌관

이 책은 진정한 자유를 위해 정든 고향땅을 떠날 수밖에 없었던 한 북한 청년이 겪은 이념적, 문화적, 사회적 혼란과 한국사회로의 정착과정을 북한 주민과 탈북민의 눈높이에 맞추어 풀어낸 하나의 교과서와 같은 책이다.

서재평
탈북자동지회 회장

이 책은 북조선 사람의 립장에서 서술한 진솔한 이야기이다. 저자가 떠나온 고향을 그리며 하루빨리 인민들이 잘사는 세상이 오기를 고대하면서 정성을 들인 거작이다. 이 책이 무조건 북조선으로 들어가서 조선의 청년들에게 많이 읽혀지기를 간절히 바란다. 나의 친구인 저자 김경산에게 진심으로 축하와 응원을 드린다.

목 차

정보의 자유를 향한 몸부림

이 책은 처음부터 조선의 독자들을 위해 쓰기 시작했다. 그래서 맞춤법과 표현들이 '조선어 표준'에 맞추어져 있다. 제목부터 북쪽을 의식했고 국가 명칭을 북쪽에서 통용되는 표현인 '조선'과 '대한민국'으로 지칭했다. 북과 남의 가장 큰 언어 차이인 두음법칙을 북쪽 기준인 리유(이유), 력사(역사) 등으로 표현한 것은 남쪽 사람들에게 굉장히 혼란스러울 것이다. 이 책을 쓰게 된 리유는 인터네트, 해외려행, 외국 출판물 등 외부세계를 전혀 접하지 못하는 '조선'의 청년들과 지식인들에게 '대한민국'을 비롯한 외부 세계에서 내가 직접 보고 듣고 느낀 점들을 그대로 전달하기 위해서이다.

중학교 시절부터 나는 외부 정보에 대한 객관적인 인식에 목말라 있었다. 최고 전성기 때에도 수백 명을 넘지 못했던 항일투사들이 일본 관동군 100만 명을 상대로 싸워 조국광복을 달성했다는 혁명력사는 사실 의문 투성이였다. 솔방울로 수류탄을 만들고 구름타고 날아다녔다는 그 유명한 축지법 전설이 나를 비롯한 사회 전체의 가치관을 관통하고 있었다. 일본 순사 3명과 조선인 경찰보조원 2명이 지키던 산골 마을 습격 사건인 '보천보 전투' 승리기념탑의 웅장함은 일본군 수천 명을 바다에 수장시킨 리순신 동상을 압도한다. 리순신 장군을 뛰어넘는 그 위대하고 찬란한 혁명력사는 지금도 유효하게 작동한다.

나의 가치관을 처음으로 흔들었던 사건은 고급중학교(고등학교) 시절 충격적인 외부 정보를 우연히 알게 된 때였다. 수학소조(동아리)에 함께 다니던 친구로부터 『인간의 증명』이라는 일본 소설을 빌려 보았다. 살인사건 수사를 위해 미국의 거지촌에 찾아간 일본 경찰이 피해자의 집을 방문하는 과정을 묘사하는 장면이다. "정말 아무것도 없었다. 좁아터진 방에는 TV, 랭동기, 침대, 옷장, 작은 책상 그것뿐이었다." 미국과 일본은 어떤 나라인데 1970년대에 이미 거지들의 집에 TV, 랭동기, 침대 등이 있는 것인가?

　미국의 1970년도 조사 자료를 언급하며 최하층 로동자의 1주일 급여가 100딸라라는 대목에서는 더 큰 충격이었다. (2022년 미국에서 최저임금이 가장 낮은 지역은 시간당 7.25딸라로 1주일 급여는 290딸라다.) 다방에서 사탕가루(설탕)를 커피 잔에 넣는 묘사에서는, 귀한 약재처럼 쓰이는 사탕가루가 식탁에 기본으로 구비되어 있다는 사실을 도무지 믿기 어려웠다. 그때로부터 거의 반백년이 지난 지금도 조선에서는 사탕가루가 귀한 식품이지만 대한민국을 비롯한 선진국들에서는 살찌는 주범이라 지탄받는다. 결핍보다 과잉을 걱정하는 선진국들의 경제상황을 그 시절에는 리해할 수 없었다.

　외부 정보에 대한 나의 호기심은 대학교 1학년부터 차원이 달라졌다. 부모님이 나를 이 세상에 낳아 준 것만도 너무 감사함을 몰랐던 철없던 그 시절, 나에게 아무것도 해 줄 수 없었던 부모님을 원망하다 못해 저주까지 하였다. 나의 부모님은 왜 백두산줄기(항일투사 유가족)도 아니고, 락동강줄기(6·25전쟁 전사자)도 아니고, 후지산줄기(돈 많은 북송교포)도 아니고, 더 억울한 것은 고향이 서울인 이남 출신 아버지 신분이었다. 그래! 부모님을 선택하여 태어날 수 없는 세상을 탓해서 뭣하랴, 피 끓는 청춘의 젊은 패기에 온몸을 불사르며 당과 국가에 충직한 혁명전사가 되리라 매일매일 나 자신을 채찍질했다.

역경을 순경으로 받아들였던 혁명 원로들의 고귀한 투쟁정신은 나의 관심 대상이었다. 당과 국가 건설의 초창기에 아버지와 같은 남쪽 출신들은 어떻게 했을까 궁금하여 도립 도서관에 갔다. 1945년도 해방 이후 로동신문을 보고 싶다는 나를 유심히 뜯어보던 녀직원은 보위부 허가 없인 못 본다며 단마디에 거절했다. 당의 기관지인 로동신문을 보겠다는데 왜?! 급하게 골목시장에서 알사탕을 사다(쌀 1kg의 1/3에 해당하는 거금을 썼다.) 찔러 주니 그 직원은 지하 서고에서 1949년도 로동신문 한 묶음을 꺼내다 주었다.

로동신문을 보던 나는 망치로 머리를 얻어맞는 듯한 충격에서 한참을 헤어나지 못했다. 아! 이래서 보위부 승인이 필요했었구나!! 하단에 총 다섯 사람의 이름으로 발표된 공화국 정령 발표 기사인데 첫 번째에는 강량욱(혁명력사를 열심히 공부했다면 이 사람이 만경대 가문이라는 것을 알 것이다.)이라는 사람이 있었다. 두 번째와 세 번째, 다섯 번째 사람은 무슨 리유인지 전부 먹으로 까맣게 지워 놔서 보이지 않았다. 네 번째에서 만경대 고향집과 더불어 누구나 다 아는(?) 그 이름을 발견했을 때, 1949년인데도 왜 첫 번째가 아니지? 국가에 대한 나의 절대적인 존경심은 그때부터 조금씩 흔들리게 되었다.

방학이면 전국의 대학에서 고향으로 돌아온 학우들과 고차원적인(?) 사회혁명론을 떠들다가 『김일성선집』과 같이 개인의 이름으로 된 전집이 조선에 2권이나 더 있다는 고급 정보(?)를 알게 되었다. 『계응상전집』은 잠업과학에 관한 내용이었는데 이분이 로동신문 기사의 '네 번째' 순서에 있던 그분(?)보다 더 유명한 세계적인 과학자였다는 사실을 당시에는 몰랐다. 〈민족과 운명〉이라는 영화로도 만들어진 카프작가동맹 위원장 리기영, 그의 전집은 「오빠의 비밀편지」라는 단편소설 모음집이었다. 그런데 왜 최고지도자와 위상을 나란히 하는 개인 전집으로 출간되었는지는 알 수 없었다. 리기영의 며느리였던 성혜림 이라는 유부녀 배우와 총각이었던 어떤 분(?)과의 금지된 사랑을 그땐 몰랐었다.

시간이 흐를수록 아버지 고향 서울과 바깥 세계에 대한 나의 호기심은 국가에 대한 존경심과 반비례하며 커져만 갔다. 급기야는 들키면 목숨까지 내놓을 각오로 소형 라지오를 몰래 구입하여 밤마다 남쪽 방송을 들었다. 독특하게 간드러진 서울 말씨의 대한민국 방송을 들으면서도 국가에 대한 나의 존경심은 꽤 오래동안 버티었다. 자가용 1천만 대 시대가 멀지 않았다는 뉴스에 '갱생68' 국산 승용차까지 전부 추산하니 북쪽은 대략 20~30만 대 정도 되었다. 사회주의 강성대국 조선도 이 정도인데 가난한 대한민국이 1천만 대?? 북이나 남이나 선전 선동 분야가 허풍이 심한 것은 알겠는데 이거 뭐 남쪽은 더 한심했다. (2021년 말 조선의 화물차·승용차 총 등록 대수는 25만 3천 대이며, 2024년 1월 기준 대한민국 화물차·승용차 총 등록 대수는 2549만 대, 그중 승용차는 2392만 대이다.)

한번은 시장에 나온 아줌마들의 만담으로 편성된 방송을 듣는데 크고 싱싱한 배추와 벌레들이 파먹은 듯한 비싼 무농약 배추를 놓고 밥상건강 론쟁을 하고 있었다. 너무 가소로웠다. 북에서는 없어서 못 먹는데 가난한 대한민국이 질적 성장을 론한다고? 내용도 문제지만 국가 자원의 랑비가 더 심각한 거다. 한정된 전파 자원을 사용하는 선전활동 시간에 자가용 1천만 시대 이런 허풍도 아니고 배추 자랑 허풍은 대한민국 방송의 결정적인 헛소리였다. 아무도 믿지 않을 배추 자랑을 편성한 그 방송 기획자는 대한민국에 반항하는 내부 종파 분자이거나 우리 공화국을 흠모하는 대한민국의 혁명세력임이 틀림없었다.

사회적 문제에 대한 솔직담백한 대한민국의 보도와 대담들을 계속 듣다 보니 어느 날 갑자기 아버지 고향 서울에 한번 가 봤으면 하는 생각이 불쑥 들었다. 하지만 '나를 안아 키워 준 어머니 조국'에 대한 존경심은 나를 쉽게 놓아주지 않았다. 그 알량한 존경심은 혁명소설 『배움의 천리길』에서 "나는 열네 살 되던 해에 그 누군가가 지은 압록강의 노래를 부르며 다시 돌아올 그날은 과연 언제일까?"라는 구절처럼 탈북을 위해 두만강에 선 나를 끝까지 괴롭혔다. '조국을 배반하는 것이 과연 옳은 결정일까?'

두만강을 건너 중국 땅에서 나의 선택이 얼마나 현명하였는지를 깨닫는 데는 그리 오랜 시간이 필요하지 않았다. 조선에서는 풀죽도 없어 못 먹는데 강 하나를 사이에 둔 중국에서는 산더미처럼 쌓여있는 강냉이를 닭과 오리에게 사료로 주고, 먹다 남은 흰쌀밥을 개에게 주고 있었다. 위대한 조국이라 믿으며 살아왔던 나 자신에 너무 화가 치밀었다.

1999년 4월 중국을 거쳐 간난신고 끝에 대한민국에 도착하는 동안 다양하게 접한 바깥세상은 엄청난 정보를 나에게 제공했다. 사회주의 국가라 자처하는 중국 공산당의 지도를 받는데도 중국의 개혁개방 로선은 확고했다. 아버지의 고향인 서울에서 제2의 인생을 시작하는 동안 받아들여야 할 정보의 량은 더욱더 어마무시했다. 일상생활에 필요한 가장 기본적인 생활정보도 버거웠지만 사상과 리념이 극과 극으로 상반되는 북과 남의 사회경제학적 통찰을 시도했던 나는 엄청난 정보의 홍수 속에 익사할 지경이었다.

외부 세계에 대한 객관적인 정보의 호기심은 대한민국에 와서도 멈추지 않았다. 탈북 2년 만인 2001년, 나는 북에서는 상상도 못할 해외려행의 자유도 만끽할 겸 자본주의 력사의 시발점인 영국으로 갔다. 런던에서의 1년간 생활은 심하게 태운 누룽지 같은 쓰디쓴 커피를 왜 마시는지 리해 못 하던 나의 민족주의 정신을 세계화시켰다. 포크와 나이프로 빵에 버터를 발라먹으며 둘로 갈라진 조국을 밖에서 바라보니 조선반도는 국제사회라는 커다란 탐조등 앞에 눈부셔 얼어 버리는 순진하고 나약한 사슴 한 마리에 불과했다. 밖에서야 비로소 보이는 진실의 순간들이었다. 영국에서의 경험은 지구촌에서 가장 성공한 집단인 듯이 잘난 체하는 서양의 시각에서 동양을 바라볼 수 있었던 국제적인 감각과 세계적인 차원의 결이 다른 정보들을 습득하는 소중한 기회였다.

반만년 력사를 돌이켜보면 우리나라는 지금껏 한 번도 다른 나라를 침략하지 않고 착하게만 살아왔다. 강대국들의 력사를 들여다보면 식민지 지배와 같은 강도적인 제국적 정신(mind)은 지속 가능한 강성대국의 바탕이었다. 우리는 강하지 못해서 착했던 것일까, 착해 빠져서 강해지지 못한 것일까? 북과 남이 정치적 판단을 떠나 단일경제지대로만 통합되어도 력사상 가장 넓은 지역을 통치하며 동북아를 호령하던 고구려의 명성을 되찾을 수 있는 강대국이 될 텐데 광개토대왕이 무덤 속에서 둘로 갈라져 국력 소모에 빠져있는 북과 남의 현대인들에게 추상같이 포효하는 것만 같았다.

조선처럼 핵무기만 있으면 강성대국이 될 수 있을까? 핵개발에 먼저 성공한 이스라엘이나 파키스탄이 현재 대국적인 영향력을 가졌다고 보기는 어렵다. 외부 정보가 차단된 상태에서의 과장된 락관론을 그대로 믿어서는 안 된다. "자기 땅에 발을 붙이고 눈은 세계를 보라."는 당의 방침은 구호일 뿐 외부 세계를 객관적으로 바라볼 수 있는 신문이나 방송은 어디에도 없다. 진실은 고사하고 영문도 모른 채 분노에 가득 차 외부의 제재를 향해 울분을 쏟아내는 순진한 이들에게 정말 필요한 것은 무엇일까?

진실한 정보의 자유를 향한 나의 몸부림은 국가의 어떤 도움이나 간섭도 없이 북과 남을 거쳐 해외까지 기어이 광명의 빛을 보았다. 더도 덜도 말고 평양과 서울, 백두산과 한라산 등 국내만이라도 려행증 없이 돌아다니며 보고 듣고 느낄 수 있는 세상이 되었으면 좋겠다. 중국과 대만처럼 항상 으르렁대며 싸우면서도 리념, 사상 따위를 전혀 묻지 않고 서로 왕래하는 과도기적인 환경이라도 됐으면 좋겠다. 북과 남이 우선 자유롭게 오고 가기라도 한다면 '조국통일'은 이미 절반은 이루어진 것 아닐까?

조선반도에서 전쟁이 다시 일어난다면 북과 남은 6·25전쟁에서 그러했듯이 각자 전쟁의 승리를 위하여 무슨 짓이든 할 것이다. 최근 우크라이나 전쟁처럼 개인용 자동화 무기들의 대량생산으로 전민무장화가 가능한 현대전은 장기적인 소모전과 보급전으로 흐른다. 이미 전쟁을 치르고도 남을 개인 화기들이 비축되어 있는 북과 남은 결사 항전을 부르짖으며 개전 초기에 박살난 공장들을 뒤로한 채 전시 물자와 최신 무기를 위하여 각자 진영의 강대국들에 큰절 올리며 구걸할 것이다. 전쟁 속에서 북과 남은 국제사회의 '혈맹'이란 관계는 돈 앞에서 아무 소용없음을 뼈저리게 깨달으며 각자 진영의 전쟁 비용 대출 각서에 서명하게 될 것이다. 장기전은 결국 돈과의 전쟁이다.

최악의 경우 북쪽의 자폭성 핵 사용과 남쪽의 미국산 보복성 핵 대응은 부자와 가난뱅이, 당간부와 로동자, 과학자와 일반인을 가리지 않는다. 인재들이 괴멸된 상태에서 강대국들이 내미는 막대한 전쟁 비용 청구서를 받아들게 될 살아남은 자들은 '을사조약' 때보다 더 암울한 상황에 국가 회복의 전의마저 상실하게 될 것이다.

리조 말기 일본에서 빌려다 쓴 막대한 채무는 '을사조약'의 발단이 되었다. 남자들은 담배를 끊고 녀자들은 은비녀와 가락지까지 바쳐야 했던 전 국민의 '국채보상운동'과 타국에서의 결사 항일에도 불구하고 36년 동안이나 일본에 통합되었던 것처럼 조선반도는 또다시 강대국들의 채무 함정에서 벗어나지 못한 채 통합되게 될 것이다. 지금 머뭇거리면 세계무대에서 반만년의 력사를 자랑하던 조선반도는 사라진 고대 국가들처럼 력사책에만 존재하는 상황을 기어이 맞이하게 될 것이다.

현대 철학의 아버지로 불리는 프랑스의 철학자 데카르트는 "좋은 책을 읽는 것은 과거 몇 세기의 가장 훌륭한 사람들과 이야기를 나누는 것과 같다."고 했다. 이 책이 북녘의 인민들에게 오류 없는 지식으로 받아들여지기보다 더 넓은 세상과 새로운 시대에 눈을 뜨는 불꽃같은 정보가 되고 지적인 토대가 되어 남녘의 인민들과 함께 고구려 제국의 위상을 되찾는 데 자그마한 도움이라도 되었으면 하는 바램이다.

- 김경산 -

제1장

강대국들은
어떻게
만들어지는가

력사의 변곡점에 있었던 강대국들

근대화에 앞섰던 일본, 동양의 패권을 쥐다

조선반도 주변 국가들 중 근대사에서 가장 먼저 성공한 국가는 일본이다. 19세기 서양의 제국주의 렬강들이 아시아를 집어삼킬 때 일본은 부국강병을 국가 정책으로 내세우며 근대화 사업에 뛰어들었다. 고립된 섬나라였던 일본은 19세기 이전까지만 해도 조선을 통해 중화권의 대륙 문화를 동냥하며 살아왔다. 일본은 대륙의 문명을 전달하는 '조선통신사' 방문을 막대한 예산을 들여 최고의 예우를 갖추고 극진히 대접하곤 하였다. 그러나 좀 더 발전된 서구 문명을 알게 된 이후 1811년을 마지막으로 더는 돈을 써 가며 얻을 정보나 학문이 없는 '조선통신사'를 받아들이지 않았다.

일본의 근대화 성공에는 경제사적 관점으로 볼 때 여러 가지 다양한 요인들이 있었지만 그중에서 우리민족이 기여한 공로도 적지 않다. 임진왜란 당시 일본으로 끌려간 우리나라 도공들은 일본을 근대화와 부국강병으로 인도하는 요인 중의 하나로 급부상하게 되었다. 당시 우리나라 도자기는 지금의 반도체 이상으로 부가가치가 높은 제품으로 유럽이나 중국조차 확보하지 못한 그 제조 기술은 최고의 산업 비밀이었다. 금속에 은, 동을 넣어 장식하는 상감기법을 도자기에 응용하여 만들어 낸 고려청자는 당시로서는 그 누구도 흉내 낼 수 없는 세계 최고의 최첨단 기술이었다.

우리나라 강화도에 프랑스 함대가 쳐들어오기 13년 전인 1853년 7월 8일 새벽, 일본의 도꾜는 페리호를 비롯한 미국 군함 4척에 의해 불바다가 되었다. 목선에 노를 저어 기동하는 일본 함선과 달리 증기기관과 대포를 장착한 엄청난 크기의 철갑함인 미국 군함의 위력에 놀란 일본은 한 절반 얼이 나가 있었다. 곧바로 서양식 군함 제작에 나서서 그 이듬해인 1854년에 생산된 군함은 대포 16문이 달린 370톤짜리였다. 그러나 이 군함은 당시 강대국들의 최신군함에 비교가 되지 못했다.

최신 군함을 만들기 위해 강대국들의 기술과 장비를 사 오자니 일본은 돈이 부족했다. 별로 내세울 것이 없었던 일본은 우리 선조들의 피땀과 기술이 녹아든 도자기를 1867년 빠리박람회에 출품하게 된다. 빠리박람회에 참가했던 세계 각국은 조선의 도자기 기술을 리용하여 대량생산에 성공한 값싼 일본의 도자기에 매료되었고 일본에서 생산된 조선식 도자기는 당시 고가의 사치품에 속하던 중국식 도자기를 밀어내며 열풍을 일으켰다. 일본의 개혁개방 길목에서 난세의 영웅으로 추앙받던 '나베시마 나오마사(1815~1871)' 일대기 기록에 의하면 박람회 당시 쇼군, 사가현, 사쓰마현 등 3개 현에서 파견된 일본 대표단은 각자 점포를 차려 놓고 도자기를 팔아 유럽 최고의 무기들을 구입하는 데 열을 올렸다고 한다. 조선 도공들의 원천기술로 제작된 도자기들은 일본의 상선들에 실려 서양으로 대량 수출되었고 일본은 그 돈으로 대포와 증기기관 등 첨단기술 제품들을 수입하여 철저하게 모방하며 선진국 기술을 터득했다.

서양 기술의 모방으로 시작된 일본 군대의 현대화는 청일전쟁의 승리를 담보할 수 있었다. 그 승리로 받아낸 배상금은 자그마치 일본의 4년 치 국가 예산을 충당하였다. 일본은 이를 통해 추가 군비확장에 더욱 박차를 가해 10년 뒤에는 모두가 무모하다고 했던 로일전쟁에서 승리했다. 1861년 로씨야 최신 군함인 증기기관 철갑선 '포사드니크호'가 선체 수리를 핑계로 쯔시마 해협에 나타났을 때 미국의 페리함대에 흠씬 두들겨 맞은 지 얼마 안 되었던 일본은 너무 놀라 어쩔 줄 몰라 했다. 일본은 다급히 영국에 지원을 요청하여 영국 군함 2척이 출동해서야 겨우 로씨야를 쫓아낼 수 있었다. 로씨야에 무력하게 당하기만 하던 일본은 우리나라보다 앞선 개혁개방 정책으로 군사력을 키워 1875년에는 운양호를 비롯한 3척의 군함으로 인천 앞바다에 쳐들어와 도자기의 본국 조선정부를 무릎 꿇게 하였고 1905년에는 로씨야도 무찔렀다.

19세기 일본의 발 빠른 대처는 우리가 배워야 할 부분이다. 일본보다 해상무역에 조금만 먼저 눈을 돌려 당시 세계적인 고부가가치 제품이었던 도자기 수출에 전력을 다했더라면 우리나라는 벌써 강대국의 반열에 올랐을 것이다. 해양능력의 확보와 이를 활용한 해상무역은 그때나 지금이나 국가의 존망을 좌우하는 중요한 지표이다.

우리가 사는 이 지구촌에서 국가 단위의 부익부 빈익빈 현상이 표면화된 것은 불과 몇백 년 전이다. 몇천 년 동안 농경 사회의 틀 속에서 주변국과의 령토 차지를 위한 싸움은 있었을지라도 대부분 국가들의 경제 생활 격차는 크지 않았다. 하지만 륙지에서만 벌어지던 령토 전쟁은 지구 표면의 70%를 차지하는 바다로 이어지면서 해양능력의 발전 유무에 따라 강대국과 약소국으로 갈라지는 운명 앞에 놓이게 되었다.

륙지에서의 령토 전쟁은 항상 대규모 인력 손실을 비롯한 수많은 대가를 치르는 피 튀기는 살륙의 련속이었다. 하지만 바다를 다루는 해양능력의 발전은 새로운 황무지 발견과 대규모 운송을 통한 무역을 통하여 적은 손실을 입고도 좀 더 만족한 삶을 영위하기 위한 물자 조달이 가능하게 하였다. 일본보다 먼저 해양능력의 강화에 주력했던 국가들은 신대륙과 식민지 선점에 의한 략탈로 막대한 국부를 쌓았다.

전 세계 가장 많은 국가가 사용하는 언어의 모국 에스빠냐

신대륙과 식민지 선점에 의한 략탈로 막대한 국부를 쌓아 강대국 반열에 제일 먼저 오른 근대적인 국가는 에스빠냐(스페인)다. 고도의 항해기술로 중남미를 선점하며 제국의 영광을 누렸던 에스빠냐의 영향으로 브라질을 제외한 중남미 국가 대부분이 지금도 에스빠냐어를 사용한다. 지금은 영어가 국제 공용어처럼 세계에서 가장 많이 사용되지만 모국어로 쓰는 국가로 따지면 에스빠냐어가 단연 1위다.

에스빠냐는 식민지 개척시대에 지구상에 가장 먼저 자기의 세력을 넓힌 국가였다. 세계 최초의 식민지 제국이었던 에스빠냐는 해양능력을 강화하여 15세기 지중해를 장악하는 해상 제국을 만드는 데 성공했다. 제국의 통일과 령토 확장을 계기로 에스빠냐는 엄청난 속도로 발전하게 되는데 그 계기는 1492년 10월 이사벨 녀왕의 후원을 받은 콜럼버스의 아메리카 대륙 발견이었다. 1500년 무렵 통일된 에스빠냐의 인구는 680만 명으로 이미 상당히 많은 인구를 보유하고 있었다. 에스빠냐는 앞선 항해 기술을 활용해 중남미 아메리카를 모조리 선점하고 이 지역에서 쏟아져 들어오는 엄청난 량의 금과 은 덕분에 유럽 최고의 부국이 되었다.

에스빠냐는 16세기, 나름대로의 찬란한 문화를 꽃피우고 있던 남미의 아즈텍, 잉카, 마야 문명을 무너뜨리고 아메리카 전체에 걸쳐 세력을 확장했다. 그들은 금, 은, 향신료, 진귀한 농산물 등을 략탈하면서 유럽인들에게 신세계를 소개하는 역할을 수행했다. 그들은 대서양을 가로질러 아메리카 대륙과 교역을 하고 태평양을 통해서 동아시아와 메히꼬(멕시코), 필리핀에 이르기까지 폭넓은 해상무역로를 장악했다.

하지만 에스빠냐는 해양능력의 지속적인 발전보다 유럽 대륙 내부의 정치 및 종교 문제에 더 깊이 개입하면서 국력 약화를 자초했다. 강력한 힘을 가졌을 때 에스빠냐 령토로 귀속시켰던 네데를란드(네덜란드)와 포르뚜갈이 17세기 이르러 독립으로 떨어져 나가고, 영국과 프랑스와의 장기간 전쟁에서 패하면서 쇠퇴해 가던 에스빠냐는 18세기 초부터 일어난 내부의 왕위 계승 혼란이 가중되면서 강대국 지위도 상실하게 되었다.

해가 지지 않는 국가 대영제국

무적함대라 불렸던 에스빠냐 해군을 격파하고 20세기 초반까지 세계 유일 강대국의 지위를 누려 왔던 국가는 영국이다. 영국의 부상에 대해 흔히 산업혁명을 통한 공업화를 거론한다. 하지만 영국은 일본과 같이 대륙에서 동떨어진 섬나라로 유럽 대륙의 별 볼 일 없는 변방 국가였다. 모두들 륙지에서 피 터지는 령토 전쟁에 몰입할 때 영국은 광활한 바다를 정복하는 해양능력 확보에 국가의 사활을 걸었다. 영국이 목숨을 건 해양능력은 다름 아닌 거국적인 해적질이었다. 다른 나라라고 해서 해적이 없었던 것은 아니지만 국가 차원에서 해적질을 장려한 나라는 영국이 유일하다.

해적이라고 하면 배 몇 척 끌고 다니는 소수의 도적 무리를 떠올리기 쉽지만 영국의 해적들은 해적이 아니라 해군이었다. 략탈보국의 기수였던 해적 드레이크는 20척 이상의 함대에 무장한 병력 2500명을 싣고 다녔다. 영국은 국가의 비호 아래 해적질로 부유해진 자산가들에게서 세금을 거두어 국가 재정을 늘려갔다. 나날이 살쪄 갔던 영국의 돈주머니는 산업혁명에 필요한 막대한 자금을 내부에서 차질 없이 조달될 수 있게 하였다. 1804년 증기기관의 발명으로 수력, 풍력 같은 계절의 영향을 받는 자연의 힘이 아닌 증기를 사용하는 기계는 다양한 산업으로 전파되었다. 기계의 도입은 생산 공정의 분업화 추세와 맞물려 산업혁명이라 불리는 새로운 시대를 맞이하게 된다.

　산업혁명으로 경제력을 공고히 다진 영국은 해군력에 더욱 박차를 가해 바다를 정복함으로서 더 많은 식민지를 확보할 수 있었고 대량생산된 비교우위의 제품들은 식민지와의 해상무역을 통해 막대한 부를 축적하게 만들었다. 전 세계 어느 곳에나 식민지가 있었던 영국은 '해가 지지 않는 대영제국'이라 불렸고 지금도 54개의 옛 식민지 국가들을 '영련방국가모임'에 해마다 불러들여 그 세를 과시하고 있다.

　15~16세기에는 세계의 렬강들이 바다를 통한 해양능력의 확보로 강대국의 반열에 올랐다면 그 이후로는 산업혁명과 함께 세계적인 분업을 통한 자유무역이 국부를 축적하는 가장 빠른 지름길이었다. 기계와 분업화된 생산 방식의 결합은 폭발적인 생산량 증대로 이어지게 되었으며 기계에 의한 대량생산 제품들과 천연자원에 의존하는 식민지 상품들은 자연스러운 무역과 함께 세계적인 분업을 촉진하게 되었다. 이때로부터 세계는 각 나라의 비교우위 선점을 위한 자유무역의 길에 본격적으로 들어서게 되었다.

새로운 세기, 신흥 강대국의 탄생 독일

산업혁명과 세계적인 분업을 통한 자유무역의 흐름에 재빨리 편승하여 강대국의 반열에 오른 국가는 독일과 일본이다. 유럽의 앞선 기술을 야금야금 베끼며 강대국을 지향했던 일본에 비해 독일은 지리적으로 가까운 프랑스와 영국의 영향을 많이 받았다. 독일은 영국과 프랑스처럼 산업혁명을 먼저 거친 유럽의 강국들이 면직물 공업 같은 전통적인 공업에 안주하는 동안, 후발 주자의 강점을 살려 국가 주도로 중화학, 섬유, 기계 등 새로운 공업 분야를 개척했다. 그리고 주변 39개의 크고 작은 국가 단위의 영주들과 관세동맹을 맺어 단일경제지대를 만들었다. 이는 오늘날의 자유무역협정(FTA)을 세계 최초로 시행한 것이라 볼 수 있다.

히틀러에 못지않은 '국가사회주의' 성향의 비스마르크(1815~1898)는 강력한 지도력으로 근대 독일의 전신인 프로이센의 수상에 추대되어 독일 제국을 출범시켰다. '철혈재상'이라고 불렸던 비스마르크는 프랑스와의 전쟁에서 받은 50억 프랑의 전쟁 배상금으로 강력한 국가 주도의 공업육성 정책을 실시하여 중화학, 섬유, 기계 등 새로운 공업을 발전시켰다. 비스마르크의 영향으로 독일에서는 처음부터 대규모 공장들과 철도, 도로 항만, 운하 등의 기간산업들이 국가 주도로 건설되었다. 독일의 산업화는 이러한 기간산업의 발달 덕분에 순조롭게 이루어질 수 있었다.

1835년에 불과 6킬로미터였던 독일의 철도는 1850년대에 이미 6000킬로미터를 넘어, '증기를 내뿜는 말'이라 불리는 증기기관차가 전국을 누비었다. 철도 건설에 부족한 자본을 충당하기 위하여 국가는 관료들을 다그쳐 계획을 세우고 자본을 끌어 모으는 데 앞장섰다. 1834년 프로이센의 주도로 시작된 관세동맹을 통한 자유무역의 번창은 독일의 산업화에 날개를 달아 주었고 1871년 최초로 통일된 독일 제국 수립 이후 2년 만인 1873년에 이르러 마침내는 영국과 프랑스를 넘어서는 강대국이 되었다.

산업혁명과 세계적인 분업이라는 자유무역의 흐름에 재빨리 올라탄 독일과 일본은 전통 강대국들과 그 지위를 함께하려고 했다. 그들은 산업화에 뒤처진 개도국들에게 개혁개방과 '자유무역'이라는 미명하에 '거래의 략탈'로 국부를 축적하며 새로운 강대국으로 부상하기 위해 매진했다. 그들의 말을 듣지 않는 국가는 선전포고를 통한 침략전쟁으로 식민지화하여 철저히 유린하고 략탈하며 부를 축적했다.

전통 강대국과 신흥 강대국의 대결, 1~2차 세계대전

개혁개방의 세계사적 흐름에 뒤늦게 편승하여 산업화에 성공한 독일과 일본은 국력이 상승하자 전통 강대국들이 막대한 리익을 창출하는 식민지의 꿀맛에 눈을 뜨게 되었다. 독일은 전통 강대국들의 푸짐한 밥상이었던 식민지를 재분할하여 공평하게 나눠야 한다며 그들의 밥상에 숟가락을 얹었다가 전통 강대국들의 진영에 신나게 두들겨 맞았다. 이른바 제1차 세계대전이다. 패전과 막대한 배상금 부담으로 실의에 빠져 있던 독일은 히틀러의 광기로 재무장에 다시 성공하였다. 재무장에 성공한 독일은 조선반도 침탈로 힘을 축적한 일본과 함께 전통 강대국들의 식민지 재분할을 또다시 주장했다. 바로 제2차 세계대전이다. 현재 지구는 세계대전과 같은 전쟁이 없어 평화로운 듯 보이지만 식민지 쟁탈과 경제 패권을 향한 강대국들의 야망이 사라졌다고 생각하는 사람은 아무도 없다. 그 강대국들은 이제는 국적을 넘나드는 다국적 기업으로 변신하여 국가 대 국가의 직접적인 충돌을 교묘히 피해가며 거래(무역)의 략탈을 일삼고 있다.

독일은 패전의 잔유물인 동서독 분단을 극복하고 '자유무역'이라는 세계사적 흐름에 또다시 올라타 이제는 명실공이 유럽을 이끄는 기관차로 옛 영광을 찾아가고 있다. 그러나 패전국 일본의 잔유물은 엉뚱하게도 일본이 아닌 조선반도 분단으로 귀결되었다. 독일과 달리 패전국의 도덕적 사죄에 린색한 일본은 지금도 조선반도 통일은 물론이고 최근 부상하는 대한민국까지도 시샘하고 있다. 승전국들에 꾸릴렬도와 오키나와까지 헌납하며 철저하게 짓밟혔던 일본은 우리 민족의 수난이자 일본의 침탈이 그 원인인 6·25전쟁에 전시물자를 공급하면서 다시 살아났다. 강대국을 향한 일본인들의 열정까지 탓할 수는 없지만 조선반도의 분단을 축복인 양 여기는 일본은 동북아 강대국이 될 도덕적 자격에는 한참 부족한 국가임이 틀림없다.

2차 대전 이전까지는 한 나라가 국부를 쌓고 강성대국을 이루려면 식민지 지배를 통한 략탈이 주된 방법이었다. 하지만 급격한 산업화와 민주주의를 비롯한 문명의 발전으로 구시대적인 전쟁과 략탈은 더 이상 고상하지 못한, 지탄받는 행위가 되어 버렸다. 전쟁과 같은 폭력은 세련되어지고 가난한 국가에 대한 착취는 렬강들에 의해 교묘하게 포장된 국제질서라는 가치와 규범으로 합법화를 주장한다. 현재 렬강들의 략탈은 '자유무역'이라는 이름의 거래(무역)로 바뀌어 있으며 저개발 국가들의 낮은 인건비(가난한 로동자)를 착취하는 세계적인 분업구조는 지금도 진행 중이다.

21세기 강대국으로 부상하려는 중국

중국은 19세기 서양의 침략 이전만 하더라도 4억이라는 엄청난 인구와 광활한 국토를 자랑하며 무역 중심의 개방경제가 아닌 쇄국적인 내수경제로도 충분히 안정적인 국가 운영을 지속해 왔다. 모든 것을 자급자족하고 있었던 중국에게 서양의 대량생산 제품은 큰 의미가 없었다. 산업혁명에 의한 양털모직, 목화면사 등의 영국산 대량생산 제품들은 산업혁명 이전부터 수백 년 동안 실크로드(비단길)을 통해 유럽에 비단과 면직물을 수출해 왔던 중국에 큰 감흥을 주지 못했다. 세계의 중심을 웨치며 자만해 있던 중국은 홍콩을 비롯한 남부 지역에 영국이 야금야금 침범해도 대수롭지 않게 여겼으며 무례한 선을 넘지 않는 한 대부분 그들의 편의를 들어주었다.

차 마시기를 엄청 좋아하던 영국인들은 중국에서 수입되는 차잎에 대한 결제를 당시 기축통화였던 은화로 할 수밖에 없었다. 중국과의 무역에서 엄청난 적자를 기록하고 있던 영국은 대금 결제로 아편을 리용하는 수법을 고안해 냈다. 영국의 계략에 넘어간 중국은 그 아편전쟁으로 국가 기반 전체가 흔들리며 서양 강대국들에 여기저기 뜯기게 되었고 나라의 근대화를 위한 내부 지도층의 분렬로 내전까지 치르는 등 긴 시간을 랑비했다. 거기에 새로운 지도층으로 자리잡은 혁명세력의 '문화대혁명' 같은 시행착오로 중국은 선진국형 시장경제로 되돌아가는 데 꽤 오랜 시간이 걸렸다.

현재 '깊은 잠에서 깨어난 사자'로 전 세계의 주목을 받고 있는 중국은 지난 세기 강대국들의 식민지 선점에서 소외되었던 과거를 절규하고 있다. 개혁개방에 뒤쳐졌던 중국은 아편 전쟁의 후유증에서 벗어나자마자 구시대적인 식민지 재분할에 새로운 방법으로 숟가락을 얹고 있다. 중국은 나라 이름에 있는 '가운데 중(中)'이라는 글자처럼 과거 세계의 중심 역할을 했던 영광을 21세기에는 반드시 되찾고야 말겠다는 야망으로 들떠 있다. 중국은 거래(무역)의 략탈로를 확보하기 위하여 '일대일로'라는 거창한 계획을 전 세계 곳곳에 들이밀고 있다. 영국과 프랑스 등 전통 강대국들의 식민지였던 아프리카는 물론이고 에스빠냐, 포르뚜갈의 식민지였던 남미와 미국의 고요한 뒤동산이라 불리는 중미까지 현재 중국의 손길이 뻗치지 않은 곳이 없다. 브라질과 아르헨티나를 포함하여 중남미 국가들의 절반은 이미 최대 무역 상대국이 미국에서 중국으로 넘어갔다. 그러나 개혁개방의 조그마한 성공을 밑천으로 강대국을 흉내 내려는 중국의 야망은 미국에 대항하기엔 아직까지 너무 빈약해 보인다.

현재 지구촌의 유일한 강대국 미국

미국은 누가 뭐래도 현재 세계 최강의 강대국이다. 영국의 식민지에서 벗어나 독립을 이룬 미국이라는 나라의 력사는 200년이 조금 넘는, 근대사에서 가장 력사가 짧은 신흥 강국이다. 영국에서 건너간 이주민들은 원주민들에 대한 살륙과 략탈로 기름진 령토와 희귀 농산품 등을 확보하며 벼락부자가 되었다. 북아메리카에 정착하여 벼락부자가 된 이주민들을 배 아파하던 영국 본토에서 그들에게 본토보다 높은 세금을 결정하자 이에 반발하여 독립을 주장하며 세운 나라가 바로 오늘 날의 미국이다.

신흥 강대국 미국은 지구촌이 두 개 진영으로 갈라져 2차례나 서로 죽일 듯이 전쟁을 하는 동안 량쪽 모두에 자금 지원과 무기 생산에 필요한 원자재를 팔아서 리득을 챙겼다. 미국은 전쟁 막판에 가서야 유리한 편에 붙는 방법으로 전쟁 배상금까지 챙기는 고도의 장사꾼 집단이다. 1차 세계대전 당시 토이기(튀르키예) 주재 독일 대사가 미국 대사에게 지금까지 중립을 지키던 미국이 독일과 전쟁을 해야 하는 리유를 묻자 "우리 미국인은 도덕적 원칙 때문에 전쟁에 뛰어든 겁니다."라고 말했다고 한다. 건국 초기 미국에는 전체 인구의 10%에 달하는 800만 명의 독일 이민자가 살고 있었다. 그 유명한 미국 대통령 도널드 트럼프도 독일계 이민 출신이다. 독일 이민자들은 미국에서 정치적 영향력을 발휘하고 있었고 미국은 독일을 반대하는 전쟁에 나설 도덕적 리유가 없었다. 또한 미국은 식민지 시절 본토 영국에 당한 악감정으로 독립 이후에도 몇 차례씩 영국과 전쟁을 치르기도 했었다. 그러나 미국은 전쟁 막판에 독일을 반대하여 영국의 편에 섰다. 미국의 '도덕적 원칙'은 다름 아닌 미국의 국익이었다.

국가의 리익을 최우선으로 하는 그들의 애국심은 흡사 기술과 힘을 고루 갖추어 도저히 이기기 어려운 유능한 체육인처럼 얄밉지만 존경할 수밖에 없다.

침략자들의 피비린 력사를 찬양하냐는 사람들도 있겠지만 원래 부국강병이란 다 같이 골고루 잘사는 '화목한 이웃'이라는 절대적인 기준이 아니라 적어도 이웃 나라보다 더 '부유하고 강력한'이라는 상대적인 기준이 아니던가? 사회주의 강성대국을 위한 조선 사람들의 애국심과 미국 사람들의 애국심이 애초에 서로 다른 성격의 애국심이라 규정하는 근거는 무엇이며 미국은 핵무기를 수천 개 갖고 있어도 괜찮고 조선은 핵무기를 몇 개라도 갖고 있으면 안 된다는 론리는 또 어떻게 다른가? 자국의 핵개발을 못마땅해 하는 미국에 "빠리를 위해 뉴욕이 희생할 수 있습니까?"라며 핵개발을 밀어붙인 프랑스의 항의는 정당한 주장이고 '자위적 국방력'이라 주장하는 조선의 핵개발은 망발인가? 조선이 불량국가라서 안 된다면 모범 국가인 대한민국은 왜 핵을 가지면 안 되는 것인가? 정의라 포장되는 그 기준은 도대체 누가 정하는가?

조선과 같이 미국을 종이호랑이에 비유하며 6·25전쟁, 웰남(베트남) 전쟁, 아프가니스탄전쟁에서의 미군 철수 등 미국에는 승리의 력사만 있는 것이 아니라고 주장하는 사람들도 있다. 과연 그럴까? 6.25전쟁 결말은 단독으로라도 북으로 진격하겠다는 리승만 대통령을 겨우 뜯어말리고 자진 철수를 결정할 수밖에 없었던 미국 내부 사정에 의한 휴전협정이다. 웰남(베트남) 전쟁 역시 미국 본토가 아닌 다른 국가를 위한 희생이 미국 국익에 반한다는 들끓는 내부 여론으로 미국이 자발적인 철수를 결정한 것이다.

최근 아프가니스탄 철수도 그렇다. 미국은 2001년 9월 11일 국가가 생긴 이래 처음으로 본토의 110층짜리 쌍둥이 빌딩이 외부의 공격을 받아 붕괴되었다. 미국은 이때부터 보복이라는 명분으로 아프가니스탄에 20여 년 주둔했다. 그러나 미국은 9·11테러가 있기 전인 2001년 초에 이미 걸프 지역 석유 매장량의 3분의 1에 달하는 중앙아시아 석유에 대한 교두보였던 아프가니스탄과 막후 접촉을 하고 있었다. 아프가니스탄이 쏘련에 대항해 싸웠던 때에는 중국을 경유해 몰래 20억 딸라의 지원을 해 주기도 했다. 9·11테러를 빌미로 미국이 아프가니스탄에 직접 들어간 리유는 쏘련 련방에서 떨어져 나온 중앙아시아 나라들에 대한 로씨야의 영향력 대응과 석유 패권 때문이었다.

2021년 새롭게 당선된 미국 대통령은 아프가니스탄 철수를 결정했다. 그 리유는 에네르기(에너지) 패권이 석유에서 전기로 넘어가고 있는 상황에서 미국 내에서도 새로 발견되는 셰일오일이 넘쳐나는데 굳이 큰 비용을 지불하며 아프가니스탄을 점거할 필요가 없어졌기 때문이다. 미국은 오히려 2021년 8월 세계에서 배터리 핵심 소재인 코발트 생산의 70%, 매장량의 50%를 차지하는 콩고 내전에 전격적으로 참여하였다. 지난 100년간 인류가 사용했던 석유에서 전기를 활용하는 배터리로 미래 에네르기(에너지)의 중심이 전환 중인 현 상황은 아프가니스탄보다 콩고 점령이 미국의 국익 보호에 더 합리적인 것이다.

미국은 과거에도 그랬고 앞으로도 국익을 위해서만 움직일 것이다.

미국이 주도하는 세계 경제

미국은 2차 세계대전이 끝난 후 브레튼우즈협정을 통해 기축통화 지위를 구축하고 막대한 딸라를 찍어 전 세계를 상대로 '화폐의 마술'을 구사했다. 딸라와 금 교환 비율이 정해지고 금본위제를 철석같이 지키겠다고 국제사회에 약속했던 미국은 금 보유량만큼만 딸라를 찍어야 했지만 자국의 금 보유량을 철저히 비밀에 붙이고 딸라를 마구 찍어 공짜 소득을 누렸다. 맑스(마르크스)도 인정했던 금융가 존 로의 모국인 프랑스는 미국의 음흉한 속심을 가장 먼저 간파했다. 프랑스를 필두로 세계 각국이 보유하고 있던 딸라를 전부 금으로 교환하려고 하자 미국은 1971년 금본위제를 전격 파기해 버렸다. 하지만 전 세계에 퍼진 딸라는 이미 금본위제보다 화폐가치로서 중요한 역할을 하게 되었으며 결국 선손을 친 미국만 리득을 보는 세상이 되고 만 것이다.

최근 30년간의 세계경제 질서는 미국 주도하에 생산은 아시아 국가들이, 금융과 첨단기술 등 기타 서비스는 서방 국가들이 주도하는 국제협력 체계가 유지되어 왔다. 이러한 세계적인 분업의 흐름 속에 대한민국은 거래(무역)의 리익을 최대화 할 수 있는 '자유무역'의 수출 중심 경제구조로 재빨리 변신하여 세계적인 경쟁력을 갖춘 산업강국으로 성장했다. 지금 미국과 대한민국을 비롯하여 선진국들은 경제질서, 가치, 규범을 공유하는 국가들끼리 GVC(Global Value Chain)라는 새로운 동맹을 시도하고 있다. 경제질서니, 가치와 규범이니 어려운 용어들이 복잡하게 뒤섞여 있지만 사실은 대국으로 부상하려는 중국을 견제하기 위한 미국발 탈중국(중국에서 벗어나기) 정책이다.

중국뿐 아니라 개발도상 국가로 분류되는 대부분 국가들이 미국 주도의 세계화 흐름에 편승하기에는 진입장벽이 너무 높다. 강대국을 결정하는 지표로 새롭게 부상한 반도체와 첨단 정보통신 기술 등의 확보는 하루아침에 이루어 낼 수 있는 것들이 아니다. 미국이 독점하다시피 한 반도체, 콤퓨터, 로봇, 인공지능을 비롯한 첨단 기술과 무인공장을 주도하는 독일의 지멘스, 미국의 PTC, 프랑스 다소 같은 제조설비 쏘프트웨어(운영기술) 산업의 경우 전통적인 산업개발 전략에 비해 몇 십 배의 노력이 필요하다.

게다가 개발도상 국가들은 앞으로 선진국들이 잘 포장하여 만들어낸 ESG(환경·사회·지배 구조) 경영과 같은 새로운 형태의 더 높은 진입장벽에 부딪치게 될 것이다. ESG는 개발도상국들에게 탄소세라는 돈을 더 내라는 강도적인 요구다. 교육제도와 정보기술 발달로 개도국들의 경쟁적인 산업기술 도입은 각국의 경제력을 높은 속도로 끌어올렸다. 개도국들이 경제력 성장으로 점점 더 다루기 어려워지자 선진국들은 환경 문제를 구실로 탄소규제를 만들어 내고 저탄소 산업에 대한 새로운 기술장 벽을 구축했다.

이른바 'ESG'으로 포장된 이 기술장벽은 여전히 매장량이 풍부한 석 탄으로 강철을 생산할 수 있음에도 이러한 생산은 기후 재앙을 불러와 지구를 멸망에 빠뜨린다며 수소제철법 같은 친환경 신기술을 소개하며 이에 대한 지적재산권을 요구한다. 현재 지구에서 사용되는 에네르기 (에너지)의 85%인 화석 에네르기를 친환경으로 바꾸어야 하며 자기들이 힘들게 개발한 친환경 기술에 대한 지적재산권을 아주 눅은(싼) 값에 제 공하겠다고 한다. 아주 눅(싸)다고 선전하는 미국의 지적재산권은 1246 억 딸라에(2022년 미국 상무성 무역보고서) 달한다. 개도국들은 친환경 기술에 의한 경제개발에도 돈이 들고 기존 방식의 경제개발에도 탄소세 를 내야 하는 억울한 처지가 된 것이다.

사실 ESG에 대한 내용들은 너무 거대한 차원에서 이루어지는 연극이 어서 이에 대한 론쟁은 세계경제 무대의 핵심을 파악하지 못하는 얄팍한 지식인들이나 선진국들의 두뇌집단에 의해 '음모론자' 또는 '몽상가' 정 도로 치부되기 쉽다. ESG를 비판하다가 몰매를 맞던 미국 뉴욕대 교수 애시워스 다모다는 기자와의 인터뷰에서 "당신이 ESG에 동의하지 않는 다면 당신은 죄인이고 나쁜 사람이 돼 버린다."며 이는 "ESG에 대한 토 론을 거의 불가능하게 만들었다."고 지적했다. 미국 뉴욕대의 스티븐 E. 큐닌 물리학과 교수는『지구를 구한다는 거짓말』이라는 책에서 기후과 학의 데이터 오류와 학문적 완성도를 지적하고 "지구는 따뜻해졌을 뿐 불타고 있지 않다."고 주장하며 기후대책을 위한다는 론리의 허무함과 ESG의 무의미함을 지적한다.

최근 국제사회에서 류행했던 코로나19 상황도 마찬가지다. 1천 명당

8명 정도인 자연사 비율로 따지면 해마다 전 세계에서 5600만 명이 노화나 각종 질병으로 자연스럽게 사망하는데 지난 3년간 코로나로 죽은 사람은 600만 명이 조금 넘는 정도였다. 독감보다 약간 높은 치사율밖에 안 되는데도 세계 유명한 언론들은 지구에 무슨 큰 재난이 닥친 것처럼 야단법석이었다. 세계적으로 코로나19 왁찐(백신) 개발에 성공한 국가는 미국, 영국, 독일(미국과 합작), 인도(영국과 합작), 중국 등 6개국뿐이다. 중국을 제외한 5개 국가가 생산하는 코로나 왁찐(백신)의 기술소유권은 미국과 영국을 비롯한 국제금융 자본의 선제적인 투자에 의해 그들의 손아귀에 있으며 그들이 소유한 제약회사들에서만 생산되고 있다. 공포를 조장하는 세계 언론의 여론몰이에 놀란 전 세계 수십억 사람들은 왁찐을 독점하고 있는 그들에게 1인당 50~100딸라의 비용을 주고 구입해야만 했다. 미국과 영국 주도의 화이자, 모더나, 아스트라제네카 등이 생산하는 왁찐에 비해 중국이 만든 왁찐은 효과가 낮다는 비아냥 속에 세계 류통 시장에서 소외되었으며 로씨야가 만든 왁찐은 세계보건협회에서 아예 인정조차 해 주지 않았다.

인간에 적용했을 시 부작용 등 안정적인 림상데이터 확보를 위해 적어도 10년 이상 걸리던 새로운 왁찐 개발은 mRNA라는 획기적인 기술로 포장되어 어느 날 전 세계에 소개되었다. 거대한 다국적 제약사들에 대한 대규모 투자를 선점해 왔던 세력들은 다름 아닌 기후 재앙으로 인한 지구의 멸망을 주장하며 ESG 전파의 앞장에 서 왔던 빌 게이츠를 비롯한 국제금융 세력들이다. 왁찐 판매가 늘어날수록 그들의 수익만 기하급수적으로 늘어나는 구조다. 국가의 자원을 전부 쏟아붓는 세계대전 상황에서나 벌어지는 세계적인 부의 이동이 '코로나와의 전쟁'이라는 명분으로, 그것도 강대국들에만 집중되는 것을 눈치 챈 사람은 많지 않다.

ESG가 철저하게 계산된 강대국들의 새로운 음모임을 눈치 채지 못하는 것처럼 말이다. ESG는 정보통신 기술의 발달로 하향 평준화되고 있는 개도국들의 첨단 과학기술 이전에 제동을 걸기 위해 만든 작품이다.

코로나 상황이 진정되자 빌 게이츠는 이번엔 20년 이내에 코로나 상황이 재발할 확률이 50% 이상이라며 10억 딸라로 '글로벌감염병대응팀'을 만들면 코로나 상황으로 세계가 입은 14조 딸라의 피해를 사전에 막을 수 있다고 주장한다. 하지만 이러한 계획이 왁찐 연구와 공급을 독점하는 거대한 조직으로 련결되고 그 뒤에는 국제 금융 자본이 숨어 있다고 의심하지 않을 수 없다. 기후 재앙으로 멸망될 지구를 걱정하던 그 ESG 환경 보호 세력들은 코로나 상황이 지구촌 인류의 생명이 걸린 급박한 상황이라 야단을 떨면서도 왁찐의 연구비용이 어마어마하다는 엄살만 부릴 뿐 원가를 공개하지 않았다. 그들은 중진국이나 후진국에 기술 이전도 하지 않았으며 아프리카 같은 최빈국에도 무상 원조는커녕 가격을 낮추어서라도 끝까지 돈을 빨아내는 행태를 보여 줬다.

향후 ESG 규칙을 지키지 않는 개발도상국들은 '아름다운 지구'를 살린다는 그럴듯한 명분으로 국제금융 세력들의 새로운 식민지가 될 것이다. 1970년대만 해도 개발도상국들이 국제통화기금(IMF)과 국제금융 재벌들에게 돈을 빌릴 때는 거의 담보물이 없었으며 국가 신용이 유일한 담보였다. 그런데 국제금융 재벌들은 개발도상국들이 채무를 갚지 못하면 파산 처리를 하지 않고 이 채무를 '세계환경보호은행(World Conservation Bank)'에 이관시켰다. 지금은 지구환경기금(Global Environment Facility)으로 이름을 바꿔서 운영되는 세계환경보호은행의 핵심 업무는 개발도상국들의 막대한 채무를 그들의 령토와 자연자원으로 대체하는 사업이다.

세계환경보호은행이 토지를 담보로 잡았기 때문에 개발도상국들이 채무를 상환하지 않을 경우 담보로 제공된 대규모의 토지는 법적으로 세계환경보호은행에 속하게 된다. 결국 세계환경보호은행의 막후에 있는 국제금융 재벌들은 개발도상국들의 비옥한 토지를 피 한 방울 흘리지 않고 손쉽게 손에 넣을 수 있다. 세계환경보호은행의 기금은 세계은행(IBRD)이 관리하고 있는데 세계은행의 최대 주주는 다름 아닌 미국 재무부다. 국제금융 세력에 추종하는 자들의 맏아들 격인 미국에서는 지금도 "지구의 온난화로 녹아내리는 북극의 동물왕 북극곰을 살리자."는 광고가 TV를 도배하고 있다. 엄청난 돈을 퍼붓고 있는 그들의 영향력은 미국과 멀리 떨어진 대한민국에서도 확인된다.

정말 안타까운 것은 '니들의 검은 속심'을 다 알고 있다며 미국을 비롯한 서구 자본주의 렬강들이 만들어 놓은 불합리한 국제질서에 대해 기회가 있을 때마다 비판하던 조선마저도 강대국들의 ESG 생태계 조성이 무엇을 의미하는지 모르는 똑똑한 바보가 되어 가고 있다는 것이다. 지난 2023년 6월 7일자 로동신문 6면에는 "록색성장의 세계적인 발전동향"이라는 제목으로 강대국들이 말하는 ESG를 환경 보호적인 경제 발전을 추구하는 국제사회의 흐름이며 록색성장과 저탄소경제는 지속적 경제발전의 주류라고 소개했다. 또한 생태환경 보호에 대한 의식 수준을 높이는 교육과 계몽 사업이 국제적으로 활발하게 벌어지고 있다며 강대국들의 북극곰 광고를 미화하기도 했다.

강대국들은 2015년 유엔기후변화협약(UNFCCC) 제21차 당사국총회에서 전 세계 197개 당사국 모두가 온실가스 감축 의무를 지게 만드는 '빠리협정'을 체결하였다. 세계는 이미 국제금융 자본가들의 무대인 강대국과 그들이 만든 규칙에 따라 굴러가고 있으며 여기에 돌을 던지면

튕겨 나오는 파편에 돌 던진 자만 다치게 되는 형국이다.

강대국들이 만든 기존의 '국제질서'를 규탄하며 돌을 던지는 조선과 달리 대한민국은 발 빠르게 새로운 국제기구로 부상한 글로벌록색성장기구(GGGI) 본부를 서울에 유치하는 등 국제사회보다 더 높은 탄소규제를 자진해서 시행하겠다고 난리다. 남쪽은 강대국들의 '검은 속심'을 모르는 바보들일까? 아니다. 그 반대다. 대한민국은 45개 회원국을 포함해 세계 65개국과 향후 기후변화 대응을 위해 협력하고 있는 글로벌록색성장기구(GGGI)의 영향력을 일찍이 간파했다. 대한민국은 그들과 함께 기후기술과 기후재원을 활용해 선진국은 물론 개도국들의 신재생 에너르기(에너지), 순환경제, 산림과 같은 저탄소 사업을 지원해 주는 등 국제 온실가스 감축 시장에서 중추적인 역할을 선도하겠노라 자진해 나서고 있다. 그들은 범을 잡기 위해 범의 굴에 스스로 들어갔다.

글로벌록색성장기구(GGGI)는 각국의 탄소 배출 거래 등에 개입하고 기후재원 마련 등의 명목으로 전 세계 197개 당사국으로부터 강제로 회비를 받아 관리하게 된다. 그 자금 조달 규모는 국제통화기금(IMF)이나 국제결제은행(BIS)의 규모에 버금가게 커질 전망이다. 대한민국 정부와 기업, 금융기관들은 탄소중립을 위한 '협력관계 구축'이라는 명분으로 서울에 본부가 있는 글로벌록색성장기구(GGGI)와 함께 선진국들의 탄소 배출 거래와 개도국들의 그린공적개발원조사업(ODA) 자금을 주도하게 될 것이다. 대한민국만이 구사할 수 있는 공격적인 비즈니스(장사) 수법이다. 글로벌록색성장기구(GGGI)는 2022년 14억 딸라의 저탄소 개발 사업을 이미 발굴했고 향후 2024년까지 34억 딸라 규모의 기후변화 사업계획을 구축할 예정이라고 한다.

분명한 것은 대한민국은 적어도 강대국들이 만든 그 규칙에 돌을 던

지지 않는다는 것이다. 그들이 만들어 놓은 규칙을 바꾸려면 강력한 국제혁명 세력이 그들을 몰아내고 금이나 딸라가 아닌 새로운 기축통화에 의한 금융질서를 만들기 전에는 불가능하다. 단일 국가에서의 혁명이 성공한 사례는 많지만 여러 국가에 분산되어 있는 글로벌한(세계적인) 자본가 집단을 몰아내는 세계혁명은 절대로 일어나지 않을 것이다. 개도국들은 그들의 규칙을 벗어나면 생존 자체가 어려우며 싫든 좋든 함께 해야만 한다.

개도국들이 강대국들이 만든 규칙을 겨우 받아들여 적응할 때쯤 되면 강대국들은 ESG 같은 새로운 규칙을 만든다. 강대국들은 수시로 규칙을 바꿔 가며 비행기를 타고 앞서가고 있지만 개도국들은 그 규칙에 목을 매인 채 죽을힘을 다해 끌려가는 형국이다. 개도국들은 '토끼와 거북이' 우화처럼 우월감에 취한 토끼가 낮잠을 잘 동안 전력 질주하면 힘들더라도 그들을 따라잡을 거라 생각하지만 그것은 오산이다. 선조들의 실수를 깨달은 요즘 토끼들은 낮잠을 자지 않는다. 게다가 조선처럼 제아무리 주체의 혁명정신으로 무장한다 해도 전력 질주로 장시간을 쉬지 않고 달릴 수는 없다. 죽을힘을 다해 달리는 와중에도 더 지치기 전에 빨리 돈을 벌어야 자전거로 옮겨 탈 수 있고 자전거로 열심히 쫓아가면서 다시 기차와 비행기로 갈아탈 기회를 노려야 한다.

강성대국 조선의 암울한 미래

선진국을 열심히 쫓아가려 노력하는 북쪽에 남쪽이 자전거를 선물할지 아니면 기차표나 비행기표 값을 빌려줄지는 북쪽에 달려 있다. 계획경제인지 시장경제인지 목적지가 불분명한 상태에서 기차표나 비행기 표 값은 선뜻 빌려주지 못하지만 남쪽의 경제력으로 자전거 정도는 얼마든지 선물할 수 있다. 세계적인 투자자문회사인 '골드만삭스'의 정보력은 미중앙정보국(CIA)도 울고 갈 정도다. 돈 냄새 맡는 데는 귀신이다. 골드만삭스는 조선반도가 통일될 경우 2050년경에는 프랑스와 독일, 일본을 모두 제치고 1인당 국민총생산(GDP)이 미국에 이어 2위가 될 것이라 전망했다. 그러나 이러한 정보는 북과 남이 통일된 이후 공동의 목적지로 간다는 가정하에서의 예측이다.

　4차 산업혁명이라는 세계적인 격변의 소용돌이 속에서 조선의 '우리식 사회주의' 리론은 세계와의 교류를 통한 자생력이 아니라 '나의 희생'에만 지나치게 몰입된 자력갱생을 강요한다. 근거 없는 자신감에 넘쳐 있는 조선의 주장이 미적분을 풀고 있는 대학생에게 새로운 '정리'로 증명되는 덧셈법 '공식'을 보여 주겠노라 들떠 있는 소학교 학생처럼 보이는 것은 나만의 착각일까?

　나라의 운명이 기울기 시작하던 19세기 말 서양 함대가 우리나라에 쳐들어 왔을 때에도 지도층은 거들먹거리며 일본에 훈수를 두었다. "서양 배 30여 척이 침입했으나 성을 지키는 장수들에 의해 격퇴당했다. 서양 오랑캐들이 앞으로 사달을 일으킬 것 같으니 조심하라. 귀국에서는 방비를 갖추고 변란에 대비하고 있는가?" 일본은 이미 수십 년 전인 1853년 미국의 페리 함대에 흠씬 두들겨 맞고 정신을 차린 뒤였다. 일본은 진작에 서구 문물을 받아들이기 위한 국가적인 사업을 지정하고 대규모 서양 사절단을 파견하여 외부의 환경을 살피고 있었는데 조선의 훈수가 가당키나 했을까?

대한민국 려권과 해외려행

대한민국에서는 려행증 같은 거 없어도 국내 어디든지 마음대로 다닐 수 있다. 해외에 나가려면 려권이 있어야 한다. 려권이란 해외를 려행하는 사람의 국적과 신분을 증명하는 국제신분증이다. 려권은 신청하면 3일 안에 누구나 발급받을 수 있다. 모든 국가들은 외국인이 자국 내 입국 시 려권을 신분증으로 간주하고 자국 내 입국을 허용하는 증서인 비자(VISA)를 발급해 준다. 상호 신뢰가 두터운 국가들은 국가 간 협정으로 상대방 국가의 려권을 소지한 사람에게는 상호 간 비자 발급을 면제해 주고 있다.

조선은 전 세계 199개 국가 중 40개 국가와만 무비자 협정이 체결되어 있다. 대한민국은 전 세계 199개 국가 중 192개 국가와 무비자 협정이 되어 있다. 대한민국 려권은 위조 사기꾼들에게 가장 인기 있다. 대한민국 려권만 있으면 비자 발급이 까다로운 미국이나 프랑스, 독일, 영국, 이딸리아 등 부자 국가들에 제한 없이 갈 수 있기 때문이다. 대한민국의 요즘 세대는 외국인에 대한 거부감이 없다. 외국은 우리보다 잘살고 선진국이라는 암묵적인 위세에 기가 죽어 있던 이전 세대와 너무 다르다.

한때 전 세계를 주름잡던 강대국 에스빠냐(스페인)의 소학교(초등학교) 5학년 교과서에는 아리랑이 실려 있다. 낯선 이국땅에서 아리랑을 들으면 자기도 모르게 가슴이 뭉클해지고 벅차오름을 느낀다. 마치 애국자가 된 듯한 심정이다. 타이(태국)의 한 식당에서 대한민국 사람들이 식사하러 들어오자 즉석에서 아리랑을 연주해 주는 바람에 너무 감동해

주머니에 있는 돈을 있는 대로 다 털어 준 적도 있다. 조선의 공화국영웅 정성옥 같은 사람이 100명, 아니 1000명이 있어도 듣기 힘든 아리랑 연주였다.

국민소득이 낮은 동남아 국가들의 물가는 워낙 저렴해 현지의 산해진미로 아무리 진탕치듯 먹어도 대한민국의 조금 비싼 한 끼 밥값밖에 되지 않는다. 아프리카 케니아의 한 식당에서는 소고기가 너무 눅어서(싸서) 놀랐고 현지인들의 월급에 비해 엄청난 가격이라는 현실에 또 한 번 놀란 적도 있다. 상냥하게 웃으며 시중을 드는 피골이 상접한 현지인들의 얼굴을 차마 마주 볼 수 없었다. 아프리카에서 200g으로 포장된 밀가루를 현지 부족들에게 나눠 주며 발가벗고 밀림에서 살아가는 그들과 기념사진을 찍었다.

갑작스럽게 부자가 된 대한민국 사람들의 해외려행에는 어두운 단면도 있다. 지금은 많이 없어졌지만 불과 10여 년 전까지만 해도 동남아 나라들에 대한 아동 성 관광은 남자들의 공공연한 비밀이었다. 타이(태국), 필리핀, 캄보쟈 등의 성 판매 녀성 30~40%는 10대 아동들이라고 한다. 가난한 국가들의 어쩔 수 없는 선택일 것이다. 지지리도 가난하던 1950~1960년대 남쪽 정부는 외화벌이를 위해 대한민국 주둔 미군들에게 몸을 파는 매음 행위를 모른 척하며 묵인해 주었다. 가난한 국가에서 태어난 죄로 우리의 엄마, 누나, 언니들이 겪어야 했던 그 시절을 동남아에서 보는 것 같아 기분이 씁쓸하다.

②

강대국들의 금융구조와 재산 축적 과정

우리 모두는 태어날 때 부모님이나 출생 지역에 대한 그 어떤 선택권도 없다. 그렇게 태어난 인간은 타인과의 비교를 통해 자신의 위치를 점검하고 자존감을 확인한다. 누구는 백두산줄기(항일투사 유가족)나 락동강줄기(6·25전쟁 전사자)로 태어나 시작부터 만경대혁명학원, 김일성종합대학, 김일성정치대학에 추천받지만 나와 같이 대한민국 출신 부모님 때문에 평생의 고초를 겪는 사람도 있다. 후지산줄기(재일교포)는 정치적 미래는 없지만 일본에서 보내 주는 돈이라도 쓰며 위안을 갖는다. 요즘엔 조일 관계의 악화로 후지산줄기는 몰락하고 대신에 한라산줄기(탈북자 가족)가 대세라고 한다. 어디에도 속하지 못했던 나와 비슷한 처지의 대부분 사람들은 태어날 때 정해진 삶의 격차를 뒤집는 신분 상승이란 거의 불가능하다. 대한민국 출신 아버님 때문에 나는 북에서 가장 가난한 신분으로 유년 시절을 보냈다.

중·고등학교 문학 시간, 자본주의가 한창 태동하던 시대에 활동했던 프랑스 작가 오노레 더 발자크의 『꼽새크(고리오 영감)』를 배웠다. 때 묻지 않았던 그 시절 돈밖에 모르는 천민자본주의에 대한 적나라한 고발을 읽으며 아름답고 고상한 참다운 공산주의적 인간으로 거듭나기 위하여 나는 열심히 노력했다. 우리나라 최초의 개혁파라 할 수 있는 박지원이 중국을 돌아보고 리조 조선의 락후한 봉건제도와 경제관념을 비판하며 쓴 『허생전』, 『량반전』 같은 소설들을 배울 때도 돈은 나쁜 것이었다. 상업활동과 자본축적의 중요성에 대하여 지적하는 박지원의 주장들은 공산주의 교육 철학으로 각색되어 '돈이 전부가 아니'라며 고상한 척하는 이중인격자들을 양산하고 있었다. 조선의 교육 방침은 때려 부서야 하는 낡은 지배계층의 관습타파에만 집중되어 있었고 새로운 시대에 정작 필요힌 화폐의 가치와 기능을 왜곡시키고 있었다.

그 교육의 영향으로 나에게 돈은 철저히 미워해야 할 사회의 악이었고 돈은 나의 영혼과 인생을 갉아먹는 존재일 뿐이었다. 그러나 점점 커 가면서 나에게 돈이란 수많은 좌절과 끝없는 희망을 맛보게 하는 신비의 존재였다. 가난은 불편함과 추함에 대한 아름다운 인내보다 왜곡된 리념이나 인간관계, 세속적인 리해와 헛된 명예심을 자극하는 동기로 더 많이 작용한다. 고상한 도덕적 가치에만 매몰되어 돈으로부터 출발하는 금융 지식을 공부하지 않으면 인간은 노예처럼 살 수밖에 없다. 옛날 노예나 노비에게는 글을 가르치지 않았다. 글을 배우면 생각이 깊어지고 기억과 창의력을 정리할 수 있으며 더 중요한 것은 노예계약서와 같은 문서가 보이기 때문이다.

개인이든 국가든 가난을 이겨 내고 부를 축적하기 위해서는 이른바 종자돈이 필요하다. 국가적인 차원에서는 이를 자본축적이라고 한다. 한 국가가 경제적 번영을 이루기 위한 가장 중요한 요소 중의 하나가 바로 자본축적이다. 8·15해방 이후 북과 남은 락후한 봉건 제도를 물려받은 탓에 변변한 자본축적도 없이 새 나라 건설에 진입하게 되었다. 나라를 빼앗겨 자본을 축적할 시간조차 없었던 조선반도는 국가 운영 능력까지 의심받으며 북쪽은 쏘련이 남쪽은 미국이 돌봐 준다는 이른바 '신탁통치' 론리로 둘로 찢어지는 아픔까지 겪게 되었다. 다시 말하면 오늘날의 조선반도 분단은 사실 나라에 돈이 없어서 강대국들에게 먹힌 결과라고 해도 과언이 아니다.

강대국들이 식민지 지배를 통해 막대한 부를 축적했음은 이미 잘 알려진 사실이다. 하지만 해양능력 강화, 발 빠른 식민지 개척 등 유리한 환경을 가졌음에도 모든 국가가 부의 축적에 성공한 것은 아니다. 어떤 나라는 축적된 자본이 국력을 확장하는 데 도움이 되었으나 어떤 나라는 엉뚱한 곳에 소진되어 최빈국으로 몰락하기도 하였다.

강대국으로 발전하는 길과 최빈국으로 몰락하는 갈림길에서 모든 국가가 부딪치는 문제는 자본을 축적하는 방식과 그것을 종자돈으로 하는 국가운영 문제로 귀결된다. 근대사에 강대국으로 등장했던 국가들의 자본축적이 국가의 자금운영과 어떤 방식으로 련결되며 현재 세계무대에서 어떤 영향을 미치고 있는지 우리는 알아야 한다.

개인의 발전이나 강대국을 향한 국가 발전의 본질은 결국 돈과의 전쟁이다. 돈! 뭐니 뭐니 해도 머니(money)가 최고라는 롱담은 그래서 진담처럼 들린다.

경제력을 뛰어넘는 화폐경제의 고수 일본

대륙과 떨어져 있던 섬나라 일본은 근대화에 필요한 자금을 외국에서 빌리지 않고 스스로 조달하였다. 경제개발 자금이 부족한 개발도상국들이 눈여겨보아야 할 부분이다. 일본은 메이지 유신 이후부터 청일 전쟁 발발 전까지 외국 자본에 전혀 의존하지 않았다. 일본이 메이지 유신 시기 산업화에 대량의 자금이 필요했음에도 외국 자본과 외채를 대량으로 도입하지 않았던 리유는 당시 일본은 이미 은행 신용의 비밀을 꿰뚫고 있었던 것이다. 현대 은행과 신용화폐 제도가 잘 정비된 일본에서는 자국 은행 시스템으로 화폐를 무진장 찍어 내어 법정 통화가 부족할 리유가 없었다.

현대 은행의 부분 지급준비금(반드시 보유해야 하는 현금) 제도는 금융의 높은 신용대출(레버리지) 효과를 리용한 제도이다. 이를 잘 활용하면 1딸라의 준비금으로 10딸라에 해당하는 통화량도 만들어 낼 수 있다. 일본은 유럽식 은행제도가 도입된 1882년 이전에 이미 약 20배의 레버리지를 리용해 대량의 신용화폐를 사용해 본 경험이 있었다. 이런 통화량의 급증은 일본 상공업의 비약적인 발전을 추진했다. 물론 이 과정에는 인플레이션이라는 위험도 있었다. 산업화 과정에서 금융 혼란으로 인해 심각한 인플레이션과 디플레이션을 유발했으나 서구 렬강들의 식민지 위협으로 후진국 일본은 그들에게 먹히지 않기 위해 그 위험을 감수하는 피 타는 노력을 해야만 했다.

쿠테타를 통해 일본을 접수한 메이지 신정부는 수립 첫해에 바로 이등박문(이토 히로부미)을 미국에 파견해 서구의 은행 시스템을 조사, 연구하도록 했다. 이등박문과 함께 서양 문물을 습득하고 돌아왔던 이노우에 가오루는 미쓰이(미쓰이는 대한민국의 삼성, 현대, LG 그룹처럼 일본 3대 대기업 그룹 중의 하나) 가문의 재래식 금융기관이 시대에 뒤처져 있다는 사실을 지적했다. 이어 서양의 은행과 같은 체제로 바꿀 것을 강력하게 권유했다. 미쓰이는 서구의 은행들이 일본보다 더 큰 신용화폐 창출을 통해 많은 차액을 얻고 있다는 사실에 주목했다. 은행의 신용을 확대해 큰돈을 벌 수 있는 비밀을 발견한 미쓰이 가문은 현대적인 은행업에 적극 뛰어들었다. 이렇게 만들어진 민간은행들은 일본중앙은행의 주도 아래 전국의 금융 자원이 효과적으로 통합되는 데 적극적으로 협조하였고 일본의 전반적인 은행 시스템은 신용 확대에 주력함으로써 산업화에 필요한 대규모 자금이 자국 내에서 끊임없이 산업 전반에 류입되었다.

국제금융 재벌들은 일본에 처음 상륙할 때부터 일본 자국 내 금융 세력이 강하다는 사실을 알게 되었고 일본 금융 시스템에 치명적 일격을 가하기 위한 새로운 수법들을 고안해 냈다. 고도화된 금융 공학으로 미국에서 만들어진 '파생금융상품'이라는 것이다. 미국에서 만든 '주식선물지수(Stock Index Futures)', '주가지수 풋옵션(Stock Index Put Option)' 이런 용어는 당시 일본에서는 듣도 보도 못한 금융 신상품이었다.

1980년대 돈으로 미국 전체를 사 버릴 수도 있다며 경제력에 자신감을 갖고 있던 일본은 미국의 견제로 1985년 '플라자합의'에 강제 서명하면서 경제가 갑자기 위축되자 류동자금 확대를 위해 금리를 낮추어 돈을 풀기 시작했다. 돈은 주식시장과 부동산으로 흘러들었고 1990년 초까지 일본의 주식시장과 부동산은 최고조에 달했다. 이때 1990년 1월 12일, 미국 주식거래소에는 '닛케이지수 풋 워런트(Nikkei Put Warrants, NPWs)'라는 새로운 금융상품이 갑자기 출현했다.

미국의 골드만삭스 그룹이 일본 투자자들에게 산 스톡옵션을 단마르크(덴마크) 왕국에 전매하고, 단마르크(덴마크) 왕국은 이를 다시 NPWs의 구매자에게 팔았다. 그리고 일본 주식이 하락하면 그 수익을 NPWs 소지자에게 양도하기로 약속했다. 사실 여기서 덴마크 왕국은 골드만삭스에 이름만 빌려주어 골드만삭스 수중에 있는 NPWs의 판매를 도와준 데 불과하다. 이름값을 빌린 덴마크 왕국에 약간의 금융비용을 지불하면서 일본 주식시장을 교묘하게 파괴하는 미국의 수법에 일본 증권시장은 롱락당했다. 증권시장의 붕괴는 먼저 일본의 은행계와 보험계를 강타하고, 결국 제조업으로 파급되었으며 1990년부터 지금까지 일본 경제는 끝이 없는 불경기에서 벗어나지 못하고 있다.

하지만 경제가 점점 내리막길을 걷고 있어도 일본 정부가 발행하는 국가채무는 세계 최고다. 2023년 10월 기준 전체 GDP 대비 부채 비율이 255%에 이른다. 은행 신용의 비밀을 터득한 일본은 영국처럼 '화폐경제의 마술'을 최대한 리용해 국채를 영원히 갚지 않을 것이다. 약삭빠른 일본은 일본 경제에 거품이 끼었을 때 화폐를 최대한 찍어 미국을 비롯한 해외의 많은 곳에 현물 자산을 사 놓았다. 물론 미국의 강압적인 '플라자 합의'에 대한 반발 또는 대응책 차원이기도 하였지만 그 기회를 일본은 역으로 잘 활용하였다. 2021년 기준 일본의 대외자산은 3조 1500억 딸라로 세계 최대이다. 해외의 현물 자산 덕분에 대부분의 국가채무가 국내 채권인 일본은 얼마 안 되는 해외채권을 걱정하지도 않는다. 그래서 일본은 지금도 채권을 마구 찍어 내는 화폐정책을 구사하고 있다.

화폐경제의 잠재력을 간과했던 군사대국 에스빠냐

15~16세기 강대국으로 군림했던 에스빠냐의 자산은 강력한 군사력과 함께 인류가 한 번도 시도해 본 적 없었던 대항해에 대한 모험의 대가였다. 지구가 둥글고 스스로 회전한다는 지동설을 주장하던 갈릴레오가 종교계와 학계의 따돌림을 받을 정도로 지구과학에 무지했던 그 시절 에스빠냐의 대항해 모험은 그야말로 운명을 건 도박이었다. 겨우 27필의 말과 180여 명의 병사로 뻬루의 잉카제국을 무너뜨린 에스빠냐는 포토

시라는 도시의 한 개 광산에서만 4만 5000톤의 은을 생산하여 본국으로 가져갔다.

어느 학자의 계산에 의하면 1545~1800년 사이 아메리카의 은 생산량은 13만t에 이르렀는데 그 가운데 10만t이 유럽으로 갔다고 한다. 나머지 3만은 아메리카에 남아 있거나 태평양을 건너 아시아로 갔을 것으로 추정된다. 에스빠냐는 식민지에서 반입되는 귀금속의 20%를 세금으로 받아냈다. 하지만 에스빠냐 정부는 해외에서 엄청나게 유입된 금과 은이 경제에 어떤 영향을 미칠지에 대해서는 준비가 되어 있지 않았다.

16세기에는 중앙은행도 없었고 통화량이 급격히 증가해서 인플레이션(화폐가치가 떨어지는 것)을 가져 온다는 사실을 몰랐다. 현대에서는 인플레이션이 발생하면 중앙은행을 통해 금리를 인상하는 금융정책으로 수요를 줄이는 대응책 등을 만들 것이다. 에스빠냐는 아메리카 대륙의 식민지를 개척하고 유지하기 위해 다양한 필수품을 끊임없이 보내야 했다. 금과 은이 식민지로부터 들어오면 다른 국가로부터 필수품을 구입하는 데 대부분 사용하는 상황이 발생했다. 즉 부의 이동이 아메리카 대륙에서 유럽으로 흘러가는 데 있어서 에스빠냐는 중간 기착지 역할만 했을 뿐이다.

18세기 초 에스빠냐 제국의 카디스라는 항구에는 각종 물건의 구입과 판매를 주관하는 84개의 종합상사가 활동하고 있었는데 에스빠냐는 12개가 전부였고 이딸리아 제노바(26개), 네덜란드 및 플랑드르(18개), 프랑스(11개), 영국(10개), 함부르크(7개) 등의 순이었다. 18세기 말 카디스에 거주하는 8734명의 외국인도 이딸리아인(5018명), 프랑스인(2701명), 독일 및 플랑드르인(277명), 영국인(272명) 등 국적이 다양했다.

강력한 군사력 유지에만 신경을 썼던 군사강국 에스빠냐의 귀족들은 전통적으로 상업이나 금융을 멸시했고, 이 분야는 외국인들에게 의존할 수밖에 없었다. 에스빠냐 왕실의 자금을 관리한 주체는 바르셀로나의 상인이 아니라 독일의 푸거 가문이나 이딸리아 제노바 자본가들이었다. 식민지에서 들어오던 금과 은이 후발주자들에 의해 계속 줄어들었지만 에스빠냐는 순도를 낮춘 금화와 은화를 마구 찍어 냈다. 결국 에스빠냐는 인플레이션으로 경제적 파산을 면치 못하게 되는 상황이 된다. 식민지의 금과 은에 대한 징세에 과도하게 의존하는 에스빠냐보다 선진적인 국채 금융시장을 통해 국내 자본가들로부터 성공적으로 자금을 확보할 수 있었던 영국은 에스빠냐와의 장기적인 전쟁에서 우세할 수밖에 없었다. 17~18세기 에스빠냐의 몰락과 영국의 부상은 이러한 금융제도 차이에서 결정되었다.

에스빠냐의 축적된 자본이 지속가능한 강대국 유지에 실패한 또 다른 리유 중의 하나는 국가가 과도하게 경제에 개입하는 폐쇄적 사회로 오늘날의 사회주의와 닮은 점 때문이다. 영국은 개방적이었고 시장을 중시하는 자본주의적인 시장경제 전통을 고수했다. 또한 영국은 독립적인 사법부가 개인의 소유권을 강력하게 보호했다. 그러나 에스빠냐는 중앙집권적 정부가 과도하게 세금을 올려 소유권을 강제로 박탈하는 정책을 폈다. 영국처럼 개방성과 개인의 권리가 잘 보장되면 시장에서 거래비용이 줄어들어 경제가 활성화되는 반면 에스빠냐처럼 정부의 개입이 빈번하고 지배계급 상업가들에 대한 멸시와 소유권 박탈이 심각해지면 거래 비용이 늘어나 경제는 움츠러든다.

축적된 자본을 최대한 활용하기 위한 효율적인 금융시스템의 부재와 모든 것을 강력히 통제하려는 오늘날의 사회주의 같은 경제정책 때문에 에스빠냐는 몰락하고 말았다.

화폐경제 번성의 시발점이었던 경제대국 영국

영국 경제의 자본축적 시초는 앞에서 언급했던 해적들이다. 영국은 그들에게서 거두어들인 세금을 효율적인 조세 제도의 운영을 통해 산업혁명 자본으로 잘 활용하였다. 에스빠냐가 식민지들에서 벌어온 막대한 재산을 탕진하며 화려해질수록 대서양의 상선들을 습격하여 배불리던 영국 해적들도 빠르게 성장했다. 해적들의 뒤를 봐주던 영국 왕조는 그들로부터 세금을 철저히 징수하였다. 당시 국가 재정을 제대로 운영할 행정 조직이 없었던 영국은 국가 재정의 중요한 기능인 세금 징수 업무를 민간인 청부업자들에게 간접적으로 맡겼다. 그러나 국가 권력을 등에 업고 횡포를 일삼던 청부업자들의 징수 방법은 국민들의 원성을 많이 샀다. 영국은 이 문제를 개선하기 위하여 1688년 전문 세금 관료를 직접 선발하고 오늘날의 국세청과 같은 조직을 만들었다. 세계 최초로 국민소득을 계산하여 징수 금액의 규모를 추정할 수 있었고 세무 관료들이 지역 유지들과 부패로 엮이는 것을 방지하기 위하여 일정 기간 이후 근무지를 변경하는 등 오늘날 세계 각국의 세무행정 모델들이 영국에서 시작되었다.

당시의 초강대국 에스빠냐를 비롯한 다른 나라들이 축적된 자본의 관리에 줄줄이 실패하는 동안 효율적인 조세 제도의 안착으로 영국은 과거에 벌어 놓은 돈으로 꾸준히 성장했고 이러한 자본축적은 산업혁명의 불씨가 되었다. 산업혁명으로 축적된 자본을 바탕으로 영국은 본격적인 해외 침략에 나섰다. 그러나 영국 정부는 전쟁에 필요한 막대한 비용을 전부 감당할 수는 없었다. 영국 왕조는 잉글랜드은행(Bank of England)을 통해 금융 재벌들에게 국가채권을 발행하여 자금을 조달하는 금융기법을 고안해 낸다.

잉글랜드은행은 설립 초기에 현금으로 주식을 공모했다. 2000파운드 이상을 구매한 사람은 잉글랜드은행의 리사(운영진) 자격을 부여받았다. 공모를 통해 1330명이 잉글랜드은행의 주주(주식 소유자)가 되었고 14명은 은행 리사가 되었다. 잉글랜드은행의 14명 운영진 가운데 가장 큰 대주주인 네이션 로스차일드는 영·프 전쟁의 분수령인 워털루 전투로 영국 정부 최고의 채권자로 등극했으며 그때부터 공채 발행을 주도하고 잉글랜드은행의 실권을 장악했다. 그는 워털루 전투가 벌어지는 동안 런던 증권시장에서 세계 각국에 퍼져 있는 빠른 정보력을 동원하여 무려 20배나 되는 차익을 챙겼는데 이는 나뽈레옹과 웰링턴이 전쟁으로 얻은 재산을 합친 금액보다 훨씬 많았다고 한다. 로스차일드 가문의 다섯 아들들은 영국의 런던, 프랑스의 빠리, 독일의 프랑크푸르트, 오스트리아의 빈, 이딸리아의 나폴리 등에 분산되어 살면서 유럽의 복잡한 정치 및 경제 문제에 직간접적으로 개입하며 막대한 자산을 불렸다. 로스차일드 후예들은 지금도 세계 도처에서 '화폐의 마술'을 부리고 있다.

복잡한 론리로 설명되는 '화폐경제의 마술'을 리해하려면 약간의 공부가 필요하다. 지구상에서 '화폐경제의 마술'을 가장 잘 구사하는 영국의 은행 제도는 국가 화폐의 발행과 영구적 국채를 함께 묶어 놓는 구조로 운영된다. 영국 정부가 화폐를 새로 발행하려면 국가 채무가 늘어나게 되어 있다. 국채를 상환하면 국가의 화폐를 폐기하는 셈이 되므로 시중에 류통할 화폐가 없게 된다. 따라서 정부는 영원히 채무를 상환할 수 없다. 리자를 갚고 경제도 발전시켜야 하므로 화폐 수요는 필연적으로 늘어나고, 그 돈은 다시 은행에서 빌려와야 했기 때문에 국채는 계속해서 불어날 수밖에 없다. 이 채무에 대한 리자수입은 고스란히 은행 소유 자본가의 지갑으로 들어가며 리자는 국민 세금으로 부담한다. '화폐경제의 마술'은 이런 리치로 작동한다. 영국 정부는 지금도 채무를 영원히 갚지 않아도 되는 마술을 부리고 있다. 그 마술의 가장 큰 리득은 영국 은행을 소유한 로스차일드 가문을 비롯한 국제금융 세력들의 몫이다.

잉글랜드은행의 핵심 기능 중의 하나는 국왕과 왕실 가족의 개인 채무를 국가의 영구적 채무로 변환하는 것이었다. 영국 왕실은 전 국민의 세금을 담보로 잉글랜드은행에서 화폐를 발행하여 전쟁에 필요한 돈과 정부의 정책에 필요한 돈을 조달하였다. 잉글랜드은행의 대주주인 금융 자본가들은 거액을 왕실에 대출해 주고 왕실을 쥐락펴락하면서 동시에 짭짤한 리자 수입도 챙기는 그야말로 꿩 먹고 알 먹기 사업을 했다.

잉글랜드은행은 1694년 설립 이래 국제 금융시장에서 300년을 군림해 온 금융계의 거물이다. 현대 금융업의 시조라고 해도 과언이 아닐 정도로 산전수전 다 겪으며 오늘날까지 성장해 왔다. 미련방준비은행도 잉글랜드은행 앞에서는 소학교 학생이다. 그런데 중요한 것은 영국의 중앙은행격인 잉글랜드은행은 영국 정부가 운영하는 것이 아니라 로스차일드를 비롯한 14명의 소수 금융 재벌들이 소유한 민간 회사라는 것이다.

독일, 미국에 빼앗긴 화폐경제 주도권을 유럽으로!

1830년대 유럽은 영국에서 시작된 산업혁명으로 일대 각축전이 벌어지고 있었다. 영국이나 프랑스보다 산업혁명에 뒤처졌던 독일은 그들을 뒤쫓기에 바빴다. 독일이 산업혁명에 필요한 종자돈을 마련하는 과정과 두 번의 세계대전을 일으킬 국력을 갖추는 과정에는 국제금융 자본들의 비밀스러운 역할이 결정적이었다. 산업혁명에 필요한 종자돈을 마련하여 그들을 쫓아가려고 아무리 노력해도 강대국들의 방해로 독일의 계획은 생각만큼 잘 이루어지지 못했다. 덴마크 전쟁이나 퀠른-뮌덴 철도사업 등으로 조금 재미를 보았지만 강대국으로 도약하기에는 한참 부족했다. 독일이 대국으로 부상할 수 있었던 결정적 계기는 프랑스와의 전쟁에서 승리하면서 받은 50억 프랑의 전쟁 배상금이었다. 독일 초대 수상 비스마르크는 로스차일드 가문을 비롯한 국제금융 세력들과의 막후 협상으로 프랑스에 들어가는 전쟁비용을 철저하게 봉쇄하였으며 이로 인하여 전쟁물자를 조달할 수 없었던 프랑스는 결국 항복 할 수밖에 없었던 것이다.

비스마르크는 18세기 중반부터 독일의 전신인 프로이센공화국에서 환전 및 대부(빌려주는 것) 등을 통해 금융 재벌로 성장한 마이어 암셀 로스차일드 가문과 일찍이 손을 잡았다. 국제금융 세력과의 비밀협약으로 비스마르크는 독일보다 국력이 앞서 있었던 프랑스와의 전쟁에서 이길 수 있었으며 이때 받아낸 전쟁 배상금으로 강력한 국가주도의 경제개발 계획을 세웠다. 국가 예산의 선택과 집중은 중앙정부의 철저한 관리 밑에 주도세밀하게 이루어졌다. 강대국을 향한 독일의 집념은 제1차 세계대전으로 이어졌고 전통 강대국들에 의해 독일은 철저히 무너졌다. 그러나 1933년 히틀러가 총리로 임명되면서 독일은 겨우 6년밖에 안 되는 단시간에 유럽 최고의 무기들을 생산하며 1939년 또다시 제2차 세계대전을 일으켰다.

독일이 제1차 세계대전에서 패한 후 거액의 전쟁 배상금 지급이라는 엄청난 경제적 압박 속에서도 6년이라는 짧은 시간 동안 놀라운 속도로 신속하게 경제를 회복했다. 그런데 짧은 시간 동안 대규모의 전쟁 준비를 끝낸다는 것은 외부의 강력한 자금 지원이 없었다면 불가능했다. 이 자금은 바로 미국의 월가에 둥지를 틀고 있던 국제금융 자본가들의 돈이 었다. 미국은 나치 독일의 최대 자금줄이었다. 미국 월가의 은행 자본가들은 히틀러에게 1,500만 딸라를 주어 그의 합법적 집권을 비밀리에 지원했다. 월가의 은행 자본가들은 자금 출처를 익명으로 하여 그 존재를 철저히 숨겨 왔다. 히틀러 지원금 1500만 딸라 중 500만 딸라는 네데를란드(네덜란드) 암스테르담의 멘델존은행으로, 500만 딸라는 로테르담 은행으로, 500만 딸라는 이딸리아은행으로 보내졌다.

독일은 두 번의 세계대전을 겪으며 국제금융 자본가들의 롱간에 놀아난 과거를 되풀이하지 않기 위해 1948년 화폐 제도 개혁을 통해 중앙은행인 독일런방은행을 독립적인 기구로 개편했다. 영국과 미국에서도 중앙은행의 독립은 희망 사항일 뿐이었는데, 전쟁으로 인해 폐허가 된 독일에서 가장 먼저 중앙은행에 독립성을 부여한 것이다. 갓 설립된 독일 중앙은행에는 금이 거의 없었다. (독일은 2023년 8월 기준 3355톤의 금을 보유, 8133톤인 미국에 이어 세계 2위이다.) 패전국이다 보니 외환이나 신용도 완전 백지 상태였던 독일의 중앙은행과 상업은행은 순전히 국채에 의존해 자산을 축적했다. 마르크화가 강력한 힘을 가진 화폐가 된 것은 두 차례의 세계대전을 치르기 위해 국제금융 자본가들의 돈을 빌려 씨를 뿌렸던 막강한 실물경제가 있었기 때문이다.

1948년 독일이 만든 독립적인 런방은행 시스템은 유럽중앙은행의 모태가 되었으며 현재 미국주도의 딸라 질서 경제권에 도전하는 유일한 대안 세력이기도 하다.

새로운 화폐 질서를 꿈꾸는 중국

산업혁명이 왜 중국에서 먼저 일어나지 않았는지에 대한 많은 연구가 있었다. 500년 전 중국은 인구도 많았고 세계 최고의 농업 생산성과 활자로 인쇄된 종이책과 화약도 먼저 사용했으며 발달한 수력공학으로 세계에서 가장 광범위한 운하망을 만들기도 하였다. 금속공학도 최고였으며 증기력도 알았다고 한다. 그런데 왜 증기기관을 탑재한 기관차와 대형 선박은 중국이 먼저 발명하지 못했을까? 그 리유를 증기기관차와 같은 혁신적인 생각에 자본을 댈 수 있는 금융시스템이 없었기 때문이라고 보는 연구가 가장 설득력이 있다. 중국은 앞선 초기 기술력에도 불구하고 금융을 통해 기술발전을 지속적으로 뒷받침할 수 있는 자본 운영 능력이 없어서 산업혁명에 이르지 못했다.

국내의 자본축적과 자금운영 능력이 부족했던 중국은 근대화의 자금을 외국에 의존하다가 렬강들의 먹이 감이 되고 말았다. 거대한 중국이 렬강들에 의해 분렬되게 된 데는 장개석이 끼친 영향이 크다. 중국 공산당과 치열한 내전 끝에 대만으로 내몰린 장개석은 원래 쏘련의 지원을 받아 성장한 공산주의 계열의 민족주의자다. 장개석은 중국 공산당의 아버지라 불리는 손원의 핵심 보좌관 출신으로 그의 아내와 손원의 아내는 자매지간이기도 하다. 1923년 3월 쏘련은 정치국회의에서 중국의 손원에게 200만 루블을 지원하기로 결정했다. 제1차 세계대전의 후유증에서 겨우 벗어나고 있던 쏘련은 중국에 줄 200만 루블을 마련하기 위해 일본과 어업협정을 체결하고 일본 어민이 쏘련 해역에서 작업할 때 지불하는 '보호비'를 받아 중국에 주었다. 이후에도 쏘련은 300만 루블의 자금과 소총 8000정, 기관총 15정, 화포 4문, 장갑차 2대 등을 지원해 황포

(黃埔)군관학교 설립을 도와주기도 했다. 또한 1924년 11월부터 당무에 필요한 경비 명목으로 매달 10만 루블씩 지급했다. 심지어 중앙은행을 창설하도록 1,000만 루블을 지원하기도 했다. 쏘련의 지원으로 중국은 아편전쟁 이후 조금씩 회복하고 있었다. 그러나 장개석의 배반으로 중국은 또다시 수렁에 빠지게 된다.

군권은 장악했지만 내부의 정치 싸움에서 밀려나게 된 장개석은 쏘련의 자금 지원을 받는 당 지도부와 갈라져 미국과 영국 계의 외국 자본과 손을 잡았다. 외국 자본은 장개석에게 6000만 냥을 약속했다. 쏘련이 1924~1927년까지 3년 동안 중국에 지원한 3000만 루블을 환산해 봐야 약 2700만 냥에 지나지 않았다. 2차 세계대전이 끝난 후 국제금융 세력들은 전쟁으로 지친 쏘련의 중국 지원이 중단된 기회를 리용하여 중국 공산당보다 우세했던 장개석에 대한 자금지원을 끊고 중국 내전의 장기화를 부추겼다. 하지만 궁지에 몰렸던 중국 공산당이 예상치 못했던 승리를 거듭하자 국제금융 세력은 당황했다. 유럽 재건에 돈을 먼저 쏟아부었던 국제금융 세력들은 장개석정부 지원 시기를 놓치고 말았고 결국 대만을 사수하는 것에 만족해야 했다.

장개석과의 내전에서 승리한 모택동은 쏘련을 비롯한 동구권 사회주의 진영으로부터 총 24억 딸라에 이르는 산업화용 자금을 다시 지원받게 되었다. 모택동의 동생 모택민이 총재를 했던 중화쏘비에트국가은행은 이 돈으로 156개 산업중점 건설에 매진하여 본격적인 산업화의 길에 들어섰다. 쏘련은 중국의 산업화 시작 단계인 1950년대에 총 66억 루블을 지원했다. 16억 5000만 딸라에 달하는 이 금액은 당시 미국이 마셜 플랜을 통해 독일에 제공한 원조 금액(14억 5000만 달러)을 넘는 규모였다.

쏘련의 쇠락과 배신으로 주저앉았던 중국이 자본주의식 시장경제로

선회하는 데 사용한 개혁개방 자금은 홍콩과 대만을 비롯한 중화계 화교들로부터 시작되었다. 중국은 홍콩 맞은편 심천과 대만 맞은편 하문시에 경제 개발 특구를 만들고 개혁개방을 시도했다. 그러나 개혁개방 초기 선진국들은 공산국가인 중국을 믿지 않았다. 중국은 외국의 불신을 털어내기 위해 홍콩 맞은편 심천과 대만 맞은편 하문 지역에 투자한 해외 동포들의 자산을 적극 보호하고 재산권을 인정하는 등 파격적인 조치를 취했다. 공산당에 밀려 본토에서 밀려났지만 모국인 본토에 대한 애정이 깊었던 화교들은 외국 기업들이 의심하면서 투자에 나서지 않을 때 제일 먼저 앞장서서 고국에 투자하기 시작했다.

중국에 투자한 화교자본이 중국 정부의 보호를 받으며 엄청난 수익을 내기 시작하자 외국 기업들은 상해와 청도, 북경까지 대규모적인 투자에 나서게 되었으며 외자기업의 투자로 중국은 선진기술 전수를 통한 산업의 현대화와 함께 돈까지 벌게 되는 일거양득의 성과를 거두게 되었다. 이 모든 성과의 시작은 본토를 잊지 못했던 화교들의 투자와 그들의 재산권을 적극 보호해 준 중국 정부의 파격적인 조치가 있었기 때문이다. 지난 2018년 4월 판문점 남쪽 지역에서 진행된 북남정상회담에서 '탈북자'들을 남쪽이 랍치해 간 북쪽 주민이라며 절대 인정하지 않던 조선이 갑자기 태도를 바꾸어 공식적으로 인정했던 최고지도자의 발언은 이러한 맥락의 련속으로 볼 수 있다.

산업 현대화 과정에서 화교들의 투자를 불씨로 자국에 투자된 막대한 해외자본 덕분에 중국은 세계의 공장이라 불리며 저렴한 자국내 로동력을 활용하여 거대한 부를 축적하였다. 그 경제력을 바탕으로 중국은 지금 미국을 흉내 내며 중국 위안화 수출에 열을 올리고 있다. 중국의 '일대일로' 계획의 핵심이 치밀한 화폐 수출 계획임을 꿰뚫어 보는 사람은 많지 않다. 중국은 화폐를 마구 찍어 일대일로 국가들에 자금을 지원하고 일대일로에 필요한 설비, 자재, 심지어 인력들까지 중국산으로 조달하면서 그 자금을 다시 빨아들이는 수법을 쓰고 있다.

현재 중국은 미국 딸라 경제권을 못마땅해 하는 로씨야와 야합하여 브릭스(BRICS)라는 동맹을 만들어 중국 위안화 경제권을 주도하고 있다. 여기에는 친미 성향의 브라질과 남아프리카, 중도 성향의 인도까지 포함되어 있다. 최근 미국의 압력으로 겨우 멈추긴 했지만 딸라의 확산에 결정적 기여를 했던 산유국 부자 나라인 사우디도 눈치를 보고 있다. 동남아 경제권은 이미 중국 위안화로 결제되고 있으며 2024년 7월부터 대한민국도 아세안과의 수출입 대금에 중국 위안화를 사용할 수밖에 없는 상황이 되었다.

새로운 화폐 질서에 대한 중국의 야심이 얼마나 성공할지는 의문이다. 자유민주주의 제도에 기반을 둔 시장경제와 독재정치 제도 기반의 경제관리 승패는 불 보듯 뻔하다.

국제금융 세력들의 맏아들 미국

오늘날 미국은 세계에서 유일무이하게 종이로 금(딸라)을 만드는 마술 같은 권력을 소유하고 있다. 지금과 달리 미국은 건국 초기, 본토 영국의 도움 없이도 경제적인 번영을 이루는 데 성공하였는데 이는 자체적인 산업자본을 직접 발행하는 금융 제도를 만들었기 때문이다. 미국 금융 제도의 초기 지배구조는 본토 영국식 민간 금융 재벌이 아닌 철저히 정부 주도의 독립 은행 구조였다. 미국은 남북 전쟁을 치르면서 전쟁 비용이 갈급했지만 영국을 비롯한 유럽의 국제금융 재벌들에게 돈을 빌린다는 것은 자기 목에 올가미를 씌우는 짓이라는 것을 잘 알고 있었다. 미국 대통령 링컨은 본토의 영국처럼 정부가 개인 소유의 은행 재벌들로부터 고금리로 돈을 빌려야 하는 관례를 깨뜨리고 최초로 독립적인 은행을 만들었다. 록색의 도안을 사용했다 해서 '그린백(Greenback)'이라고 불리는 새 화폐도 만들었다. 새 화폐 정책의 독창성은 금, 은 같은 금속화폐를 담보로 잡지 않으며 20년간 5%의 금리로 쓸 수 있다는 데 있었다.

국제금융 재벌들이 영국 정부를 상대로 써먹던 고도의 금융기법은 신생 국가 미국의 독립적인 화폐 발행권에 부딪쳐 맥을 추지 못했다. 하지만 유럽 국가들의 대부분 자금줄을 손아귀에 쥐고 있던 국제금융 세력들은 미국이 신흥 강대국으로 커가는 것을 지켜보지만 않았다. 독립적인 중앙은행을 설립하고 유지했던 미국이 남북전쟁 결속 후 더욱 비대해지자 국제금융 세력들의 말을 듣지 않던 미국 대통령 링컨은 의문의 암살을 당한다. 링컨이 암살된 후 국제금융 세력의 조종을 받은 미국 의회는 링컨의 새 화폐 정책을 폐지하였으며 이때부터 미국은 미련방준비은행의 지배하에 놓이게 되었다.

오늘날 미련방준비은행이 로스차일드, 모르간, 록펠러를 비롯한 국제금융 재벌들에 의해 운영되는 민간은행이라는 사실을 아는 사람은 얼마 안 된다. 미련방준비은행은 미국중앙은행이 아니라 14명의 민간인이 최대 주주인 잉글랜드은행처럼 미국 12개 지역 민간은행들의 련합일 뿐이다. 대부분 사람들은 당연히 미국 정부가 딸라를 발행한다고 생각한다. 그러나 미국 정부에는 독립국가의 최고 주권인 화폐 발행 권한이 아예 없다. 링컨 대통령 이후 중앙은행 독립을 주장하던 케네디 대통령마저 1963년 의문의 암살을 당한 후로 미국 정부는 그나마 남아 있던 '은 딸라'

의 발행 권한까지 미련방준비은행에 빼앗겨 버렸다. 미국 정부는 딸라가 필요하면 국민이 납부할 미래의 세금(국채)을 민간은행인 미련방준비은행에 담보로 잡히고 '련방준비은행권'을 발행하게 한다. 우리가 '딸라'라고 부르는 돈의 정확한 명칭은 '미련방준비은행권'이다. 련방준비은행의 성격과 그 내막을 론하는 것은 미국 학계와 언론계에서 '금기'로 통한다. 지금까지 미련방준비은행이 운영되는 동안 련방자문위원회의 존재와 돌아가는 내막을 아는 사람은 거의 없으며 이에 관한 연구조차 쉽게 찾아볼 수 없다. 어차피 미국 재무부장관, 연방은행 총재 등은 골드만삭스 또는 JP모건을 비롯한 미국 최대 민간 금융업자들이 돌아가며 맡는 자리인데 누구누구를 심판할 것인가?

현재 미국의 딸라를 대체할 수 있는 통화는 없다. 미국의 딸라는 이렇게 국제금융 세력의 대리인들 중에서 맏아들 노릇을 한다. 동양이나 서양이나 가문에서 맏이의 역할은 남다르다. 그래서 국제정치 무대에서 미국은 중요할 수밖에 없다.

세계 권력의 배후, 국제금융 재벌들의 협동조합

오늘날 세계 경제를 주무르는 거대 권력의 배후에는 국제적인 금융 재벌들의 협동조합이 도사리고 있다. 이 지구상에는 그들의 존재 자체를 모르고 사는 사람들이 더 많다. 국제적인 금융 재벌들이 소유한 자본의 시초는 유럽을 기반으로 하는 지역 토호 세력들이다. 이 토호세력들은 초창기부터 국민 모두의 복지까지 책임져야 하는 국가 권력과는 철저하게 거리를 두었다. 그들의 목적은 오로지 돈이었다. 그들에게 있어서 '자선'과 '기부'는 그들의 리익을 침해하는 일이 없는 선에서 이루어지는 용기였다. 기부란 '쓰고 남는 것을 주는 것이 아니라 있는 것을 나누어 주는 용기'라는 그럴듯한 말은 가난한 시민들의 돈주머니를 털어 내기 위한 수법일 뿐 대개는 부자들의 기부를 더욱더 빛나게 해 주는 위선적인 홍보에 사용된다. 산업혁명과 1~2차 세계대전을 거치며 더욱더 비대해진 이 세력들은 흐르는 세월과 함께 분가 및 자손 승가로 인한 재산 분할을 거치면서 거대한 국제적인 금융협동조합을 형성하고 있다.

거대 자본을 움직이는 유럽 기반의 이 국제금융 세력들은 미국에 둥지를 틀고 하나의 공동체로 뭉쳐 그들만의 리익을 위하여 움직이는 '협동조합'처럼 운영되고 있다. 전 세계에서 맹활약하고 있는 각종 국제 모임 및 국제 사회단체들로 위장된 이 '협동조합'의 구성원은 아무나 될 수 없다. 이 협동조합은 자기들끼리의 리권 다툼으로 끼리끼리 헤쳐모여를 반복하지만 이는 어디까지나 내부적인 조정일 뿐 조합원이 아닌 제3세계 국가들을 대상으로 하는 공동체 리익의 큰 틀은 절대로 훼손하지 않는다.

국제금융 협동조합의 우두머리 격인 로스차일드 가문은 지난 200년 동안 전 세계의 금융 및 정치, 전쟁의 랭혹한 소용돌이 속에서 활약하며 인류 력사상 가장 방대한 금융 제국을 세운 세력이다. 20세기 초까지 로스차일드 가문이 통제한 재산은 당시 세계 총 재산의 절반 정도로 추정된다. 로스차일드 가문의 다섯 아들들은 영국의 런던, 프랑스의 빠리, 독일의 프랑크푸르트, 오스트리아 빈, 이딸리아의 나폴리 등 유럽의 주요 도시에 분포되어 치밀한 정보 수집 및 전달 시스템을 가지고 있었는데, 유럽 국가의 왕실과 귀족들도 때로 그들의 정보망을 리용할 정도였다. 21세기 현재 그들의 재산이 얼마나 불어나 있는지 아는 사람은 아무도 없다. 분명한 것은 세계적인 빈부격차는 더 커졌으며 세계 총 재산에서 그들이 차지하는 비중이 더 커졌다는 것만은 확실하다.

로스차일드 가문이 설립한 국제은행 체계는 서로 대치하고 있는 당사국 각각에게 대출을 제공하면서 군사적 대립을 최대한 부추겨 왔다. 전쟁은 사실 돈 싸움이다. 그들은 급전이 필요한 전쟁 상황을 악용하여 큰 수익을 챙겼다. 승전국과 패전국 량쪽에 투자하지만 전체적으로는 전혀 밑지는 장사는 아니다. 패전국의 투자 금액은 없어지는 것이 아니라 투자 회수가 잠시 지연될 뿐 전후 복구에 필요한 자금을 더 얹어 주면서 고액의 리자와 수수료를 받아내는 금융 장사를 지속 할 수 있다.

미국에는 파생금융상품 거래에서 타의 추종을 불허하는 JP모건이라는 국제금융 재벌이 있다. JP모건체이스의 금리파생상품 신용대출(레버리지) 비율은 626 대 1로 세계 최고다. JP모건체이스는 1딸라만 있어도 626딸라가 있는 것처럼 행세하며 자금을 굴릴 수 있다는 뜻이다. JP모건체이스가 위험한 파생금융 상품을 안전하게 운영할 수 있는 리유는 미련방준비은행만이 알 수 있는 금리 변화를 예측해 내는 비결에 있다. JP모건체이스는 뉴욕 미련방준비은행의 최대 주주다. 전 세계가 매일 지켜보고 있는 미련방준비은행의 금리 변화 소식을 누구보다 먼저 아는 정도가 아니라 금리 정책을 결정하는 장본인이다. JP모건체이스는 절대로 손해 보지 않는 장사를 할 수 있다.

지구인들은 국제금융 재벌들이 대출을 해 주는 구체적인 방식을 알지 못한다. 미련방준비은행의 계좌는 주인이 누구인지 단 한 번도 감사(외부 검열)를 받은 적이 없다. 아니, 감사를 진행할 주체가 없다는 것이 더 맞는 말이다. 그 계좌는 누구의 통제도 받지 않으면서 미국의 신용 공급을 조정하고 있다. 련방준비은행과 이를 소유한 국제금융 재벌들은 모든 금융 상황의 내부 정보를 갖고 있기 때문에 장차 일어날 변화를 사전에 다 파악하고 있다. 그들은 언제 경제공황을 촉발해야 자신들에게 가장 유리할지 잘 알고 있다. 마찬가지로 언제 경제위기를 끝내야 하는지도 알고 있다. 금융을 장악한 상황에서 인플레이션과 디플레이션은 그들의 목적을 실현하는 수단일 뿐이다.

스위스에 있는 국제결제은행에서는 해마다 월 1회씩(8월, 10월은 제외) 세계적인 비밀회의가 열린다. 참가할 수 있는 자격은 엄격히 제한된다. 국제결제은행의 실질적 주인인 비밀에 쌓인 6~7명의 은행가들과 미 련방준비은행, 스위스 국립은행, 도이치련방은행, 이딸리아은행, 일본은행, 잉글랜드은행의 운영진 등이 포함된다. 또한 각국에서 금리, 신용대출 규모, 통화 공급량을 결정할 수 있는 중앙 은행가들만 허락된다. 국제결제은행이라는 이 기구는 400억 딸라의 현금과 각국의 정부 채권, 세계 외화 보유고 총액의 10%에 상당하는 황금을 보유하고 있다. 황금 보유량은 미국 국고 다음으로 많은 수준으로 황금이 창출하는 리윤만으로도 은행의 모든 지출을 감당할 수 있다.

국제금융 재벌들의 본거지인 국제결제은행은 1930년에 설립되었다. 이때는 세계적인 대공황이 가장 심각한 시기였다. 국제금융 재벌들은 각 나라에 흩어져 있는 자기들의 자산을 보호하기 위하여 각 나라 중앙은행들의 중앙은행격인 국제결제은행을 만드는 계획을 세웠다. 1930년 헤이그협약에 따라 국제결제은행은 각국 정부로부터 완전히 독립적이며, 전쟁이나 평화 시를 막론하고 각국 정부에 내는 세금도 면제받는다. 세계경제가 심각한 위기에 빠진 1930년대와 1940년대에 유럽 각국의 중앙은행들은 자신들의 황금을 앞다투어 국제결제은행에 맡겼다. 각종 국제 결산과 전쟁 배상금도 국제결제은행을 거쳐 결산을 진행했다. 국제결제은행 본부가 있는 스위스는 그래서 세계대전의 아비규환 속에서도 항상 중립국을 표방한다.

국제결제은행의 장부는 1930년부터 현재까지 어떤 정부에도 공개된 적이 없다. 각국 중앙은행 자본가들에게 제공하는 비밀자금은 어느 누구도 추적할 수 없다. 제2차 세계대전 기간에 영국과 미국의 금융 재벌들은 이곳을 통해 나치 독일에 대량의 자금을 지원해 독일이 전쟁을 최대한 오래 끌도록 도왔다. 독일이 미국에 선전포고를 한 후에도 미국의 많은 전략 물자들은 중립국의 기치를 걸고 먼저 에스빠냐로 운반된 다음 다시 독일로 흘러 들어갔다. 그 과정의 대부분 금융 업무는 국제결제은행이 결산했다.

제2차 세계대전이 끝난 후 44개의 련합국은 미국의 브레턴우즈에 모여 전쟁 배상금 처리와 세계 경제 재건을 위한 이른바 '브레턴우즈협정(Bretton Woods Agreement)'을 체결한다. IMF(국제통화기금)와 IBRD(세계은행)의 설립도 여기에서 결정되었다. 최근에 만들어진 WTO(세계무역기구)까지 포함하면 세계 경제 무대에서 자금 조달과 무역 기준을 결정하는 모든 중요한 국제기구들은 한 회사에서 파생된 다른 이름의 상표일 뿐이다. 그들은 은행의 신용화폐 창출 개념을 도입하여 IMF와 IBRD의 '특별인출권SDR(Special Drawing Rights)'이라는 방법도 고안해 냈다. 특별인출권은 각 나라에서 자국 종이화폐(가짜 돈)를 마구 찍는 것처럼 IMF나 IBRD의 이름으로 된 화폐를 찍겠다는 것이며 이 두 곳 모두를 실질적으로 통제하는 미국의 딸라로 인출된다. 딸라는 국제 금융 재벌들의 협동조합에서 만들어 내는 종이화폐(가짜 돈)도 되는 셈이다.

대한민국은 어떻게 종자돈을 마련했을까?

1980년 미국 국제개발처(AID)의 발표에 따르면 1946년부터 1979
년까지 미국은 전 세계지원단체인 '유엔한국재건단UNKRA(United
Nations Korean Reconstruction Agency, 1950년 12월 1일 창설)'의 원조
를 포함하여 대한민국에 146억 810만 딸라의 경제 원조를 제공한 것으
로 되어 있다. 6·25전쟁 이후 1961년까지 대한민국 정부의 예산 중 절반
정도는 미국의 원조에 의해 채워졌다. 미국은 이러한 원조가 대부분 국
방비에 충당되고 있었음에도 사용에 대해 언제나 세부지침까지 결정하
였다.

국가 예산의 절반 이상을 미국 원조에 의존하면서도 대한민국은 필
요한 물품을 수입해 쓰는 데 원조 자금을 쓰라는(이미 원조 자금의 50%
는 미군 유지비 등 국방비로 쓰고 있었다.) 미국의 요구를 묵살했다. 대
한민국은 국가의 미래를 위해 교육비를 늘리고 비료 공장을 건설하는 등
자립기반 확대를 위해 원조 당국과 싸우며 국가 정책을 시행하였다.

원조 받던 시절 미국 고위관리들이 대한민국을 찾으면 경제 부처 장
관들이 미국 대사관에 우르르 불려가서 경제정책이나 재정운영 계획을
설명해야 했다. 미국의 남아도는 농산물을 원조로 받아 국내에서 재판
매한 돈을 어떻게 쓰고 있는지 보고할 의무가 있었기 때문이다. 원조 받
는 약자의 서러움이 담긴 이러한 활동은 1970년대에 들어서 원조가 끊
기면서 차츰 없어졌다.

2009년 11월 25일은 대한민국이 세계경제협력개발기구(OECD)의 개
발원조위원회(DAC)로부터 원조를 받던 수혜국에서 원조를 하는 공여국
으로 지위가 바뀐 의미 있는 날이다. 대한민국은 1980년 후반부터 개도

국 지원의 틀을 만들기 시작해 1987년 대외경제협력기금(EDCF)을 설치했고 1991년 한국국제협력단 KOICA를 설립했다.

대한민국의 종자돈 모으기(자본축적) 과정은 그야말로 고난과 기적의 련속이었다. 대한민국이 경제적인 성공을 이룬 기반에는 토지개혁, 대일보상금, 웰남전쟁 파병, 중동 진출, 반도체 모험 등의 굵직굵직한 사건들이 있었다. 그중에서도 토지개혁은 오늘의 경제강국을 만드는 데 가장 큰 공헌을 했다.

8·15 해방 이후 북과 남은 단군 이래 조선반도 반만년 력사상 처음으로 세계사에도 류례가 없는 위대한 토지개혁을 단행했다. 북에서는 일본 기업들의 산업 국유화보다 토지개혁을 가장 중요한 국가 정책으로 정하고 1946년 3월 5일 토지개혁 법령을 발표, 무상몰수 무상분배 형식으로 단 25일 만에 토지개혁을 끝내 버렸다. 동시대에 살지 않았지만 당시 북쪽 사람들이 얼마나 환희와 격정에 넘쳐 있었을지 너무 공감이 된다. 후진 농업 국가였던 조선반도는 전 국민의 85%가 땅 없는 소작농으로 살고 있었고 그 소작료는 무려 60%에 달했다. 대부분 사람들이 소작농이 천직인 줄 알고 살았다. 자기 땅 한 평이라도 갖는 것은 모두의 꿈이었다. 그런데 땅을 나라에서 나눠 준다고? 그것도 공짜로! 거기에다 국가 상납분은 30%밖에 안 되었으니 그야말로 천지개벽이었을 것이다.

중국과 조선의 토지개혁에 자극을 받은 대한민국의 미군정은 대만과 대한민국 정부를 강하게 압박하여 토지개혁을 하도록 하였다. 하지만 남쪽에서 진행된 토지개혁은 당시에 북쪽만큼 속도전으로 진행되지 못했다. 남쪽은 1949년 4월 27일 농지개혁법이 국회(최고인민회의)를 통과하였지만 시행령 준비가 1년 가까이 미적거리자 리승만 대통령은 1950년 4월 15일(북쪽을 자극하려 했던 것인지 우연인지는 확실치 않지만 그날은 김일성 주석의 생일이었다.) 대통령 특별령으로 농민들에게 농지를 전격 분배했다. 북쪽과 다르게 유상몰수 유상분배 형태이긴 했지만 남쪽의 토지개혁 역시 북쪽과 비슷했다. 토지 시가에 비해 훨씬 낮게 책정된 보상액은 지주들에 대한 략탈에 가까웠다.

북과 남의 토지개혁 실시는 내 땅 소유에 대한 빈농들의 마음을 감동시키기에 충분하였으며 이는 6·25전쟁의 원동력이기도 하였다. 북과 남의 절대다수 인구였던 농민들은 각자 정부에서 분배받은 자기 땅을 지키기 위하여 서로를 향해 피 흘리는, 의미없는 전쟁에 모든 것을 쏟아부었던 것이다. 백성들은 정치의 희생물 그 이상 그 이하도 아니었다. 현재 남쪽은 전체 경작지의 95%가 자작농이다. 그러나 북쪽에는 더 이상 농민들의 내 땅이 아닌 '협동적 소유'라는 명분의 국가 땅만 존재한다.

대한민국에서 토지개혁은 경제번영을 위한 자본주의적 대량생산의 3가지 요소인 토지·로동·자본 중에서 토지와 로동의 원활한 수급을 가능케 했다. 강제적 부의 재분배 성격을 지닌 토지개혁은 지주들에게는 산업자본가로 성장할 수 있는 기회를 주었고 '벼락부자'가 된 소작농들에게는 잠재적인 도시이주민이 될 수 있는 환경을 만들어 주었으며 하향 평준화된 부동산시장에 활기를 불어넣었다. 대일보상금과 같은 급격한 외부 자본 류입에 상응하는 대한민국 정부의 산업화 정책은 유한한 자산인 토지와 로동력의 원활한 수급 없이는 불가능했으며 토지개혁으로 인한 농업 분야의 남는 인력과 토지거래 활성화로 인해 '한강의 기적'을 만들어 냈다.

대한민국의 종자돈 주머니를 채우는 데 가장 큰 공헌으로는 미국의 압박으로 받아낸 일본의 대일보상금도 속한다. 전쟁으로 폐허가 된 조선을 지원한 쏘련과 마찬가지로 미국도 대한민국에 엄청난 도움을 주었다. 일본은 '을사조약'의 정당성을 거들먹거리며 조선은 교전국이 아니라 일본에 속한 패전국이라며 말도 안 되는 억지 주장을 했다. 하지만 미국이 강하게 압박하자 8·15해방 이후 쫓겨 가면서 미처 챙겨가지 못한 자기들 자산과 모든 보상금을 상계 처리한다는 조건을 달고 '전쟁 보상금'이 아닌 '경제원조' 형식으로 1965년 무상원조 3억, 차관원조 3억 등 총 6억 딸라를 수락했다.

1990년에 해제된 미국 CIA 문서에 의하면 박정희 정부는 공식적인 경로 외에도 1961년~1965년 사이에 일본의 6개 기업으로부터 집권당 운영비라는 명목으로 6600만 딸라의 비밀자금을 별도로 받았다고 한다. 이러한 비밀자금 때문인지 당시 일본과의 협상이 너무 저자세였다는 비판은 지금도 계속된다. 특히 북쪽은 자기들 몫까지 넣어서 협약서에 수표(사인)한 남쪽을 힐난하며 일본에 현시세로 100억 딸라를 요구하고 있다.

동전 한 잎도 아쉽던 상황에서 외부에서 조달된 대일 보상금은 대한민국 경제의 발판이 되었다. 대한민국은 이 돈으로 포항제철소를 최신식으로 건설하여 조선업과 자동차 산업 등의 중공업 발판을 닦았으며 서울-부산 고속도로를 비롯하여 물류산업의 일대혁신을 위한 기초를 닦을 수 있었다.

시대를 맞춰 등장한 박정희라는 거물에 의해 남쪽의 경제 발전은 기적을 만들어 냈다. 일부 사람들은 박정희 대통령의 독재와 인권탄압에 대하여 분노한다. 그러나 매해 보리고개마다 수많은 국민이 굶어죽어 나가던 나라를 최첨단 산업 국가로 변모시킨 그의 꿈과 의지를 깎아내릴 순 없다. 박정희 대통령은 비록 독재는 했을지언정 외자도입, 수출증진, 전자 및 중화학공업 육성, 농촌 혁명에 목숨을 걸었다. 외화 한 푼 벌겠다고 독일로 간 광부들 앞에서 "우리는 못살아도 후손에게는 잘사는 나라를 물려주자."고 말하다가 울음을 터뜨려 온 객석을 울음바다로 만든 것이 그의 진심이다. 박정희 대통령의 독재보다 더 심한 사회통제와 배고픔의 최극단을 조선에서 경험해 본 나로서는 "빵이 먼저냐, 자유가 먼저냐."라는 질문 앞에 박정희 대통령이 떠올라 마음마저 숙연해진다. 국민들이 배고프지 않는 정책이면 사회주의든 자본주의든, 독재든 민주화든 그게 무슨 상관이란 말인가. '국가의 목적은 시민의 행복을 성취하는 것'이라고 그리스 철학자 아리스토텔레스(기원전 384~322)는 2천 년 전에 이미 말했다.

대한민국이 후진국에서 확실하게 벗어나 북쪽을 앞서는 데 결정적 도움이 된 것은 웰남(베트남) 파병이었다. 대한민국은 웰남 전쟁 파병으로 군 현대화, 외화벌이, 경제체질 개선 등 일거삼득을 이루었다. 통졸임 하나도 제대로 만들 줄 몰랐던 남쪽의 경제체질은 이 시기 미국의 기술원조 및 자금 류입으로 획기적인 변화를 이루게 되었다.

1965년 5월 박정희 대통령은 미국 공식 방문 당시 미 대통령과의 회담에서 대한민국 전투병력의 웰남 파병에 대한 즉답을 최대한 피하면서 모든 방법을 동원하여 미국의 지원을 이끌어내려고 노력했다. 결과 대한민국은 파병 대가로 병참물자의 생산 및 보급에 대한 특혜를 받아냈다. 웰남과의 무역으로 발생한 경제적 리득은 1965년~1973년 총 2억 8300만 딸라에 달했다. 이 중 2/3는 전쟁 관련 물자의 수출이었다. 국내에서 불과 1딸라 60센트밖에 못 받던 군인들은 평균 40딸라의 월급을 받았다. 1962년~1972년 대한민국 군인들이 본국에 송금한 금액은 보상금까지 포함하여 2억 6600만 딸라에 달했으며 기업 소속 민간인들이 송금한 돈도 1억 6600만 딸라에 달했다.

1965년 1억 3800만 딸라밖에 없었던 대한민국 중앙은행의 외환 보유고는 1972년 6억 9400만 딸라를 기록했다. 미국으로부터 도입된 총 5억 2250만 딸라의 월남전 관련 공공 차관과 2억 4천만 딸라 상당의 상업차관은 사회간접자본과 1970년대 한국 수출산업의 중심이 된 중화학공업 부분의 설비투자에 집중적으로 투자되는 등 대일보상금 못지않은 커다란 역할을 하였다. 또한 PL-480 무상원조 계획을 통해 파병 대가로 제공된 1억 7000만 딸라의 목화는 섬유류 수출을 통한 대한민국 경제성장의 기반을 제공했다.

월남전 참전으로 기초체력을 다진 대한민국은 전 세계가 석유파동을 겪을 당시 그 혼란의 중심인 중동 산유국에 직접 뛰어들어 돈을 벌었다. 대한민국은 중동 산유국에서 번 외화를 랑비하지 않고 싼 값의 원유를 받아와 그것을 가공해 부가가치를 높이는 중화학공업에 투자했다. 한편 차세대 산업의 핵심으로 부상하게 될 반도체 산업에 일찍 뛰어들어 진정한 부국강병의 기초를 차근차근 다지고 있었다.

하늘 높은 줄 모르고 치닫던 대한민국 경제는 1997년 금융위기를 맞으며 한순간 주저앉았다. 덩치가 커진 경제는 국제금융 재벌들의 마수에 걸려들었다. 국제금융 세력들로부터 단기 차입금으로 빌린 1500억 딸라를 갚지 못해 국제통화기금(IMF)에 구제 신청을 하게 된 대한민국은 그들의 강도적인 요구에 피 같은 국내 자산들을 헐값에 매각해야만 했다. 그러나 대한민국은 '금모으기운동'처럼 전 세계가 놀란 수많은 기적들을 만들어 가며 전 국민이 똘똘 뭉쳐 IMF에서 빛의 속도로 탈출했다.

국제금융 세력들과의 큰물에서 뼈아픈 경험을 쌓은 대한민국은 경제 건설에 더욱 박차를 가해 LCD 모니터, 손전화기, 반도체, 바이오 등 새로운 분야를 개척해 가며 선진국 반열에 기어이 올라섰다. 2022년 2월 로씨야와 우크라이나 전쟁이 발발하며 대한민국은 또다시 웰남전에 버금가는 전쟁 특수를 누리고 있다. 옛 쏘련의 군사적 보호를 받던 뽈스까(폴란드) 등 동유럽 나라들이 대한민국이 만든 땅크, 대포, 전투기들을 대량으로 구입하고 있다. 북과 남의 대치국면으로 돈을 쏟아 넣기만 하던 남쪽의 군수산업은 흑자를 넘어 미래 재투자 자금까지 확보하게 되었다. 대한민국은 경제력과 국방력의 균형을 골고루 갖추어 종합 국가경쟁력에서 확실한 우위를 갖게 되었다.

대한민국의 종자돈은 앞으로 더욱더 두둑해질 것이다.

강성대국 조선의 종자돈 마련은?

해방 직후 조선반도 전기의 92%는 38선 이북 조선의 발전소들에서 생산되었다. 압록강의 수풍발전소는 당시 아시아 최대, 세계 3위 규모였다. 중국 침략에 혈안이 되어 있던 일본은 조선을 대륙 침략의 발판으로 삼고 북부 지역에 대규모 중화학단지를 집중적으로 건설했다. 홍남의 질소비료 공장은 아시아 최대, 세계 5위 규모로 조선 전 지역에 필요한 량을 공급하고도 남아 18만 톤가량을 해마다 수출했다. 일제 말기 조선의 대규모 공업지구의 수요로 경성제대(서울대학교) 이공과 졸업생 40% 이상이 북에 갔다.

해방 이후 대한민국에 비해 경제능력이 월등히 앞서 있었음에도 김일성 주석은 1949년 2월 22일부터 모스크바에 한 달 가까이 머물며 쓰딸린에게 대북 지원을 요청했다. 당시 조선의 특권층이 쓰던 고급 가구 일체를 비롯하여 꽃병, 의자, 책장, 도자기, 병풍, 화로, 실패, 방석 등 26종 36점의 정성스러운 선물도 렬차에 싣고 갔다. 쏘련에 전달된 '쓰딸린 대원수에게 드리는 선물 도해집'에는 선물 목록과 사진, 제작자 인적사항 등이 한글로 적혀 있었다. 김일성 주석은 박헌영 부수상과 함께 쓰딸린 서기장을 만난 자리에서 4000~5000만 딸라의 군사 및 경제원조를 요청했다.

6·25전쟁이 끝난 후 북쪽은 식량이나 편직물 같은 경공업 원자재들이 아니라 일본이 건설했던 중공업 분야의 복구에 중심을 두었다. 당시 조선 지도부의 격렬한 론쟁은 현재 혁명력사 교과서에 어느 정도 소개되어 있다. 전쟁으로 피폐해진 인민들의 생활을 걱정하던 일부 간부들은 경공업 중심의 경제복구를 주장하다가 '종파분자'로 숙청되었다. 김일성 주석은 지금 당장 허리띠를 졸라매더라도 국가의 백년대계를 내다보며 중공업 중심의 경제개발 계획을 주장했다. 김일성 주석의 선택은 굉장히 성공적이었고 1970년대까지 북쪽은 남쪽보다 훨씬 발전된 잘사는 국가였다. 1960년대 초 영국 케임브리지대학 존 로빈슨(Joan Robinson) 경제학 교수가 조선을 방문한 후 쓴 글 「조선의 기적(Korean miracle)」은 대한민국의 경제발전에 대한 '한강의 기적'이 아니라 사회주의 공업화 완성을 자랑하던 조선의 '대동강의 기적'에 대한 담론이다.

쏘련은 전쟁으로 막심한 경제적 피해와 손실을 입은 조선에 차관 형식의 부채 의무를 완전히 면제해 주거나 혹은 절반으로 탕감해 주었다. 1950년대 조선의 외부 무상원조 및 차관 규모는 국가 세입의 40%를 차지할 정도로 컸으며 무상원조와 차관 가운데 무상원조가 77.3%로 압도적으로 많았다. 1953년 9월 10일 김일성 주석과 박정애 노동당 중앙위원회 부위원장, 정일용 내각 부수상(전 중공업상), 정준택 국가계획위원회 위원장, 남일 외무상, 김회일 교통상 등을 단원으로 하는 조선정부 대표 일행은 원조와 관련한 협의를 위해 쏘련을 방문하여 의정서를 체결하였다. 체결 내용은 2년 동안 10억 루블을 무상원조하고 이 중 6억 루블은 공장의 복구나 확장에 사용하며 4억 루블은 신설 공장과 시설에 사용하도록 합의를 보았다. 또한 쏘련이 설계나 장비를 제공하는 것은 물론이고, 기술 교육도 책임지기로 하였다. 이뿐만 아니라, 쏘련은 전쟁 이전에 조선에 제공했던 차관 2.98억 루블의 반환을 1957년 이후 10년으로 연기해 주었고 물품으로 상환이 가능하며 절반 수준으로 상환할 수 있도록 배려해 주었다.

중국은 조선 전쟁을 위해 사용한 모든 지원을 무상으로 제공하였고 경제복구를 위해 1954년~1957년까지 4년간 총 8조 위안을 무상으로 지원했다. 전쟁 이듬해인 1954년 중국은 조선에 13만 톤의 식량(1953년에는 20만 톤)을 제공하였으며 특히 4000만 미터의 면포를 제공하였는데 이는 조선의 1955년 총 생산량에 해당하는 것 이었다.

1956년에 이르러 중국은 국내 경제 사정이 좋지 않았고, 조선이 친중파를 숙청한 8월종파사건으로 조선과 사이가 좋지 않았던 탓에 조선이 요구하는 원조 요청을 거절하거나 무응답으로 일관하였다. 그러나 1957년 후반쯤에는 쏘련과의 갈등으로 조선의 원조 요청을 최대한 수용하며 가능한 한 모든 것을 지원하는 쪽으로 방침을 선회하였다.

1957년 1월 진행된 조·중 간 무역 협정에 관한 회담에서 조선의 20만 톤 식량 요청에 중국은 9만 톤만을 약속했다. 하지만 거듭되는 협상 끝에 최종적으로 중국은 15만 톤을 조선에 제공하는 데 동의했다. 1957년은 중국에게도 중요한 한 해였다. 중국은 9월부터 세기의 실패로 막을 내린 '대약진운동'을 서서히 시작했고 1958년부터 광범위한 대약진운동을 광범위한 대중운동으로 실행하였다. 이러한 시점에서 조선은 1957년 9월 13일~10월 6일까지 내각 부총리인 김일을 단장으로 중국을 방문했다. 1957년~1958년에 중국은 조선에 산업프로젝트 자금으로 총 2억 8천만 루블의 대출을 해 주었지만 1960년에 이를 사면해 줌으로써 직접적인 무상 원조라고 할 수 있다.

중국이 조선에 지원한 내용 중에서 자금 지원보다 더 중요한 부분은 사실 인력 지원이다. 중국은 전쟁 후 잔류하고 있던 중국인민지원군을 전후 재건을 위한 로동력으로 활용하는 데 동의하였고 그들은 조선에 수년간 거주하며 로동력을 제공하였다. 휴전 협정 당시 조선에 잔류하던 중국인민지원군은 120만 명이었고 1958년 철군 당시에는 25만 명이었다. 중국은 전쟁 이후 조선에 머무르고 있던 34개 사단 중 1954년~1955년에 19개 사단을 철수시켰고, 나머지 사단은 1958년 10월 25일까지 조선에 주둔했다.

북과 남이 외부의 원조경제에서 서서히 탈피해야만 했던 1960~1970년대 아시아 지역에서는 웰남 전쟁이 한창 진행되고 있었다. 1975년에야 끝난 웰남 전쟁 당시 대한민국은 웰남 파병 등으로 국가 경제개발의 종자돈을 지속적으로 확보했으나 조선은 박헌영과 레닌국제학교 동기로 조선에 호감이 많았던 호지민의 구애에 희생만 강요당했다. 웰남 전쟁 종료 시까지 32만 명의 병력을 파견하고 전쟁 관련 사업으로 50억 딸라 이상의 경제적 효과를 누린 대한민국에 비하면 조선은 웰남전에서 아무런 소득도 없었다.

1970년대 이후 쏘련과 중국을 비롯한 사회주의 국가들의 원조가 완전히 끊기면서 조선은 자립적인 경제건설에 진입하게 되었다. 외부 원조가 끊긴 성장률은 높지 못했다. 1970년대 조선은 적극적인 대외개방 정책을 구사하면서 대대적인 외자도입에 나서게 된다. 일본의 조총련계 자금이 가장 앞장섰다. 그러나 사회주의식 계획경제의 고질적 문제점은 일본 경제의 부상과 함께 상당한 영향력을 가지고 있던 조총련계의 우호적인 자금들마저 외면하는 등 쇠락의 길로 들어서게 만들었다.

조총련계 자금 외에도 이시기 조선에 투자했던 서방 국가들은 지금도 당시의 채무를 안고 있다. 영국 정부는 1970년대 조선에 빌려준 돈이 현재 가치로 793만 딸라 정도 되는데 통일되면 대한민국에서 받겠다고 탕감을 미루고 있다고 한다. 영국 외에도 스웨리예(스웨덴), 오스트리아, 스위스, 체코, 핀란드, 로므니아(루마니아) 등도 조선으로부터 30년 넘게 빚을 돌려받지 못하고 있다. 총액은 10억 딸라 정도로 추산된다. 1970년대 조선과 친하게 지냈던 스웨리예(스웨덴)는 볼보 승용차와 아틀라스사의 굴착기를 외상으로 팔았다가 3억 딸라에 달하는 돈을 아직도 받지 못하고 있다. 스위스도 약 3억 딸라, 오스트리아도 약 2억 딸라의 돈을 못 받고 있다.

조선의 빚(채권)은 전쟁 중에 있는 국가채권처럼 특수채만을 취급하는 영국 금융중개회사 '이그조틱스'에서만 거래된다. 조선의 빚(채권)은 세계 3대 신용평가사로부터 국가신용등급을 평가받을 수 없어서 보통 때에는 나오지도 않는다. 1970년대 조선이 채무불이행(돈을 갚을 수 없음)을 선포하기 전에 발행된 채권은 1딸라당 4센트까지 내려갔다가 2015년 10딸라까지 급등한 적 있다. 통일될 수도 있다는 희망에 서독이 동독의 모든 부채를 떠맡은 것처럼 조선의 채권 가격도 급등했던 것이다.

2023년 7월 기준 북쪽이 대한민국에 진 빚은 8억 7690만 딸라다. 그중 대부분은 식량 지원인 7억 9130만 딸라이고 나머지 8560만 딸라는 경공업 원자재 지원이다. 2021년 미국 재무부 산하 해외자산통제실(OFAC)이 발표한 '2020 테러리스트 자산 년례 보고서'에 따르면 미국이 동결한 조선 소유의 미국 내 자산은 3169만 딸라라고 한다.

옛 쏘련에 조선이 진 빚은 109억 6000만 딸라에 이른다. 로써야는 조선의 새로운 지도부가 시작된 이후인 2012년 9월 17일, 이 빚 중 90%를 탕감하는 새로운 조로협정을 체결했다. 로씨야의 세르게이 스토르차크 재무차관은 탕감되고 남은 나머지 10% 금액 10억 9000만 딸라마저도 거의 포기하는 수준의 활용 계획을 발표했다. 향후 20년 동안 6개월마다 분할 상환 받으며 받는 돈은 로씨야의 가스관이나 철도가 조선을 거쳐 대한민국까지 가는 데 필요한 토지 확보에 재투자되기를 희망한다고 했다. 2008년 대한민국과 로씨야 간 정상회담 당시 조선을 통과하는 천연가스관 공사비는 약 30억 딸라로, 조선이 받을 수 있는 통관수수료는 1억~1억 5000만 딸라로 추산되었다.

사회주의 국가들 간의 우호적인 무역구조가 붕괴되면서 그나마 간간히 버티던 조선은 쏘련을 비롯한 동구권 사회주의 국가들과 중국의 개혁개방 전환으로 더는 버티기 어려운 상황에 이르렀다. 평양에 있던 UNDP의 자료에 의하면 동구권 사회주의 국가들이 무너진 뒤인 1992년 ~1996년 조선의 국민총생산액은 절반 가까이 감소하는 등 급격한 추락을 맞게 되었다고 한다.

급박한 난국을 타개하기 위하여 조선은 1990년대 초반 조심스럽게 라진-선봉시의 중국식 개방을 계획했으나 미국과 대한민국의 미온적인 태도로 수포로 돌아갔다. 2000년대 초반에는 신의주 경제특구를 또다시 계획했으나 이 역시 중국의 방해로 이루지 못했다. 그나마 2005년부터 시작된 개성공단과 금강산 관광은 본격적으로 빛을 보기 시작할 무렵 북과 남의 정치관계에 부딪쳐 좌초하고 말았다.

결국 조선은 절대로 악수하지 않을 것처럼 적대시하던 미국과 손을 잡으려고 노력했다. 그럴 수밖에 없었던 것이 6차 핵실험 후인 2017년 9월 12일에 결정된 미국 주도의 유엔 제재결의안은 그 이전과 차원이 달랐다. 사회주의 혈맹이라 믿었던 중국과 로씨야도 합세한 이 제재조치로 조선의 외화벌이는 90% 가까이 축소되었다. 중국과 로씨야의 배신으로 류지를 통해 조선으로 들어가는 모든 물자의 감시 및 통제가 미국 주도로 철저히 진행되었고 바다에서는 일본, 영국, 호주, 카나다 등의 인공위성 및 고공정찰 감시장비들이 투입되는 등 사실상 해상 봉쇄에 준하는 상태에 놓이게 되었다.

미국은 대한민국의 강력한 반대로 시행 못 했던 1994년도 평안북도 녕변의 핵기지 폭격계획을 확대한 이른바 '코피 작전'을 공개하며 조선반도와 가까운 오끼나와, 괌 등에 전략자산들을 집결했다. 미국은 조선반도로 신규 파견되는 미군에 가족동반 금지령을 내리고 시행한 적이 별로 없었던 대한민국 주둔 미군 가족들의 본토 소개훈련도 재개했다. 가장 심각했던 사건은 미국이 6·25전쟁에 참전했던 국가들의 외무상들을 캐나다에 모두 불러다 놓고 제2의 조선전쟁을 암시하는 전략회의를 소집한 것이다.

당시 상황이 얼마나 긴박했는지 체감한 일반인들은 거의 없다. 외교 일선에서 근무하는 고위급 간부나 해외 뉴스를 통역 없이 매일 인지할 수 있는 사람 아니면 아무도 몰랐다. 특종 보도에 대한 극심한 경쟁과 자유분방하기로 그 어느 국가에도 절대 뒤지지 않는 대한민국의 수많은 언론들조차 당시 긴박한 상황을 최대한 순화하기에만 바빴을 뿐 암묵적으로 쉬쉬하고 있었다. 상황이 심상치 않음을 직감했던 나는 1994년 녕변 폭격이 거론되던 당시 평양에서 민간인 신분임에도 전투식량과 무기번호를 부여받던 상황이 떠올라 핵폭탄보다 더 위험한 북쪽의 화학무기 공격을 대비하여 우리 가족의 방독면과 피난용 비상 배낭을 부리나케 준비했었다.

실제로 당시 미국 대통령 트럼프는 비공개로 조선에 핵 선제공격을 가하고, 이를 다른 나라의 소행으로 돌리는 방안을 극비리에 추진했다고 한다. 2020년에 출간된 『도널드 트럼프 대 미국』의 저자 마이클 슈밋 뉴욕타임스 기자가 펴낸 후기로 세상에 알려진 이 사실은 일본이 만주를 침공할 때 써먹었던 '철도 폭파' 사건과 너무 닮아 있다. 조선반도 상황이 전쟁위기로 치닫자 조선은 2018년 신년사에서 갑자기 대한민국에서 진행되는 지구촌 최대의 행사인 동계올림픽에 참여하겠다고 발표하며 미국과의 화해를 위해 대한민국의 중재를 받아들일 수밖에 없었다. 하지만 2018년 싱가포르와 2019년 웰남 하노이 조미회담은 아무런 성과도 거두지 못했다.

강성대국을 위한 조선의 종자돈 마련에는 아직도 험난한 먹구름만 가득한 상태다.

대한민국의 휴일과 명절문화

대한민국에서는 1주일에 5일만 일하고 토, 일은 무조건 쉬는 주 5일 근무제도가 법으로 정해져 있다. 2002년 영국에서 공부할 때 나는 대부분 회사들이 금요일 오전까지만 일하는 주 4.5일제로 운영되는 것을 보고 충격을 받았다. 영국인들에게 있어서 주말은 그 무엇과도 바꿀 수 없는 인생 최고의 목표인 것 같았다. 미제침략자들이 사는 미국에서는 1926년 세계 최대 자동차 회사의 주인인 헨리 포드가 토요일과 일요일에 기계를 강제로 꺼 버리고 로동자들을 이틀간 쉬게 했다. 포드의 용기는 전국으로 확산되어 1938년에 법으로 정해졌다. 국제로동자절 5·1절의 기원은 1886년 5월 1일 8시간 로동제를 요구하던 미국 시카고 로동자들의 폭동일이며 3·8국제녀성절은 1911년 3월 8일 성차별 반대와 녀성 권익을 위한 미국 뉴욕시 녀성로동자들의 폭동일이다.

자본주의 국가 벨기에는 지난 2022년 2월 16일, 주 4일 근무를 허용하는 정부 조치를 발표했다. 예전보다 하루 적게 일하는데 대한 기업의 월급 부담은 벨기에 정부가 보조해 준다. 향후 10~20년 이후면 대부분 선진국들에서는 주4일 근무제가 보편화될 것이다. 맑스(마르크스)가 주장하던 '원하는 만큼 일하고 원하는 만큼 분배' 받는 공산주의 사회를 자본주의 국가들이 더 먼저 이룰지도 모르겠다. 최근 대한민국에서도 삼성전자, SK하이닉스, SK텔레콤 등 대기업들이 부분적 주 4일 근무제를 전면 도입했다.

대한민국의 가장 큰 명절은 음력설과 추석이다. 음력설과 추석에는 명절 당일 앞뒤를 포함하여 3일간 휴식한다. 만약에 주말에 그 3일이 끼어 있다면 그다음 주 평일을 대체 휴일로 정하도록 법으로 정해져 있어 무슨 일이 있어도 주말의 휴식권을 침해하지 않는다. 명절 휴식 3일에 이어서 주말이 련속 이어지면 그야말로 황금의 연휴 기간이다. 모두들 그때는 국내보다 해외로 려행을 떠나느라 모든 공항이 미어터진다.

나는 음력설이나 추석이 되면 TV뉴스를 보지 않는다. 민족의 대이동이 벌어지는 그 순간을 지켜보다 보면 우울증에 걸린다. 나는 며칠이 아니라 몇 달이 걸리더라도 고향에 갈수만 있었으면 좋겠다. 북쪽에서 '힘 있는 사람은 힘으로, 지식 있는 사람은 지식으로, 돈 있는 사람은 돈으로 부강한 조국을!'이라며 북송교포 일본 가족들의 친척 방문에 돈을 받은 것처럼 탈북민들도 갈수만 있다면 빚을 내서라도 고향에 갈 것이다.

조선에서의 명절은 생각하고 싶지도 않다. 명절에나 먹을 수 있었던 돼지고기나 기름진 음식으로만 따지면 남쪽에서는 매일이 명절이고 생일이다. 서울이 고향이신 나의 아버님은 술만 드시면 남쪽 출신 친구들과 함께 〈비 내리는 고모령〉을 부르셨다. 19살 젊은 나이에 홀로 북으로 들어오신 아버님, 나에겐 그토록 엄격하고 강인하시기만 했던 아버님이 고향 노래를 부르며 어린 내 앞에서 눈물을 보이실 때 철없던 나는 영문도 모른 채 같이 울었다. 어른이 된 지금 아빠처럼 나도 울고 있다.

③

강대국들의 지도자 집단과 조선

한 국가가 강성대국에 걸맞는 경제력을 갖추자면 무엇부터 해야 할까? 경제학에서 일반적으로 이야기하는 것은 뛰어난 인재, 충분한 자본, 그리고 훌륭한 기술이다. 그런데 력사를 돌이켜 보면 인재, 자본, 기술이 충분하였는데도 사회가 발전하지 못한 사례가 너무 많다. 우리나라는 고려 시대 때 세계 최초로 금속활자를 만들었다. 서양의 구텐베르크 금속활자보다 무려 200년이나 앞섰다. 그러나 고려시대 지도층은 민간인들이 마음대로 책을 출판 못하게 하였고 지식의 전파와 류통을 멀리했다.

력사에서 보듯이 인재, 자본, 기술이 아무리 준비되었다 해도 사회구성원 개개인이 노력에 따라 성과를 얻을 수 있는 제도, 결과에 따라 보상이 생길 수 있는 제도가 없으면 아무 소용이 없다. 그런데 이러한 제도의 확충은 일반대중에 의한 자연 발생적인 안착이 아니라 그 사회 지도자 집단의 선행적 역할에 달려 있다. 사회의 선두에서 대중을 이끌고 나가는 지도자 집단이 옳은 제도와 정책으로 실질적인 보상제도를 확실하게 정착시켰을 때에야 비로소 경제학에서 말하는 인재+자본+기술의 결합이 사실상의 위력을 발휘하게 된다. 국가는 규범·상식·합의를 통해 공동체의 목표를 섬세하게 관리하기 위하여 일반 대중을 선두에서 이끌 수 있는 지도자 집단을 필요로 한다.

조선의 지도자 집단 중에는 '중앙당 비서국'과 '중앙당 서기실'이라는 조직이 있다. '중앙당 비서국'의 기능은 많이 알려져 있지만 '중앙당 서기실'은 잘 알려져 있지 않다. 중앙당 서기실은 기존의 비서실 기능이 1980년대 중반부터 본격적으로 확장된 조직으로 종전의 중앙당 조직부에 있던 일부 기능과 임무를 떼어내 만들었다고 한다. '중앙당 서기실'은 중요한 정책 기능보다 주석궁 내부의 비밀스런 살림살이 처리가 주된 업무로 알려져 있다. 하지만 중앙당 서기실은 최고지도자의 가장 가까운 곳에서 보좌하면서 시급한 경우 중요한 국가 업무 결재까지도 대리 가능한 조직이다.

언론에 절대 공개되지 않는 중앙당 서기실의 책임서기 자리는 대한민국 대통령실의 비서실장 격으로 최고지도자의 유일한 대리결재자이다. 최고지도자가 피치 못할 사정으로 자리를 비울 때면 긴급 서류들은 그의 판단에 따라 최고지도자의 교시와 방침으로 하달된다. 김일성 주석 시절에는 지방 순찰 시 김일성 주석의 기본 발언이 끝나고 그가 나가면 책임서기의 회의 주도하에 도당책임비서 이하 간부들에게 쌍욕을 해 가며 '수령님의 교시와 말씀이 제대로 집행되지 않는 상황'에 대해 거세게 몰아세웠다. 당시 간부들 속에서는 김일성 주석보다 책임서기가 더 무서웠다는 소문이 파다했다.

중앙정치와 거리가 멀었던 나는 1994년 김일성 주석이 타계했을 때 처음으로 '책임서기'라는 직책을 알았다. 당시 김일성 주석의 책임서기는 시신이 안장될 금수산기념궁전 공사에 필요한 수입 설비와 김일성 주석을 보좌하던 서기실이 주도했던 『세기와 더불어(김일성 회고록)』 집필진이 머물 '당력사연구소' 건물에 필요한 일본제 내부 장식 구입 등 이른바 '고난의 행군'으로 그 어려운 외화난 속에서도 즉석에서 처리해 주었다.

내가 지켜본 당시 책임서기의 영향력은 조선의 최고 권력이었다. 조선이 외부 원조에서 벗어나 자립을 시도하던 1970년대, 김일성 주석의 책임서기였던 최영림은 내각 총리를 비롯한 주요 직책에 등용되어 경제 관리를 맡았으며 김정일-김정은 정권교체 시기, 고령에도 또다시 내각 총리를 맡아 혼란을 수습했다. 그의 수양딸 최선희는 지금 외교 수장이 되어 있다. 비밀에 쌓여있던 김정일위원장의 서기실은 공식적인 첫 부인과의 소생인 딸 김혜경(1967년생)이 주도한 것으로 알려져 있으며 김정은위원장의 서기실은 현재 김여정이 주도하는 것으로 보인다. 김주애는 서기실에서 후계자 수업을 받고 있을 것이다.

공식적으로 확인된 적은 없지만 조선의 고위급 내부 소식통의 비공식적인 정보에 의하면 서기실의 지휘하에 있는 중앙당 본부 3호청사에는 중앙당 비서국을 포함하여 군사, 정치, 경제 등을 총 망라하여 분야별로 분석하고 정책을 세우는 중요 간부 300여 명, 청사 내의 총 직원은 800여 명 있다고 한다. 비서국과 서기실의 업무를 돕는 문서실, 분석실, 내부 시설관리 등의 보장성원까지 합치면 2000명 정도에 이른다고 한다. 이들은 철저히 베일에 가려져 있는 인물들로 한 번 들어가면 종신 복무가 원칙이다. 이들은 공개적인 식사 등도 불가할 정도로 로출을 꺼리고 있다고 한다.

중앙당 서기실은 각 분야에서 '당중앙'이라 부르는 최고지도자에게 집중되는 보고문건과 자료들을 접수 및 분류하여 보고하며, 결재된 문건을 하달하는 등 문서처리 기능을 주로 한다. 비서국도 최고지도자의 직접적인 지시사항이 아닌 중요도가 낮은 결정에 대한 서류 결재는 서기실을 통해 한꺼번에 최고지도자의 결재를 받는다. 중요도가 낮더라도 모든 결정이 최고지도자에게 집중되어 '친필지시', '친필문건'으로 처리된다. 다양한 부처에서 비슷한 사안으로 접수되는 서류들의 우선순위는 서기실의 1차적인 해석능력 및 가치판단이 작용할 수밖에 없다. 그 분류 과정 (필터링)에 종사하는 서기실 사람들의 능력과 주관적인 가치판단의 개입은 최고지도자에게도 영향을 미친다. 중앙당 서기실은 어떻게 보면 비서국과 함께 조선의 정책수뇌부 핵심인 것이다. 각 부처에서 아무리 '참모회의'를 거쳐 집체적인 토의가 선행되었다고 해도 백두혈통이 지휘하는 중앙당 서기실에서 후순위로 걸러지면 그 제안서는 빛을 보지 못한다.

선진국들의 지도자 집단과 비교할 때 조선의 중앙당 비서국과 서기실의 특징은 조직 내부의 비효율적인 인적 구성이다. 중앙당 비서국과 서기실의 두뇌 집단은 철저하게 당성, 혁명성을 기준으로 등용된다. 빨찌산 자녀 등 확실한 출신성분이 우선 기준이다. 게다가 한 번 간택되면 그 조직 자체가 안고 있는 수많은 비밀스러운 문제들로 하여 내부 구성원은 좀처럼 바뀌지 않는다. 숙청당하거나 죽기 전에는 교체가 불가능하다. 철옹성 같은 그들만의 세계가 그 옛날 우리의 국력을 서서히 약화시킨 봉건왕조 시대의 음서제도(부모의 공로에 따라 자식을 관리로 등용하는 제도)와 무엇이 다른가?

빨찌산 자녀들을 비롯하여 당성, 혁명성이 투철하면 모두 실력이 없는 것은 아니지만 최고의 조직은 좀 더 넓은 구성원들 속에서 실력본위주의와 함께 신·구세력의 선순환 구조가 이루어졌을 때 빛을 발한다. 내부 구성원이 정체된 조직에서는 신선한 의견과 혁신적인 발상들이 나올 수 없다. 권력은 오래 머물면 고인 물처럼 썩기 마련이다. 체제유지를 위한 당성, 혁명성이라는 기준도 중요하지만 새로운 사고를 가진 창의적인 인재들을 등용하는 객관적인 등용 시스템을 구축해야 한다.

스웨리예(스웨덴) 한 대학 연구팀의 론문이 2023년 1월 28일 유럽 사회과학잡지에 실렸다. 「고소득층의 인지능력 정체현상」이라는 이 론문의 핵심은 일정한 소득 수준(약 6만 유로)까지의 소득과 인지능력은 비례하지만 그 이상은 아니라는 것이다. 가장 돈을 많이 버는 최상위 1%의 인지 능력은 상위 1%에 드는 것이 아니었으며 특히 부모로부터 기업을 물려받은 대기업 경영자들의 인지 능력은 상위 17%밖에 안 되더라는 것이다. 투철한 당성과 혁명성으로 무장된 부모들의 영향으로 핵심계층에 진입한 조선의 신세대 지도자 집단의 인적 구성이 얼마나 비효율적인지를 보여 주는 연구다.

중국은 개혁개방에 한창 몰두해 있던 지난 2002년 9월 중국공산당 중앙학교에 적대국인 미국 최고의 공과대학 MIT 경영대학원의 피터 세겐 교수를 초청하였다. 그가 쓴 책『학습하는 조직: 오래도록 살아남는 기업에는 어떤 특징이 있는가?』의 내용을 중심으로 진행된 초청 강의에서는 사회주의 계획경제의 틀 속에서 굳어진 지배적인 관리형 조직들이 '효율'만을 지향하지 말고 문제의 발견과 해결책에 이르기까지 끊임없이 학습하도록 요구받는 학습형 조직으로 변화하는 데 필요한 것이 무엇인지를 소개했다. 중국은 개혁개방 로선에 힘입어 고도성장하는 중국의 상황에서 선제적으로 대응해 나갈 지도자 집단의 개혁 필요성을 느꼈던 것이다. 이에 발 빠르게 중국 공산당은 자본주의 국가 미국에 고개를 숙이고 배울 점은 과감하게 받아들였다.

국가를 움직이는 지도자 집단이 판단의 오류를 범하면 국가와 민족이 수난을 겪는다. 일반 시민들의 투쟁으로 혁명에 성공했던 프랑스도 혁명 지도자들의 판단 오류 때문에 낡은 체제의 개혁에 고초를 겪었다. 프랑스는 대혁명 시절 귀족 가문 특권층의 독점 령역이던 의사 면허제를 한때 없애 버렸다. 모든 국민에게 자유와 평등을 누리라며 시험 없이 일반 시민 중에서도 누구나 의사가 될 수 있는 제도를 만들었다. 그러나 이

제도를 통해 시험 없이 징집된 나뽈레옹 군대의 형편없는 군의관들 때문에 전선에서 사상자가 급속도로 증가하자 프랑스는 의사 면허제를 되돌릴 수밖에 없었다.

조선의 개혁개방 과정에서 비서국과 서기실은 각 분야에서 골수 혁명가 흉내를 내며 개혁개방에 가장 비협조적인 기존세대들을 견제하는 데 무척 힘들 것이다. 조직 전체를 뒤집어엎는 혁명보다 부분적인 변화를 추구하는 혁신은 사실 더 어렵다. 혁신의 걸림돌인 기존세력들을 설득하고 지지세력과 반대세력과의 조직적인 불협화음을 조정하는 것은 모든 것을 때려 엎고 새롭게 만드는 혁명보다 더 깊은 고통을 감내해야만 한다. 19세기 말 청나라의 관리 강유위(1858~1927)는 청일전쟁에서 패한 후 일본의 개혁개방 정책인 메이지 유신을 배워야 한다며 상소를 올렸다. 그리하여 황제의 이름으로 100여 개가 넘는 개혁 조치들을 내렸다. 하지만 개혁을 반대하는 기존세력들의 강한 저항과 황제 서태후에 반항하던 조정 대신들과의 갈등으로 그의 개혁은 실패했다.

1962년 12월 대한민국의 박정희 대통령은 국가재건 최고회의에서 국가가 보유한 외화의 절반을 들여 이딸리아에서 큰 중고선박을 구입하려고 했다. 배를 사서 어획량을 늘려 통조림을 수출하면 더 큰 돈을 벌 수 있다는 생각에서였다. 군사정변으로 정권을 잡은 서슬 퍼런 혁명정부에 반기를 드는 사람은 누구도 없었다. 이때 국가 보유 외화를 관리하던 한국은행 총재가 통조림을 수출하려고 나라의 귀중한 자산을 허물 수 없다며 강력하게 항의했다. 생각지도 못한 민간인의 항의에 박정희 대통령은 배를 직접 만들기로 결정을 바꾸었다. 지금은 남쪽의 선박 제조 능력이 세계 1위이지만 당시에는 일본이 패망하면서 큰 배를 전부 끌고가 100톤 이하의 작은 배밖에 없는데다가 그마저도 수리하자면 일본이나 대만에 가야 하는 등 남쪽의 조선업은 말이 아니었다. 박정희 대통령에게 대든 그 용기는 어려운 환경에서 조선업 강국의 씨앗이 되었다.

남쪽에서와 같은 이러한 용기를 표출할 수 있는 곳은 현재 조선에서 중앙당 비서국과 서기실밖에 없다. 그들의 비효율적인 사고방식은 인간의 마음까지도 국가가 나서서 조정하려고 한다는 것이다. 그들은 도덕적이고 깨끗한 사회적 환경 조성에 국가가 직접 나설 때만이 참다운 공산주의형 인간이 완성된다고 착각한다. 인간의 마음을 국가가 개입해서 조정할 수 있다는 생각은 세계 어디에서도 찾아볼 수 없다. 닭알에 사상을 재우면 바위도 깰 수 있다는 그 용기는 가상할지 몰라도 그런 일은 절대 일어나지 않는다. 갑오농민전쟁 당시 활과 죽창으로 무장한 농민군 수만 명이 용기가 부족해서 불과 수백 명밖에 안 되는 일본군에 몰살당한 것이 아니다. 아무리 활과 죽창에 사상을 넣은들 신식 기관총에 대항하는 것은 무모한 짓인 것이다.

중앙당 비서국과 서기실의 기능은 참다운 혁명전사가 되기 위하여 각종 투쟁으로 가득한 만인의 정치적 피로 생산이 아니라 공정한 기준 속에 치렬하게 경쟁할 수 있는 혁신적인 경쟁무대가 필요하다는 사회적 의식을 선도하는 것이다. 국가의 기능은 경제 현장에서 사회구성원들이 공정하고 효율적인 경쟁의 장을 펼칠 수 있도록 판을 깔아 주는 것이며 이러한 기능을 선도하는 지도자 그룹의 희생이 선행되어야 한다.

일본의 근대화는 안중근 의사의 총에 맞아 죽은 이등박문(이토 히로부미)을 비롯한 젊은 지도자 집단의 희생으로부터 시작되었다. 1863년 6월 27일, 서구 렬강들의 침략과 내부의 환란으로 국가의 미래가 어두워져 가던 그 시기, 일본의 쇄국정책으로 외국 류학은 사형죄에 해당함에도 22살의 이등박문(이토 히로부미)을 비롯한 젊은 청년 5명은 정부의 허가 없이 결연히 밀항하여 영국으로 떠났다. 돈이 없어서 사무실의 공금을 훔친 이등박문은 "부정하게 돈을 가졌으나 살아 있는 무기가 되어 돌아오겠다."라는 편지를 남겼다. 영국에 도착한 그들은 고층 빌딩과 증기기관차, 화려한 가스등의 런던 야경에 충격을 받았다고 한다. 서양 기술을 배워 군사력 강화로 서양에 맞서려던 거창한 계획은 그 충격에 산산이 부서지는 듯싶었지만 그들은 희망을 잃지 않고 런던 칼리지대학에 입학하여 근대 문명을 차근차근 체득했다.

19세기말 서양의 군함들이 쳐들어 왔을 때 리조왕조 조선의 지도자 집단은 전국에 서양 오랑캐를 물리쳤다는 '척화비'를 세우며 스스로 자만에 취해 있었고 일본의 지도자 집단은 전체 국가 예산의 1%에 달하는 50만 엔이라는 엄청난 돈을 투입하여 개혁개방 준비를 위한 해외탐방 프로젝트를 준비하고 있었다. 영국에서 돌아온 이등박문을 비롯한 젊은 지도자 집단은 뛰어난 정치력을 발휘하여 대규모 서양 사절단을 만드는 등 선진국 문물을 배우기 위한 일본의 근대화에 앞장섰다.

1871년 12월 23일, 증기기관을 달고 대양을 건너다니던 미국 배 '아메리카호'에는 일본의 외무대신 이와쿠라 도모미를 비롯한 고위관료와 류학생 107명이 타고 있었다. 그들은 미국, 영국, 프랑스, 네덜란드, 독일, 로씨야, 단마르크(덴마크), 스웨리예(스웨덴), 이딸리아, 오스트리아, 스위스 등 12개국을 탐방하는 등 근 2년간의 대장정을 마치고 귀환하였다. 외무장관을 비롯한 고위관료 47명의 해외 출장으로 국가 업무는 무려 2년간이나 마비될 지경이었다. 그들은 각자 자기분야에 대해 꼼꼼히 메모를 했고 이때 작성된 「미구회람실기」라는 보고서는 일본 근대화 정책의 골간이 되었다.

우리나라 근대 력사의 흐름을 바꾼 첫 시발점은 갑오농민전쟁이다.

국가를 외세의 소용돌이에 빠져들게 만든 농민들의 반란은 왜 일어난 것일까? 1892년 4월 28일 전라도 고부 군수로 부임한 조병갑은 더럽고 탐욕스러운 탐관오리의 전형이었다. 갑오농민전쟁 지도자 전봉준에 따르면, 조병갑이 저지른 비리는 첫째, 남의 산 나무를 벌목하고 주민을 강제 동원해 원래 있던 공용 보 아래 또 보를 쌓아 물세를 징수하고, 둘째 논마다 세금을 추가로 걷고, 셋째 황무지를 개간시키고 추가로 세금을 걷고, 넷째 부녀자들에게 불효, 음행 따위 죄목으로 걷어낸 세금이 2만 냥이 넘고, 다섯째 자기 아비 공덕비 비각 세운다고 고급 쌀을 거두더니 정작 중앙에는 저질 쌀로 세금을 납부하고 리득을 횡령한 죄 등이다. 조병갑의 악행에도 불구하고 국왕은 그의 관직을 파하지 않았다.

오늘날 투철한 혁명정신으로 무장한 척하는 당간부들이 당과 수령에 대한 충성심을 빗대고 자행하는 각종 명목의 세외부담 강요가 리조 왕조 조선보다 과연 적다고 할 수 있을까? 국가가 강요하는 애국미 헌납이나 시군 및 공장기업소들에 떨어지는 각종 사회적 과제들 때문에 리조 말기 조선의 탐관오리들보다 더 악랄하게 변해 버린 중간관리자들의 만행을 중앙당은 구한말 국왕 고종처럼 다 알면서도 묵인하고 있는 것은 아닌가? 어디 가든 뇌물 없이는 작동하지 않는 사회적 구조를 과연 중앙당은 모르는 것인가 모른 척하는 것일까? 돈만 있으면 외화벌이 사장 정도는 말할 것도 없고 입당이든, 기업소 지배인 자리든, 당간부나 안전부, 보위기관에도 얼마든지 진입할 수 있다는 사실을 과연 중앙당은 모르는 것일까? 설사 안다고 해도 중앙의 통제가 가능할까?

중앙당은 갑오농민전쟁 당시처럼 백성들의 분노가 화산처럼 터질 때가 언제일지, 또 터진다면 100년 전처럼 외세의 군사개입까지는 아니더라도 식량이나 연료를 빌미로 하는 주변 강대국들의 경제침략을 당할 수도 있다는 생각을 해 본 적은 있는가?

장마당에 의한 비자발적 또는 암묵적 시장경제의 지속으로 중앙급 성 기관과 도·시·군 급 단위들 간 부처이기주의가 확산될 것이며 각 부처 나 단위별로 자산이 축적되는 결과를 초래하게 될 것이다. 필요한 원자 재의 일부만 겨우 내어주면서 려명거리, 농촌 살림집 건설 등 각종 사회 적 과제들을 부처별, 단위별로 떠맡기는 중앙당의 조치는 사회적 과제수 행을 위한 부처 및 단위 간 리기주의를 더욱 부추기게 될 것이다. 이러한 사회현상에 순응하는 개인들과 다양한 계층들이 우후죽순으로 생겨나 고 새로운 계층에 자금력이 생기다 보면 그렇게 기세등등하던 당중앙의 령도는 더 이상 작동하지 않을 것이다. 당에 대한 충성심을 빙자한 당간 부들과 중간관리자들의 룡간, 중앙의 로골적인 세외부담 증가는 현대판 갑오농민전쟁 상황을 재현하게 될 것이다.

그냥 빨리 망하기만을 바라며 짖어대는 외부에서의 악담이 아니라 랭 정한 분석의 결과이다. 모든 단위가 '합의가격'으로 포장된 장마당 경제 로 운영되고 있으며 국가의 개입이 점점 어려워지는 장마당 경제가 지속 되면 10~20년 이후에는 당의 권력에 맞설 수 있는 자금과 세력들이 서로 결탁하게 되는 사회현상에서 당중앙은 결코 자유로울 수 없다. 일부 지 역과 성단위, 군부대, 보위부 조직의 탈선까지도 일어날 수 있다.

조선의 최고지도자는 2023년 12월 31일 당중앙 제8기 제9차 전원회 의에서 '경제 부분들이 제각기 본위주의를 추구하며 정부의 행정 지시를 제대로 집행하지 않아 국가 경제 사업에서 불균형과 무질서를 조성'한 데 대하여 공개적으로 지적하였다. 바로 이어진 2024년 1월 15일 최고인 민회의 제14기 제10차 회의에서는 최고지도자의 이른바 '지방발전 20× 10 정책'이 발표되었는데 국가의 사정이 어려워 전국 200여 개 시군을 한꺼번에 지원할 수 없으니 중앙당에 지방경제지도과를 만들어 1년에 20개씩 10년간 지원하겠다는 것이다. 하지만 사회현상의 본질을 파악하지 못하는 이러한 계획은 시작부터 모순이다. 충성분자의 탈을 쓴 중앙과 지방의 탐관오리들을 그대로 둔 상태에서 자행되는 중앙의 모든 시도는 백성들의 피와 땀을 쥐어짜는 탐관오리들의 수단을 강화하는 계기가 되어 그 피해는 고스란히 인민들의 몫이 될 것이다.

인간의 사고력은 빛의 속도로, 그것도 동시다발적으로 발생하는 방대한 정보와 온갖 잡다한 관점들 앞에서 때때로 마비 상태에 빠진다. 정작 중요한 관점은 사소한 부분과 뒤섞여 혼동을 빚기도 한다. 병폐의 뿌리가 표면적인 증상에 가려지거나 문제의 핵심이 자질구레한 론리에 발목이 잡히면 제대로 된 분석과 옳은 판단이 불가능해진다. 누구나 범하는 이러한 실수는 모든 사람에게 해당된다. 인간의 사고방식이 편향적이고 즉흥적이라는 사실을 랭정하게 인식하고 나만이 옳다는 확신에 빠지지 않고 유연한 사고를 갖게 되자면 옆에서 도와주지 않으면 스스로 깨우치기 어려운 일이다.

〈당중앙의 불빛〉이라는 노래처럼 최고지도자 혼자서 엄청나게 쌓인 각종 보고서들과 밤새껏 씨름하다 보면 그도 사람인지라 리성적인 판단보다 그날그날의 건강상태나 감정으로 범벅된 일처리가 생길 수밖에 없다. 수령도 인간이다. '종교는 아편'이라며 무신론을 주장하는 맑스(마르크스)처럼 이 세상에 전지전능한 신은 없다. 수령이 절대적이고 위대하다면 조선이 이토록 굶주리며 힘들게 사는 현재 상황은 무엇으로 설명할 것인가? 신이 아닌 인간이라면 누구나 겪게 되는 실수들은 오늘도 '수령의 위대성'이라는 절대진리에 가리어 거부할 수 없는 교시와 방침으로 거듭나고 있다.

지난 2022년 12월 16일 로동신문에는 '해체된 전망대'라는 제목의 기사가 실렸다. 기사 내용은 최고지도자의 실수가 조선식 선동방식에 따라 '인민을 사랑하는 위대한 덕목'으로 포장 되어 있었지만 핵심은 마식령 스키장 건설 당시 최고지도자의 지시로 불필요한 휴식장소가 추가되었는데 안전관리에 심각한 문제가 있음을 실무자들이 건의하여 다시 없앴다는 것이다. 최고지도자의 교시와 방침은 무슨 일이 있어도 무조건 집행해야만 하는 사회분위기 속에서 사람들이 사고로 죽든 말든 모두들 침묵을 지킬 법한데 최고지도자의 지시가 감히 잘못되었다고 대든 스키장의 실무자들이 대단하다. 마식령 스키장의 휴식장소 폐기에 대한 결정이 어떤 과정을 거쳐 서기실을 통해 최고지도자의 최종 결재를 받았는지 모르지만 이러한 과정은 계속되어야 한다.

지도층 집단의 사고방식을 견제 및 혁신하는 데 중요한 역할을 하는 중앙정부 내의 작은 정부인 중앙당 비서국과 서기실은 언제나 현명한 판단만을 할 것이라는 최고지도자의 '무오류성'을 지적하는 기능을 가져야 한다. 조선은 지난 2023년 11월 지방대의원 선거를 여러 명의 후보자를 추천하는 방식으로 진행했다고 한다. 드디어 변화의 조짐이 보인다. 시·군당 책임비서들을 비롯하여 다양한 중간관리자들도 여러 명의 후보로 뽑아야 한다. 선진국들은 대통령을 비롯한 최고지도자는 물론이고 시장·군수를 비롯한 중간관리자들도 여러 명의 후보를 통해 선출하는 자유로운 민주주의 선거를 치른다. 선진국들처럼 여러 정당과 비밀 투표에 의한 민주주의 선거를 당장 받아들일 수 없다면 경험과 년륜을 자랑하는 중앙당 비서국과 진취적인 성향의 젊은 인재들로 구성된 중앙당 서기실이 선의의 경쟁을 펼칠 수 있는 내부적인 구조라도 만들어야 한다.

우리나라 최초의 개혁 시도였던 갑신정변은 조선의 중앙당 비서실 역할과 비슷했던 흥선대원군 중심의 '위정척사파'와 중앙당 서기실 역할을 했던 김옥균 중심의 '개화파' 간의 내부 투쟁이었다. 개화파 주도세력들은 수장격인 김옥균(33세)를 제외하고 모두가 20대 초중반의 젊은 청년들이었다. 홍영식, 서광범, 박영효, 서재필 등 20대의 열혈청년들은 구시대적 사고로 왕을 보필하는 흥선대원군의 나이든 위정척사파를 경멸했다. 아둔한 왕 고종은 두 세력의 생산적이고 혁신적인 내부경쟁 조율에 실패하다 보니 급변하는 외부 정세의 판단에 갈피를 잡지 못했다. 최고 인재들이 결집된 보좌진의 도움 없이 즉흥적인 독단에만 의존하던 국왕의 일처리는 망국의 지름길이 되었다.

조선이 갈망하는 강성대국 건설은 본보기가 될 만한 상대를 잘 아는데서 비롯될 것이다. 바깥세상을 직접 체험하지 못하면 외부 제도의 합리성과 불합리성을 구별해 내지 못하게 되고 서양보다 더 훌륭한 조선식의 새로운 국가 건설을 시도할 엄두도 내지 못한다. 깨어 있는 척하며 "자기 땅에 발을 붙이고 눈은 세계를 보라."는 구호만 웨치지 말고 해외에 직접 나가 보고 느끼며 현실을 직시해야 한다.

중앙당 비서국과 서기실이여! 그대들의 손에 조선의 운명이 달려 있다!

쉬어가기 마당

북과 남의 성 문화

내가 남쪽에서 자본주의를 처음 접했을 때 대한민국 사회는 그야말로 아비규환의 세상처럼 보였다. 어렸을 때부터 주입되는 지독한 개인주의 영향 속에 자라나는 젊은 세대들은 마치도 초자아가 없는 인간, 즉 무도덕의 방종을 자유라 착각하는 인간들로 자라나 시민사회가 엉망이 될 것만 같았다. 하지만 국가와 사회를 지탱하는 도덕적 가치의 기준은 북이나 남이나 다를 게 없었고 대한민국 사회는 잘 유지되고 있었다.

8·15해방 이후 조선이 발표 한 '남녀평등권 법령'은 미미한 성과에도 불구하고 남존녀비의 사상에 찌들어 있던 우리사회에 일격을 가한 참신한 시도였다. 남녀평등의 한 요소인 성문화는 그 사회의 도덕적 가치관의 기준이 되기도 한다. 스펀지처럼 온갖 사회적 현상을 흡수하며 경미한 뇌진탕과 같은 질풍노도를 걷는 10대 시절, 첫사랑의 홍분으로 뇌가 떨리던 경험은 누구에게나 있다. 아침이면 밤새껏 지웠다가 다시 쓴 련애편지를 쑥스러운 마음에 찢어버리고 마는 그 시절의 아픔을 견디며 절제와 성숙의 의미를 더해 가는 인생의 파도는 누구나 겪지만 그 완성도는 각자마다 다르다.

인간의 원초적 본능인 성욕에 대한 담론은 우아하게 포장하면 할수록 위선의 무게는 더욱 늘어난다. 인터네트가 세상에 처음 나왔을 때 그 강력한 기능을 알리는 데 가장 큰 기여를 한 주체는 섹스비디오라고 한다. 무료로 국경을 넘나드는 섹스영상물을 아무 때나 제한 없이 볼 수 있는 인터네트의 영향은 막강했다. 지능형손전화기(스마트폰)가 나오면서 생겨난 수백만 개의 프로그람(앱, 애플리케이션)들 중에서 전 세계를 통틀어 내려받기(다운로드)의 단연 1위는 남녀 간의 사랑을 련결해 주는 데이팅앱이다.

대한민국에 처음 왔을 때 나는 긴양말(스타킹), 가슴띠(브래지어) 광고를 너무 창피해서 차마 볼 수가 없었다. 이젠 그 정도는 강도가 낮아서(?) 대수롭지 않으며 북에서는 경악할 키스 장면을 드라마에서 짜증이 날 정도로 매일 본다. TV성인통로(채널)에서는 알몸의 남녀가 할 수 있는 모든 것이 나오며 성인이면 누구에게나 개방되어 있다. 음성적으로 운영되는 윤락업소 찾는 것도 그리 어려운 일이 아니다. 하지만 사회 전반의 성 문화가 문란할 거라 생각하면 오산이다. 고상한 척하는 북쪽보다 더 보수적이다.

북에서는 강력한 성인영상물 단속 때문에 그 대체재로 수위가 높은 낯 뜨거운 성적 롱담들이 사회 전반에 일상화되어 있다. 북에서 가장 인기 있는 책은 다름 아닌 『웃음의 강산을 따라』라는 성인용 음담패설집이다. 성행위를 묘사하는 사회 전체의 일상적인 롱담 수위가 도를 넘는다. 남쪽에서 그렇게 롱담을 했다가는 성희롱으로 경찰서에 끌려간다. 말 한마디에 설마? 하겠지만 사실이다. 서로 호감이 있는 이성일지라도 성적 롱담이나 신체적 접촉은 북쪽보다 절제된 방식으로 표현된다. 사귀고 싶은 녀성을 북쪽 방식으로 남자답게(?) 밀어붙이다가 경찰서에 끌려간 탈북민이 한둘이 아니다.

제2장

강성대국을 위한 당면 과업

❶

국가예산 확보와 '집금소'

모든 국가는 폭력이라는 속성을 교묘하게 희석하여 인민들로부터 당당하게 세금을 거두어들인다. 자본주의나 사회주의나 국가의 강제성은 기술이 세련되어졌을 뿐 그 기능은 전혀 달라지지 않았다. 사회주의 국가는 한술 더 떠서 자국 내에서 생산되는 모든 재화나 부를 국가가 통째로 관리한다. 사회주의 국가 조선은 '아이들은 나라의 왕'이라며 대학교까지 무상교육 시키고 돈 한 푼 없어도 '무상으로 병을 치료'해 준다며 '어버이 국가'를 자랑한다. 인민들이 지불해야 하는 대가는 '개인의 자유'를 국가에 위탁하고 영문도 모른 채 당과 수령이 하라는 대로 하는 것뿐이다.

정부 즉, 국가는 세금을 거두어 나라 살림살이를 위한 국가 예산을 편성한다. 국가는 백성들과 기업들로부터 세금을 거두어 다양한 집단 및 분산된 지역이 할 수 없거나 어려운 공공의 령역을 설계하고 집행한다. 나라를 지키는 군대를 비롯하여 사법, 교육, 의료, 도로, 통신 등 여러 가지 사회안전 장치들을 운영하고 국가라는 공동체의 리익을 위하여 전쟁도 불사한다. 지구상의 수많은 전쟁과 종교, 혁명, 경제 발전의 중심에는 항상 세금이 자리 잡고 있다. 2024년 대한민국의 국가예산은 657조 원 (약 6000억 딸라)이다. 대한민국의 중앙은행인 한국은행이 발표한 자료에 의하면 조선의 국가예산은 약 91억 딸라(2021년 기준) 정도라고 한다.

사회주의 국가는 리론적으로 인민들로부터 거둘 수 있는 최대치의 세금을 원천적으로 징수한다. 생산수단이 전부 국유화되어 있어 공장기업소의 순소득을 세금으로 원천징수한다. 세금 징수율은 자본주의 국가에 비해 월등히 높을 수밖에 없다. 그런데 왜 국가운영이 자본주의보다 뒤떨어지는 것일까? 사회주의 국가의 문제점은 세금의 취합 과정에서 국정가격 제도에 묶여 있음으로 발생하는 오류들이 너무 많다는 것이다. 국정가격과 장마당 가격의 충돌로 발생한다. 더 심각한 문제는 공장기업소들의 원천징수 외에도 개인들에게 할당되는 세외부담 성격의 세금이 너무 많다는 것이다. 다시 말해 백성들은 엄청난 세금을 내고 있는데 국가재정은 채워지지 않고 있는 현실이다.

조선은 1974년 4월 1일자로 세금 제도의 완전한 폐지를 선언했다. 당시 로동신문은 '인류 력사상 처음으로 세금 없는 시대'를 열었고, '세계에서 처음으로 세금 없는 나라'가 됐다고 대대적으로 선전했다. 중앙방송은 '우리 민족의 세기적 숙망을 실현한 력사적 변혁, 인민들을 낡은 사회의 유물에서 벗어나게 한 위대한 사변'이라고 주장했다. 전 세계가 의문이었다. 세금 없이 국가예산을 어떻게 편성하냐고!

조선에서는 세금이 없다고 하지만 실제로는 '사회주의 경리수입'이라는 다른 형태의 세금 제도가 유지돼 오고 있다. 조선에서는 국가가 규정하는 개인소득 이외의 모든 개인재산 자체를 용납할 수 없으므로 소득에 따르는 개인차원의 세금 징수는 존재할 수 없다. 하지만 모든 자산이 전인민적소유, 협동적소유로 되어 있어 공장기업소 및 협동농장에서 생산된 모든 생산물을 공식적인 세금으로 전부 가져간다. 국가가 재정을 꾸려 나가기 위해 마련하는 공식적인 재원은 거래수입금, 국가기업 리득금, 협동단체 리익금, 봉사료 수입금, 사회보험료 수입, 국가재산 판매 및 기타 수입 등을 들 수 있다.

2022년 2월 8일 최고인민회의 제14기 제6차 회의 국가 예산 보고에서는 거래수입금과 국가기업 리득금이 전체 예산 수입 총액의 83.5%를 차지한다고 발표하였다. 대부분 예산 항목의 수입 및 지출 집행이 100%에서 조금씩 편차 나는 기존의 보고형태와 다르지 않는 형식적인 발표였다. 하지만 특이한 항목이 하나 있었다. '집금수입'이 무려 6.8배(680%) 늘었다는 흥미로운 사실이다. 각 시군 행정위원회 집금소에서 거두는 장마당 자리세, 토지세 등이 680%나 증가했다는 것은 장마당 경제의 폭발을 의미한다.

내부에서 시장(장마당)화가 폭발하고 있는데 조세제도 확충이 따라서고 있지 않다. 조선의 현재 고민은 바로 이 지점에 있을 것이다. 조선에서 시장(장마당)의 폭발은 세원이 로출되지 않는 거래의 확대를 의미한다. 이러한 경제상황 변화는 회계, 금융 등을 포함하는 조세제도와 조세행정 발전을 동시에 필요로 한다. 시장(장마당) 거래가 점차 확대되고 경제가 복잡해지는 상황인데도 계획경제 개념의 사회주의적 조세체계로 대응하면 조선의 경제는 더욱 혼란에 빠질 것이다. 사회주의 원칙을 고수하면서 시장경제형 조세제도의 발전도 도모해야 하는 이율배반적인 상황이 지속되고 있는 것이다.

조선은 공장기업소의 기업리득금 외에 일체 세금이 없다고 하지만 사실 개인들로부터 세금을 걷고 있다. 공장기업소의 이름을 빌려 소규모 자영업을 몰래 운영하는 개인들로부터 '국가납부금'이라는 항목으로 해당 기업들이 징수한다. 일반 주민들도 주택사용료, 토지사용료, 전기사용료, TV수신료 등을 납부한다. 그런데 일반주민들이 느끼는 진짜 세금은 따로 있다. 바로 세외부담이다. 조선은 세금을 '자본주의 착취 형태'라고 주장하며 '세금'이라는 용어 대신 '세외부담'이라는 말을 사용한다.

각종 명목으로 자행되는 '세외부담'으로 인해 세금에 대한 인민들의 체감도는 자본주의 국가보다 더 높다. 주민들은 소속 인민반, 공장기업소에서 징수하는 각종 명목의 지원자금과 동원물자와 같은 세외부담에 치를 떨고 있다. 세외부담을 설계하고 거두는 중간관리자들은 리조 말기 나라가 망조에 빠졌을 때 지방 탐관오리들이 행하던 수법의 도를 넘어서고 있다. 아무리 중앙에서 주민들의 세외부담을 없애라고 강조하지만 중간 관리자들조차 먹고살기 힘든 상황에서 중앙의 지시가 먹힐 리없다.

리조 말기 국왕 고종은 군대를 키우고 경제를 일으키는 데 필요한 돈이 한시가 급한 그 상황에도 호화로운 360칸짜리 대형 궁궐인 풍경궁을 새로 건설하는 데 세금을 썼다. 끝내는 완공되지 못한 풍경궁 건설은 당시 세입 예산의 26%가 투입되는 국가 최대의 공사였다. 엄청난 국가 예산이 투입되었음에도 실제 공사에 쓰인 금액은 1/5밖에 되지 않았다. 중간 관리자들에 대한 록봉이 제대로 지급되지 않자 중간 관리자들이 모두 편취했기 때문이다. 국가 예산의 부족으로 적은 록봉에 시달리던 중간 관리자들은 부정부패를 당연시하였던 것이다. 당시 공사 현장을 시찰한 리근명이라는 관리는 "병정들이 소와 말을 빼앗고 재물을 로략질하며 부녀자들을 겁박하고 있다. 잡세가 번다해 사방 백 리도 안 되는데 세금을 거두는 곳은 열여덟 곳이나 된다."고 보고했다.

조선은 현재 리조 말기와 다를 게 하나도 없다. 사회 전체가 '인사차림'이라는 뢰물이 일상화되어 있다. 선진국들의 공식적인 세금제도보다 더 많은 사회적 비용이 소요된다. 이는 곧 국가 전체의 비효율로 이어진다. 국가가 통일적으로 징수하여 국가경제의 선택과 집중에 쓰여야 할 자금들이 뢰물로 둔갑하여 지방 관료들의 배를 일단 채우고 국가경제에는 조금만 쓰는 이런 구조는 너무 비효율적이다. 차라리 선진국들처럼 국세청 기능을 만들어 국가자금의 관리에 최선을 다하는 것이 더 합리적일 것이다. 개인들은 국가에 직접 내지 않을 뿐 리조 말기보다 더 많은 세금을 착취당하고 있다.

조선의 최고지도자는 가정과 개인들의 세외부담을 없애기 위해 "기관, 기업소, 단체들은 사회적 과제 수행과 꾸리기를 비롯한 각종 명목으로 세외부담을 정당화하고 공공연히 내리먹여 인민들의 불평불만을 조장하는 리적행위를 절대로 하지 말라."는 포고문까지 내렸다. 하지만 아래의 현실은 그렇게 할 수가 없다. 대규모 건설 과제를 내려 주면서 "위에서 대 주면 더 좋고, 대 주지 않아도 좋다."라는 자력갱생 간고분투의 정신으로 과제를 수행하라고 다그친다. 인민들의 세외부담을 중지하라는 최고지도자의 지시는 중간 관리 간부들에게 처세술의 묘기만 부추기는 상황을 만들고 있다.

'세외부담이 당과 대중을 리간분열 시킨다'며 금지하라고 하는데, '세외부담'이 없이는 한 치도 전진할 수 없는 현장에서는 '눈 감고 아옹'이다. 건설자재 일부만 대 주는 원산 갈마해안지구 건설, 삼지연지구 건설, 농촌살림집 건설 등이 완공되려면 세외부담 없이는 불가하며 중간 관리자들의 수탈 행위는 점점 더 악랄해지고 있다. 최근 발표된 '지방발전 20×10 정책' 이후 세간의 민심은 세외부담이 더 늘어날 것을 걱정하는 주민들이 제발 우리 시·군이 최대한 늦게 선정되기만을 바라고 있다고 한다. 실제로 '지방발전 20×10 정책' 발표 1달 만인 지난 3월 4일~12일 사이 량강도 혜산시에서는 지방공장 건설 자재비용을 1만 원, 건설에 동원된 군인들 후방공급 명목으로 8천 원을 벌써 거두었고 주민들은 앞으로 얼마나 더 낼지 몰라 불안에 떨고 있다고 한다.

현재 자행되는 세외부담의 가장 큰 문제점은 선진국들에서는 그 나라 국민이라면 대통령을 막론하고 누구랄 것 없이 모두에게, 심지어 죽은 사람한테도 징수되는 세금이 조선에서는 당간부와 일반대중에게 부과되는 기준이 다르다는 것이다. 다른 정도가 아니라 당간부는 아예 없다. 각종 명목의 '세외부담'을 설계하고 거두어들이는 중간 관리자 이상급 간부들은 자신들은 세외부담에서 제외된다. 즉 당간부는 일반 주민들보다 세금 성격의 세외부담을 적게 내거나 아예 안 낸다. 더 심각한 것은 무보수 사회동원에 대한 당간부들의 세금 탈피 행위이다. 당간부들은 사회동원 대상이 아니며 동원되더라도 지도 성원으로 직접 로동을 하지는 않는다. 로동력 제공은 수백 년 전부터 채찍으로 강요되던 가장 악랄한 세금 착취 행위이다. 로력동원은 현금이나 현물을 강제하지 않고 몸으로 때우는 것이라 이에 대한 주민들의 세금 의식은 거의 없다.

대한민국에서 무보수 사회동원은 상상도 할 수 없다. 자원봉사 형태의 무보수 로동일지라도 교통비와 식비를 비롯한 필수 경비가 제공된다. 또한 세금은 직위가 높든 낮든 모든 사람에게 공평하게 부과되며 돈이 많은 부자는 누진소득세 원칙에 따라 오히려 세금을 더 많이 걷고 가난한 사람은 세금을 적게 걷거나 감면시켜 준다. 그러나 조선에서 부자라 할 수 있는 당간부는 세금을 적게 내거나 아예 안 내고 가난한 일반 주민들은 더 많은 세금을 내는 이상한 조세 제도가 자행되고 있다.

문제의 심각성은 또한 국가가 기업들로부터 공식적으로 거두는 세금인 '국가기업 리득금'마저 장마당 경제가 번창하면서 계획경제 차원의 재원 조달을 갉아먹고 있다는 것이다. 2018년 국제통화기금(IMF)이 발표한 자료에 의하면 대한민국의 지하경제 규모는 전체 국민총생산액(GDP)의 19.8%(2015년 기준)에 이른다고 한다. 수십 년의 시행착오를 거쳐 가며 보완해 온 조세 제도(세금 징수)인데도 공식적인 통계에 잡히지 않는 지하 경제가 20%에 달한다. 남쪽이 이 정도인데 북쪽의 경우 공식적인 통계에 잡히지 않는 장마당 경제는 아마 70%도 훨씬 넘을 것이다. 공장기업소들이 장마당 가격으로 원부자재를 조달하여 장마당에 완제품을 다시 내다 파는 행위는 암묵적인 공식행위로 자리 잡은 지 이미 오래다. 평양담배공장의 경우 딸라 현금을 주면 납기와 가격 등에서 우선권을 부여하는 암묵적인 행위가 오래전부터 관행처럼 되었다고 한다. 평양담배공장의 딸라 결재가 국가기업 리득금 공식통계에 잡히는지는 알 수 없다. 딸라로 하는 모든 공장기업소의 거래는 공식통계에 잡히지 않는다고 보는 것이 더 합리적인 의심이다.

과거 로마제국과 대영제국의 징세 업무는 공무원 업무가 아니라 준군사 조직을 소유한 사업가들에게 위탁하는 악랄한 청부업자들의 령역이었다. 영국의 경우 세계에서 가장 먼저 악랄한 수법의 이러한 청부업에서 탈피하여 조세혁명을 단행했으며 대영제국의 발판은 조세제도의 안착을 통한 국부의 증대가 있었기에 가능했다.

지금 조선에서는 선진적인 조세제도가 안착되지 못하다 보니 경제의 동맥 역할을 하는 돈이 돈주를 비롯한 개인들의 손에 전부 들어가 있다. 지난 2022년 1월 중순, 평안북도 신의주시의 한 불법 환전소를 급습했는데 40대 녀성이 운영하는 환전소에는 8000만 딸라가 있었다고 한다. 정말 이 정도 금액인지 관련 정보의 신뢰성은 담보할 수 없지만 만약 사실이라면 2021년 조중 공식 무역 거래액이 3억 1800만 딸라 수준임을 감안할 때 일개 환전소의 자본금 규모 치고는 적은 량이 아니다. 백번 양보해서 이 환전소 운영 자금이 1/10 수준인 800만 딸라라고 해도 전국의 수십 개 불법 환전소 중의 하나가 이정도면 중앙에서 모르고 있는 불법자금의 규모는 상당할 것이다.

조선에서는 1990년 이후 극심한 경제난을 겪으면서 이를 극복하기 위한 나름대로의 경제정책을 추진해 왔으며 이와 관련하여 재정 관련 제도에도 많은 변화가 있었다. 가장 큰 변화로는 기업에 대한 예산 지원 축소를 들 수 있는데 이에 따라 국가 재정 규모가 종전의 절반 정도로 축소되었고 기업의 자체 자금과 은행 차입의 중요성이 커지게 되었다. 이와 관련하여 기업이 자체적으로 사용할 수 있는 자금의 범위도 확대되었다. 실제로 최근 입국한 탈북민들의 증언에 의하면 기업들의 은행대출이 많이 늘어난 것은 아니지만 관련 규정이 예전보다 조금 완화되었다고 한다. 특히 협동농장의 경우 식량문제 해결을 위한 국가의 지시로 대출금액이 가장 많다고 한다.

한편 2002년 경제관리 개선 조치를 단행하면서 '번 수입' 제도를 시행하고 기업의 자율권을 확대하였는데 이를 국가 재정에 반영하기 위해 '국가기업 리득금'을 신설하는 등 예산 항목을 일부 변경하였다. 아울러 '토지사용료'와 '시장사용료' 등을 신설하였으며 지방정부에 예산 편성 관련 자율권을 부여하였다. '토지 사용료' 수입은 재정 관련 개선 조치에 따라 부과되기 시작한 것으로서 경작물을 생산하고 있는 모든 기관과 기업, 군부대, 협동농장, 개인의 토지를 대상으로 징수된다.

재정 제도의 변화에 따라 국가기업뿐 아니라 협동농장이나 개인들에 대해서도 국가예산을 징수하는 등 수입원이 다양해졌으며 예산 지출도 기업에 대한 지원을 축소하고 국가의 고유 기능에 집중하는 등 예산의 수입·지출 구조가 변화하였다. 또한 기업소 재정과 지방예산이 중앙예산으로부터 분리되는 실질적인 분권화도 이루어졌다. 이러한 변화는 경제계획 관리 방식에도 영향을 주어 국가가 모든 계획을 직접 관리하던 방식에서 기업의 번수입과 이에 따른 국가 납부금 위주로 관리방식이 변화되고 있다.

하지만 이러한 모든 시도는 사회주의 원칙과 체제유지에 위협이 되지 않는 범위 내에서만 추진되었다. 결과적으로 시행착오 과정이 반복되었고, 조선의 세법이라고 할 수 있는 '국가예산수입법'은 2005년에 처음 제정된 이후 2011년까지 빈번하게 개정되었음에도 국고 보전에는 진전이 없었다. 공식적인 '국가예산수입법'은 2011년 개정을 마지막으로 아직까지 변화가 없다. 현 지도체제가 시작된 2011년 12월 17일 이후로 또다시 기업의 자율성을 강화하고 시장(장마당) 가격 적용을 확대하는 경제개혁을 추진했지만 예산수입 제도의 새로운 조치들이 공식화된 것 은 없다.

선진적인 조세제도(세금징수)의 안착은 강성대국의 첫 걸음이다. 장마당 자리세, 토지세, 전기세, 집세 등의 징수를 위해 2005년경부터 자리 잡은 '집금소'의 기능을 빨리 확대 개편하여 선진국형 국세청 기능으로 정비해야 한다. 또한 라진-선봉시나 금강산 지구와 같이 시장가격 또는 딸라로 결재되는 '특수경제지대'의 예산을 별도로 관리하지 말고 전국으로 확산시켜 선진국형 조세제도를 조금씩 도입해 나가야 한다.

1966년 3월 3일 서울시 서대문구 충정로2가 '노라노 양재학원' 건물에는 국세청 현판이 걸렸다. 경제개발 자금 마련을 위해 박정희 대통령이 세금 징수를 위한 국가 기관인 국세청 설립을 지시한 지 두 달 만이었다. 군인 출신으로 초대 국세청장에 임명된 리낙선 청장은 첫해 세수 목표 700억을 달성하기 위하여 "군용차를 동원해서라도 다방을 비롯한 개인 및 기업들의 영수증 발급 사항을 철저히 조사하겠다."고 말했다. 직전 년도 520억 거두었던 세수를 무려 700억으로 높였던 탓에 전국의 77개 세무서 직원 5500명이 박정희 대통령이 직접 하사한 자전거와 주판을 들고 동네 상점을 돌았고 징수감찰반 직원들은 "황금 보기를 돌 같이 하라."는 박정희 대통령의 친필문구가 적힌 넥타이를 매고 대대적인 세무감찰에 나섰다. 기업들과 납세자들의 원성에도 기어이 목표를 달성한 국세청은 다음 해 초 신문에 "국민 여러분 감사합니다."라는 광고를 냈다. 국세청에 대한 남쪽 기업들과 납세자들의 원성이 아무리 높다 한들 각종 세외부담에 시달리는 북쪽 인민들의 원성에 비하면 작은 모기 소리에 불과하다.

"여기저기에서 내라는 게 너무 많아요. 요즘은 모내기철이어서 농촌동원 하루 빠지는 데도 보통 중국 돈 5원에서 8원 정도 내라고 합니다. 인민반 파철 과제도 있어 파철을 돈 주고 사야지, 학교에서도 애들에게 매일 같이 토끼 가죽, 파지, 파철 등 자꾸만 뭘 내라고 하지, 먹고 사는 것도 힘든데 세외부담 때문에 너무 힘들어요."

"인민반에서 매일 같이 과제를 주며 돈을 내라고 해 죽을 지경이에요. 지난달에 인민반에서 걷어간 돈만 80원(중국 돈)이나 되는데 이번 달에는 더 내라고 할 것 같아요. 직장에서는 과제로 파철, 파비닐, 인민군대 지원에 군중 외화벌이로 약초 과제까지 있는데 이걸 다 어디서 구할 수 있어요? 다 돈으로 내지. 그렇게 5원, 6원(중국 돈) 하면서 걷어가는 게 적지 않은 돈이에요."

"인민반 과제를 내지 못하면 바보 취급당해요. 례를 들어 인민반 과제로 약초 20킬로가 주어졌는데 못 내는 가구가 있으면 다른 세대까지 나눠 부담을 더 져야 하는데 좋아할 사람이 없어요. 과제 못한 사람에 대해선 대놓고 욕하며 사람 취급도 안 해요. 정말 요즘 같아서는 때거리(끼니)보다 인민반에서 내라고 하는 게 더 걱정입니다."

"하도 직장과 인민반 과제가 많아지니 장마당에 전문 과제상품만 판매하는 사람이 있을 정도예요. 직장과 인민반에서 파철 과제를 주면서 파철이 없으면 중국 돈 5원을 내라고 하는데 장마당에서 파철을 사면 중국 돈 4원에 사니까 그걸 사서 바치지요."

쉬어가기 마당

통일은 미국의 전기자동차 회사에 달려 있다?

미국에서 전기자동차를 만드는 엘론 머스크라는 사람은 차세대 인터네트 사업에 진심이다. 그는 2024년 3월 기준으로 지구 저궤도에 5500여 개의 인공위성을 띄워 놓고 '스타링크'라는 차세대 인터네트 사업에 몰두하고 있다. 지역 거점 기지국에 의존하는 손전화기 사각지대를 없애겠다는 것이다. 스타링크는 우크라이나 전쟁에서 그 진가를 발휘했다. 로씨야는 개전 초기 우크라이나 통신망을 대거 파괴했다. 이때 엘론 머스크가 보낸 1만 5000여 대 이상의 스타링크 단말기는 전쟁의 판도를 바꾸었다. 로씨야는 해킹과 전파방해 등 갖은 방법으로 스타링크를 공격했지만 모두 실패했다.

지금과 같은 기술발전 속도면 늦어도 2035년경에는 조선의 모든 지역에서 기지국 없이도 인터네트가 가능하게 될 것이다. 2024년부터 당장 가능하다는 구체적인 내용들도 공개되고 있다. 노트컴이나 지능형손전화기들이 인터네트에 접속하면 남쪽에 내려온 3만 4000명의(2024년 기준) 북쪽 사람들이 어떻게 사는지 알아보는 것쯤은 문제도 아니다. 비교의 대상이 없었던 조선 사람들은 바깥세상을 아는 순간 모두가 혁명이 뭔지 알게 될 것이다. 낡은 왕조 국가를 뒤집어엎은 프랑스 대혁명 시기인 1800년 11월, 혁명정부가 낡은 체제 개혁을 웨치자 녀성들이 반색하며 "녀자들도 바지를 허용하라."고 요구했다. 그러나 혁명정부는 반대했다. 오히려 "녀자는 치마 입는 전통을 따라야 한다."며 바지를 입을 경우 경찰 허가를 받으라는 법을 새로 만들었다. 이 법은 있으나 마나 한 법이었지만 끈질기게 남아 있다가 2013년에야 공식적으로 폐지됐다.

내부의 진실이 드러날까 봐 제정된 조선의 '반동문화사상 배격법'은 곧 정보기술의 발전 앞에 있으나 마나 한 법이 될 것이다. 보위부에서 노트컴이나 지능형손전화기에 아무리 새로운 체계(검열 프로그램)를 태운다고(강제설치) 해도 대학생 천재들은 '참매', '3차원 세계', '미궁' 같은 검열 우회 프로그람들을 바로 만든다. 2022년 5월경 이 모든 것을 종합한 '가락지'라는 최신형 프로그람이 나왔는데 60딸라나 하는 가격에도 대학생들 뿐 아니라 보위부, 안전부, 당일군들까지 찾는다고 한다.

조선은 외부에 의한 인터네트 강제 개방을 막기 어려울 것이다. 김혁, 차광수를 비롯한 초기혁명가들이 지하에서 맑스-레닌주의를 공부하던 때와 인터네트 세상은 비교 불가한 파격 그 자체다. 2012년 새로운 변화를 표방하며 최고지도자의 부인 리설주를 전격 공개했던 충격료법 따위는 인터네트에서 통하지 않는다. 인터네트에는 그보다 더한 진실들이 차고 넘친다. 꼬마 김주애를 일찍부터 내세우며 이미지를 굳히고 2023년 11월 선거부터 여러 후보에 의한 선거제도를 도입하는 등 미래를 대비해 조금씩 외부 세계와의 간격을 좁히려 애쓰지만 소용없다. 부유하던 서독에 자발적인 통합을 원했던 동독처럼 될까 봐 '민족관계 폐기, 남쪽은 적대 국가'로 돌변하며 외부 접촉에 아무리 경각심을 높여도 인터네트를 통해 인민들이 바깥세상을 아는 순간 '이밥에 고기국' 타령과 100% 찬성·투표뿐인 조선의 이상한 선거제도는 심판받게 될 것이다.

2

마르지 않는 금고의 비밀

유태인들의 조기 금융 교육은 유명하다. 아기 때부터 "눅게(싸게) 사서 비싸게 팔아라."는 자장가를 불러 주고, 기어 다니기 시작하면 저금통에 동전 넣는 습관부터 교육한다고 한다. 전 세계에 1400만 명 남짓한 유태인들이 세계 금융시장과 국제적인 기업들을 좌지우지하는 것은 우연이 아니다. 현 시점에서 조선의 금융 교육이 중요한 리유는 텅 빈 나라의 금고를 위해 사회 전반에 금융 지식이 절대적으로 필요하기 때문이다.

텅 빈 나라의 금고를 어떻게 채울 것인가? 남쪽도 1960년대 경제개발 초기 북쪽처럼 금고가 거의 바닥이었다. 제도권 은행에 화폐가 들어오지 않고 돈주(개인사채업자)들과 공식 국가경제가 아닌 시장(장마당)에서만 돈이 류통되는 상황까지 지금의 북쪽과 너무 비슷했다. 제도권 은행을 롱락하는 돈주들의 범람으로 국가 세금 징발이 어려운 지하경제로 돈이 계속 흘러들어갔다. 대한민국은 1972년 8월 3일 지하경제 양성화 일환으로 현재 조선의 돈주(개인사채업자)와 비슷한 금융 자산가들을 상호신용금고 등으로 법제화 하였다. 이른바 그 유명한 '8·3 사채 동결 조치'이다. 8·3 조치는 돈주(개인사채업자)들에 의한 개인 간 돈 거래를 국가가 강제로 부인하거나 동결해 버린 강압적인 폭압 행위였다. 개인 돈주들의 고리사채를 산업자금으로 전환시키는 이 력사적인 전환에는 국가의 막강한 폭력이 자행되었다. 하지만 그 폭력의 형태는 북쪽과 많이 다르다. 대한민국 정부는 사채업자들의 자산을 강제로 빼앗은 것이 아니라 정부의 기준금리를 따르는 제도권 금융으로의 유도와 폭리를 취하는 고리대금업을 금지한 것뿐이다.

당시에 제도화된 상호신용금고들은 부실화 금고의 통폐합 등 진통을 겪다가 1994년 '종합금융회사(종금사)'로 변신하여 제도권 은행들인 제 1금융권의 틈새시장인 소규모 지방은행과 기업자금 조달은행으로 정리되었다. 1992년 자본시장 개방을 맞으며 해외경험이 부족했던 종합금융회사들은 해외 단기자금을 마구 끌어들여 대기업에 대출해 주다가 1997년 외환위기의 주범으로 몰리기도 했다. 저축은행으로 간판을 바꾸어 명맥을 이어 가던 이들은 2008년 미국발 금융위기 이후로 대부분 정리되었다. 하지만 당시의 지하경제 양성화 조치는 경제개발 초기 텅 빈 금고를 일부라도 보전할 수 있었다.

조선의 지하경제 양성화는 국가의 화폐 발권력에만 의존하는 화폐 교환 방식으로 진행되었다. 그런데 국가의 화폐 발권력에는 실물화폐에만 있는 것이 아니다. 실물화폐만 찍어 내면 인플레이션의 폭등만 가져올 뿐 현실경제에는 금융 조달이 안 된다. 조선은 지금 이러한 인플레이션 현상에 허둥대고 있다. 인플레이션은 국가에 과연 해로운 존재일까? 전혀 아니다. 자본주의 국가들은 인플레이션 효과를 적절히 활용한다. 인플레이션 효과를 적절히 활용하는 국가의 화폐 발권력이 제대로 작동하려면 채권, 증권, 부동산과 같은 신용창출 기능들을 흡수할 수 있는 시장이 갖추어져야만 한다.

마르지 않는 금고의 첫 번째 비밀 - 국가의 화폐 발권력과 채권

국가의 화폐 발권력, 즉 돈 찍는 권한은 사실 고도의 금융 기술이다. 좀 더 어렵게 들어가면 국가는 그냥 실물화폐만을 마구 찍어 내는 것이 아니라 채권과 증권 같은 다양한 금융시장과 련결되어 있다. 대한민국이나 일본, 미국의 화폐 발권력은 신용창출을 할 수 있는 상업은행과 채권시장이 있기에 그 위력이 가능하다. 국가는 국채를 발행하여 시중은행들을 통해 통화량을 조절한다. 그런데 조선에는 채권시장이 없다. 상업은행 기능이 망가져 주민들이 은행에 돈을 맡기지 않아 채권이 아닌 실물화폐를 얼마나 더 찍어 통화량을 조절해야 할지 갈팡질팡하고 있다. 림시방편으로 가끔 '인민채권'을 발행하여 주민들에게 강제매입을 강요하지만 정작 주민들은 채권이 뭔지도 모른다. 채권 매입 강요는 국가가 개인들의 현금을 강제로 빌리겠다는 것이다. 채권이란 국가, 지방정부, 은행, 기업 등이 필요한 현금을 타인에게서 빌렸다는 증서다.

채권에는 은행 예금처럼 지급되는 리자가 있다. 례를 들어 천리마의 고향이라 부르는 '강선제강소'가 생산량을 늘리려고 하는데 낡은 설비로는 어려워 최신 설비를 구입한다고 치자. 당자금 배정을 신청하여 1순위로 받는다고 제안서 올려 최고지도자의 방침을 받았지만 언제 배정될지는 모른다. 그런데 돈주들이나 다른 기업소에는 여유자금이 있을 수도 있다. 강선제강소는 그들에게 당신들이 돈을 빌려주면 리자 얼마를 쳐서 1년 후 또는 3년, 5년 후에 갚겠다는 증서를 써 준다. 이게 바로 '채권'이다. 회사 이름으로 발행된다는 의미에서 '회사채'라고 한다. 기업뿐 아니라 신용이 담보되는 은행이나 지방정부(도·시·군)도 발행한다. 국가의 이름으로 발행되면 국채다.

대한민국 정부가 발행하는 채권인 정부 국채는 발행 잔액이 1000조 원(약 7600억 딸라)을 넘으며 규모 면에서 세계 10위권 수준의 시장으로 발전해 있다. 국가의 이름으로 발행되는 채권 외에 지방정부와 대기업 들의 우량채권 발행까지 합치면 대한민국의 채권 류통량은 선진국들에 비해서는 비교가 안 되지만 북쪽에 비하면 어마어마한 수준이다. 남쪽 에는 은행처럼 고객들의 예금과 적금을 취급할 수 없는 '캐피탈 회사'라 부르는 금융회사들이 있다. 캐피탈 회사들은 금융 선진화 이전에 고리 대금업을 하던 개인들, 즉 북으로 말하면 돈주들이 음지에서 양지로 나온 것이다. 대한민국은 1989년 12월 16일 은행들과 다양한 금융회사들 에서 발행되는 각종 채권, 약속어음들을 통합적으로 결재할 수 있는 금 융결제원을 설립했다. 혁신적 금융시스템의 첫걸음이었던 금융결제원 의 역할로 인해 대한민국의 신용창출 시장은 더욱 활성화 되었다.

북남회담을 위해 북쪽에 올라간 남쪽 사람들에게 북에서 왜 인플레가 일어나는지 물었다고 한다. 그 사회에 실제 살아 보지 못한 대한민국 사람들은 시장경제 중심의 경제학 교과서에 있는 뻔한 대답밖에 해 줄 수 없었을 것이다. 조선에서는 자본주의적인 시장경제가 작동하지 않는다. 조선에서 인플레가 발생하는 가장 큰 리유는 상업은행 기능이 작동하지 않기 때문이다. 계획경제의 실패로 상품경제가 무너지면서 제도권 금융에 돌아오는 돈(협의통화)도 거의 없다. 그런데 그게 다가 아니다. 채권, 증권, 부동산 등에 대한 금융시장이 없어서 투자 개념의 광의통화에 자금이 전혀 투입되지 못한다. 정부가 찍어 내는 돈(본원통화)은 인플레에 곧바로 투영될 수밖에 없는 구조다.

'협의통화'니 '본원통화'니 하는 하품을 유발하는 경제학 용어들에 대한 리해를 먼저 할 필요가 있다. 한 국가의 통화량 지표에는 정부가 찍는 돈과 은행 예금자산 등을 말하는 본원통화(M0), 류통되는 현금통화와 저축성 예금을 뜻하는 협의통화(M1), 신용창출 기능에 의해 이 돈으로부터 발생하는 돈인 광의통화(M2) 등이 있다. 대부분의 국가는 화폐 기능이 망가지지 않을 정도로 적절한 인플레를 묵인하고 이를 활용하면서 국가를 운영한다. 국가는 마구 찍어 내는 화폐의 안정화를 위하여 강력한 물가안정 정책을 시행한다. 정부는 돈을 마구 찍어 내더라도 물가상승을 최대한 늦추면서 국가 권력의 최고 수단인 화폐 발권력을 마음대로 사용할 수 있다. 돈을 많이 찍어서 통화량을 늘리면 화폐가치가 떨어지는 인플레는 당연하다. 이러한 인플레를 최소화하기 위해서는 찍어 낸 돈이 '협의통화'에만 국한되지 않고 채권, 증권, 부동산과 같은 투자 개념의 '광의통화'에 흘러 들어가게 만들어야 한다.

조선은 1990년대 고난의 행군 이후 장마당의 확산으로 비대해진 돈주들과 지하경제의 돈을 흡수하기 위하여 2009년 화폐개혁을 전격 단행했다. 그러나 결과는 이미 세상에 드러난 것처럼 비참했다. 실물화폐 발권력에만 의존했던 조선의 시도는 실패할 수밖에 없는 구조였다. 실물화폐 발권기능도 사실 제대로 작동하지 못했다. 위조화폐 투입 등 외부세력의 화폐 교란 작전에 대응하려면 화폐 제조에 필요한 특수 잉크와 화폐 제조용 특수 종이, 고난이도 화폐 제조기술을 도입해야 한다. 2009년 화폐 교환 당시 중국을 믿지 못했던 조선은 카나다(캐나다)와 비밀협정을 맺고 관련 기술과 특수 잉크 및 종이를 조달한 것으로 알려져 있다. 당시 현물화폐 공급이 부족했던 것으로 보아 빈약한 외화사정으로 충분한 량의 현물화폐도 준비하기 어려웠던 것 같다. 음모론적 가설이긴 하지만 미국의 바로 이웃에 있는 북미련합국가 카나다가 조선과의 비밀협정을 얼마나 잘 지킬 수 있는지도 의문이다. 그렇다고 중국 기술로 갈아

타면 국경을 접하고 있는 중국이 화폐시장 교란에 마음먹고 덤비면 인플레 상황이 더 악화될 것이다. 더 심각하게는 중국이 비밀리에 조선 돈을 마구 찍어 조선 내부에 중국 간첩들을 대량 육성하게 될 것이며 조선은 중국의 영향력에서 더욱 벗어나기 힘들어질 것이다.

대한민국의 경제개발을 주도한 박정희 대통령 역시 1961년 5월 16일 군사 쿠테타로 정권을 잡은 직후 마구 돈을 찍어 국가 재정을 해결했다. 조선처럼 1962년 6월 9일 화폐개혁을 전격적으로 단행했다. 하지만 당시 국가 예산의 절반을 대 주고 있었던 미국의 반대로 지하자금을 끌어내어 국고를 채우려던 박정희 대통령의 화폐개혁은 절반의 성공밖에 거두지 못했다. 화폐개혁이 초기의 목적을 달성하는 데 비록 실패했지만 북쪽처럼 처참하게 실패하지는 않았다. 북쪽처럼 인플레가 극심했지만 리자가 30%에 달하는 상업은행들이 버티고 있어서 자국 내 화폐 기능이 북쪽처럼 인플레에 밀려 딸라나 중국 돈과 같은 외화에 휘둘리는 상황은 발생하지 않았다. 남쪽 정부는 오히려 수출 기업들에 대한 정책자금 특혜를 상업은행을 통해 몰아주면서 상업은행의 기를 살려 줬다. 기업들은 30%에 달하는 시중은행 리자보다 국채 발행에 의한 3~4%의 정책자금을(상업자금의 경우 6~8%) 받기만 하면 앉아서도 돈을 벌 수 있는 상황이었으며 기업들은 정부의 수출지향 정책에 따르는 자금을 받으려고 줄을 설 수밖에 없었다.

이러한 화폐 기능을 가장 잘 활용하는 국가는 일본이다. 일본은행 총재, 재무부 장관, 총리를 지낸 '다카하시 고레키요'라는 사람은 1929년 세계대공황에서 일본 경제를 구한 영웅으로 유명하다. 그는 무한정 돈을 찍는 량적완화 정책으로 대공황기간(1931~1936) 평균 1.5%라는 안정적인 물가상승률과 6%대의 경제성장률을 이루는 놀라운 성과를 이룩하였다. 일본은 지금도 은행에 돈을 맡기면 리자는 커녕 돈을 더 내야 하는 마이너스 금리구조에 디플레이션(인플레이션 반대: 물가하락)현상을 나타내고 있다. 조선의 금융정책 담당자들 립장에서는 돈을 그렇게 찍어내는데도 수십 년째 디플레이션을(물가하락) 겪고 있는 일본의 금융 제도가 너무 신기하고 부러울 것이다.

최장기간 일본은행 총재로 근무했던 구로다 하루키코는 2023년 4월 8일 취임 10년 만에 물러났다. 그는 취임 한 달만인 2013년 4월 "통화 공급과 국채 매입 규모를 두 배로 늘려서 2년 안에 물가상승률을 2%로 끌어올리겠다."고 장담했다. 하지만 통화 공급과 국채 매입 규모를 두 배로 늘리고 엔화가치가 떨어졌음에도 불구하고 물가는 여전히 디플레이션 상황이다. 2012년 134조 엔이던 통화 공급량은 2022년에 이르러 646조 엔으로 6배 이상 늘었고 일본은행이 보유한 일본국채는 125조 엔에서 556조 엔으로 이 역시 4~5배 이상 불어났다. 현재도 일본의 향후 예상치 기대 물가상승률은 0.6% 수준이다.

2023년 1월 IMF(국제통화기금)는 년례적인 일본 경제 심사 당시 일본 당국에 시장 왜곡을 해소하고 인플레이션 위험을 낮춰야 한다는 취지로 통화정책의 유연성을 제안했지만 일본 당국은 요지부동이었다. 경제학자들은 일본의 이러한 재정정책이 경제침체 또는 폭락을 암시하는 불길한 징조라고 주장하지만 일본의 재정당국자들은 속으로 비웃는다. 종이 쪼가리에 불가한 일본 화폐를 마음껏 찍어도 일반인들이 체감하는 물가 상승은 전혀 없으면서 대외적으로는 환률상승(가치하락)으로 일본 제품의 경쟁력은 더 강해지며 그야말로 꿩 먹고 알 먹기 장사를 하는 셈이다. 미국발 금리 인상 혼란으로 세계경제가 인플레로 신음하고 각국이 줄줄이 재정정책을 포기하는 속에서도 2022년 6월 17일 일본은행은 재정 지출 확대 계획을 포기하지 않겠다고 선언했다. 10년 만기 국채 금리가 지금보다 2% 오르면 2026년 년간 국가 예산의 30%를 부채 해결에 쓰게 될 것이라는 재무성의 경고에도 일본 정부는 바뀔 생각이 없다.

미국은 더 말할 것도 없다. 2008년 미국에서 시작된 금융위기 당시 미국 재무부가 민간은행들에 어떤 방식으로 돈을 풀었는지 일반인들은 잘 모른다. 금융학자들의 표현을 빌리면 "직승기(헬리콥터)로 돈을 뿌린다."였다. 어떤 국회의원은 국회청문회에서 "재무부의 전략은 무엇입니까?"라는 질문에 "돈을 가져가서 마음대로 하세요."라고 대답하는 것 같다며 꼬집었다. 미국의 2023년 예산은 5조 7000억 딸라에 이른다. 미국 정부가 발행한 국채는 31조 딸라, 년 리자만 4000억 딸라가 넘는다.

선진국들의 '량적완화'라는 것은 기계로 마구 찍어 낸 현금의 살포가 아닌 정부의 명의로 된 채권 발행을 의미한다. 정부는 채권 발행으로 시중(장마당)의 은행(돈주, 장사꾼)들로부터 신용창출 기능을 통제한다. 미국 국민은 은행에 44조 딸라라는 천문학적 금액의 채무(빚)를 진 상태다. 미국 련방은행(Fed)은 2008년 서브프라임모기지 사태를 비롯하여 지난 2008~2014년 사이에 4조 3000억 딸라를 풀었다. 미국은 코로나 상황을 맞으며 2020년 10월부터 2021년 말까지 또다시 4조 4800억 딸라를 다시 풀었다.

영국의 최장수 총리로 이름난 로버트 젱킨슨은 1825년 은행들이 투기꾼들에 속아 경쟁적으로 대출금을 회수하는 바람에 영국이 금융위기에 처하자 당시 중앙은행의 역할을 하고 있던 영란은행 총재를 불러 "지금부터 영란은행 금고에 있는 금이나 법정 화폐 발행 한도 따위는 다 잊어버리시오. 일단 돈을 풀어 은행들을 살리시오."라고 지시했다. 보유하고 있는 금이나 자산가치 이상의 돈을 발행할 수 없게 된 규정을 어기고 돈을 마구 찍어 시장에 공급한 결과 그날부터 금융시장 경색이 거짓말처럼 사라졌다. 국가의 화폐 발권력 역할이 얼마나 중요한지 보여 주는 사례다.

정부가 돈을 찍어 국가 경제를 구원한다는 론리에 대해 논란이 많다. 하지만 일부 경제학자들의 '현대 통화 리론'은 정부가 무한정 돈을 찍어 내도 인플레이션이나 채무 불이행 같은 일은 일어나지 않는다고 주장하기도 한다. 그들의 주장을 전적으로 확신할 수는 없다. 그러나 아무리 파생상품과 같이 복잡한 금융공학이 만들어지더라도 화폐의 본질은 변하지 않는다. 화폐의 본질은 공공의 신용이며 그 신용은 금과 같은 불변의 자산보다 탄탄한 금융 시스템에서 유지된다. 미국, 영국과 같이 대규모 민간 자본에 휘둘리는 금융 구조가 아닌, 독립적인 중앙은행 중심의 상업은행 시스템만 튼튼하면 된다. 내부적으로는 "큰돈이 더 큰돈을 부른다."는 탐욕적인 론리로 신용(대출) 거품을 일으켜 특정 혼란주기를 조장하는 돈주(헤지펀드)들을 통제하고 외부적으로는 거대 국제금융 세력들의 침략에 대응할 수 있는 1개 련대급 규모의 환율관리 부대만 있으면 조선의 화폐도 실물경제에 필요한 자금 조달 기능에 아무 문제가 없다.

마르지 않는 금고의 두 번째 비밀 - 증권시장

조선이 할 수 있는 가장 큰 자본 활성화 조치는 화폐 발권과 채권시장 조성 다음으로 증권시장의 도입이다. 사회발전에 필요한 자본수요를 만들어 낼 수 있는 이러한 금융기법은 자본부족을 겪는 신생 개발도상국일수록 더욱 필요한 수단이다. 증권거래소 도입은 국가의 큰 투자 없이도 경제 주체인 기업들이 외부에서 자금을 받아들일 수 있는 방법이다.

증권제도는 은행보다 더 큰 신용창출을 일으키는 금융기법이다. 최초의 신용창출은 돈을 맡긴 자산가들이 한꺼번에 돈을 찾아가지 않으므로 은행이 그 돈을 증거금으로 하는 신용 재창출 기능 때문에 자연스럽게 생겨났다. 그런데 증권거래소 역시 은행처럼 입금된 금액이 일시에 찾아가는 구조가 아니다. 은행과 다른 점은 가치변동이 수시로 적용되는, 좀 더 복잡한 은행이라고 생각하면 된다. 증권시장은 돈을 많이 가진 자에게 유리한, 자본의 강자들에게 절대적으로 유리한 놀이터이기도 하다.

돈을 가장 많이 가지고 있는 집단은 누구일까? 다름 아닌 종이쪼가리 '가짜 돈'을 무한정 찍어 낼 수 있는 국가다. 국가는 인플레이션처럼 증권시장에서도 국가의 폭력을 교묘히 악용할 수 있다. 주식시장이 폭락하면 국가는 증권시장에서 증발된 자본을 지속적으로 찍어내 인플레를 최소화하면서 시장에 신규 자금을 투입하는 절대적인 권한을 갖고 있다. 이른바 '확대 재정정책'의 일부분이다. 례를 들어 코로나19 상황으로 내수시장이 움츠러들고 증권시장이 폭락하자 대한민국 정부는 코로나지원금 명목으로 돈을 마구 찍어 개인들과 자영업자들에게 현금성 특혜를 베풀었다. 주민들은 갑자기 생긴 공돈으로 비싼 음식과 쇼핑을 즐겼고 소비 확대로 자본가들에게 흘러간 돈은 다시 증권시장에 투입되는 선순환 과정이 이루어진다. 증권시장이 폭락하면 국가는 겉으로는 당황한 듯이 연기할 뿐 증발된 자본만큼 국가의 권력은 증폭된다.

자본주의 국가가 증권시장의 폭락을 무서워하는 리유는 모두에게 골고루 행해지는 인플레이션이라는 보이지 않는 폭력에 비해 주가 폭락은 사회의 기득권 세력인 자본가로부터 시작되어 일반인에게까지 피해가 고스란히 직접 전달되기 때문이다. 증권시장의 폭락으로 경제가 일시 주춤하면 정권유지 자체가 위태로워진다. 증권시장 관리에 실패하면 일반인들의 경제심리가 위축되어 정치 반대세력에 정권을 넘겨주는 것도 모자라 중발된 자본시장에 '가짜 돈'을 마구 공급할 수 있는 무기까지 쥐어 주는 셈이 되는 것이다. 그래서 자본주의 국가들은 인플레보다 증권시장의 폭락에 더 예민하다.

증권거래소는 은행과 성격이 다르다. 내부 투자뿐 아니라 외부 투자자들도 참여하고 그들의 행위는 자율적이다. 은행은 사람들이 한 번 입금하면 그 가치가 변동 없는데 비해 주식은 매일 매순간의 변동가치로 측정된다. 변동 폭의 크기에 따라 국가경제 전체가 흔들릴 수도 있다. 하지만 급격한 자금의 이동으로 시장이 교란되는 것만 잘 관리하면 자본 창출 기능에는 문제가 없다. 사회주의 경제학자들은 이러한 혼돈을 자본주의의 고칠 수 없는 병이라 주장하며 굉장히 부정적으로 바라본다. 그러나 지금까지의 검증 결과는 증권제도를 도입한 자본주의 시장경제가 더 활력을 갖고 번창했음을 보여 준다. 물론 대공황과 같은 경제위기가 없는 것은 아니지만 그런 것을 해결하라고 국가가 존재하는 것이다. 긴급 상황에서 증권시장의 현금화 및 해외자본의 반출 한도 규제 등이 국가가 해야 할 일들인 것이다. 증권시장의 폐단이 무서워 도입을 꺼리는 것은 "구더기 무서워 장을 못 담글까."라는 우리 속담을 무시하는 행위다.

국가가 화폐 발권력을 리용하여 경제성장을 유도하려면 소득중대로 저축되는 현금 또는 상업은행에 단기로 묶여 있는 자금들이 채권이나 주식시장을 통해 산업자본으로 흘러갈 수 있도록 제도적 환경을 마련해 주어야 한다. 기업들에서 발생되는 유동성 현금을 비롯한 유휴 자금들도 증권시장이나 부동산과 같은 투자 형태로 재투자될 수 있도록 유도해야 한다. 대한민국은 경제개발 초기 신용창출 기능의 확대를 위해 증권시장을 적극 활용했다. 1963년 박정희 대통령의 처남이었던 김종필 중앙정보부장은 앞장서서 증권시장 활성화를 주도하였고 본인이 직접 엄청난 수익을 내기도 했다.

대한민국은 주식시장의 활성화를 위해 1974년 5월 29일 '기업 공개와 건전한 기업 풍토 조성을 위한 대통령 지시'에 따라 기업들의 주식시장 상장을 강제로 유도하였다. 975년부터 주식시장의 대중화가 시작되어 새로운 공모주는 2~3배 가격 폭등을 했고 민간 자본은 산업구조를 경공업에서 중화학공업으로 바꾸는 데 필요한 자본 조달을 원활하게 공급하는 역할을 하였다. 이를 통해 기업들의 금융비용 비중은 1970년 8.8%에서 1973년에는 4.4%까지 낮아지게 되었다. 현재 조선에서 돈주들의 평균적인 금리는 월 10%라고 한다. 년으로 따지면 120%의 리자를 내야 돈을 융통할 수 있다는 얘기다. 기업들의 금융비용 비중이 이렇게 높으면 경제활력이 낮을 수밖에 없다.

대한민국에서는 대기업들도 은행처럼 신용창출 기능 확대에 적극 나섰다. 대기업들의 상호출자 제도는 은행이나 정부의 자금조달 기능을 대신하여 자체적인 신용창출로 외연 확장을 원하는 대로 추진할 수 있었다. 상호출자 제도란 계열사 새끼회사들의 보증을 모기업 어미회사가 해 주어 회사채를 발행하는 것이다. 지금은 없어졌지만 예전에는 대기업들이 계열사 순환출자를 통해 은행에 버금가는 가공자본시장을 창출했다.

신용창출 기능을 가진 증권시장에서 기업의 주가는 기업의 실적에 따라 움직인다. 그런데 실제로는 외국 자본의 류입이나 반출에 의한 의문의 주가 파동이 연출되기도 한다. 자본주의 도입 초보 국가들의 실수는 여기에서 비롯된다. 대부분 국가들의 증권시장에는 주가 급락으로 주식시장이 붕괴하는 것을 막기 위한 극약처방인 서킷브레이크(일시중단: Circuit Breaker) 제도가 있다. 자본주의 선진국이라고 하는 미국도 1987년 10월 19일에야 처음 도입했다. 서킷브레이크 전 단계인 사이드카(Side Car)는 일종의 경보 단계로 선물시장(미래주식 거래) 가격이 전날 마감가와 비교해 유가증권시장 기준 5% 이상, 코스닥시장(작은 규모의 상장기업) 기준 6% 이상 변동한 상태로 1분 이상 지속되면 증권사나 외국인 투자자들이 대량으로 매매하는 자동 프로그램 매매가 5분간 차단된다. 개인의 직접 거래는 제한되지 않아 서킷브레이크에 비해 효과가 적다. 주식시장에는 또한 개별 종목들의 급등락을 방지하기 위하여 상한가와 하한가를 제한하는 가격제한폭 제도 등을 도입하고 있다. 그런데 이러한 기준은 곧 자본시장의 개방 정도를 나타내는 기준이기도 하다. 다른 말로 국제금융 자본들이 제멋대로 들어왔다 나가기를 반복하는 데 불편하게 만드는 그 나라만의 규제 정책이라고 할 수도 있다.

중국은 증권시장에서 기업의 주요 경영 사안에 거부권을 행사할 수 있는 '황금주'를 통해 기업을 통제하고 있다. 황금주는 1980년대 기업 민영화가 확산하던 유럽에서 공적 가치를 지키기 위한 목적으로 도입되었다. 대부분의 나라에서는 주주 평등 원칙을 훼손한다는 리유로 시행하고 있지 않지만(대한민국도 속한다.) 유럽의 대부분 선진국들은 차등의결권, 황금주 등을 기업의 경영권 방어 차원에서 적극적으로 시행하고 있다. 중국은 2015년 '특수관리주'라는 이름으로 이 제도를 도입해 중요한 산업 령역에서 국유 자본이 1% 지분만으로도 민간기업 경영에 개입할 수 있는 법제도를 만들었다. 중국의 목적은 외국인들이 노리는 기간산업이나 날로 덩치가 커지는 첨단기술 국내 기업들을 관리하기 위한 것이다. 조선이 중국을 따라하지 말라는 법은 없다.

1992년 1월 3일 대한민국은 자본시장을 외부에 일부 개방했다. 무서워서 외국인 투자 한도를 정해 조심스럽게 개방했다. 그런데도 당시 국내에 상장된 766개의 종목 중 무려 512개가 상한가로 장을 마쳤다. 외국인 투자 한도에 막혀 실제 체결된 외국인 매수 주문은 얼마 안 됐지만 외국인들이 달려든 매수 주문은 실제 체결 금액의 15배가 넘었다. 1992년 자본시장 개방 이후 점차 제한을 풀다가 1998년 외환위기 때 국제통화기금(IMF)에 굴복하여 전력, 가스, 통신, 언론 등 국가 기간산업을 제외한 일반 법인에 대해서는 한도를 아예 없앨 수밖에 없었다. 한때 전체 시가총액의 40%까지 늘었던 외국인들의 국내 주식 보유 금액은 2021년 말 현재 28.3%인 730조(약 7천억 딸라)로 줄어들었지만 세계적인 대기업 삼성전자와(2024년 3월 기준 외국인 지분 55.33%) 은행을 비롯한 금융지주회사 지분의 대부분은 여전히 노랑머리 외국인들이 갖고 있다.

외국인 지분이 많다는 것은 조선반도에서 전쟁과 같은 자산 폭락 상황이 결코 일어날 수 없다는 의미이기도 하다. 자본시장의 개방에 대하여 금융 산업 선진화의 불씨가 될 것이라는 주장도 있지만 경쟁력이 취약한 국내 기업들을 해외 사냥꾼들에게 통째로 갖다 주는 꼴이라는 주장이 맞선다. 그러나 잃는 것보다 배우면서 얻는 것이 더 많다. 잃는 것이 두려워 개화사상에 반대했던 것이 바로 리조 말기의 쇄국정책이다.

증권시장은 강대국들이 이미 만들어 놓은 규칙에 따라 움직이는 국제무대와 달리 해당 국가의 주권, 즉 그 국가가 만든 규칙으로 운영되는 자본시장이다. 우르르 몰려왔다가 갑자기 빠져나가는 외국인들을 국내법이라는 몽둥이로 다스릴 수 있다는 소리다. 대한민국의 경우 유가증권 총 규모는 2126조(2024년 1월 기준, 약 1조 6163억 딸라)로 2024년 국가 예산 657조의 3.2배가 넘는 돈이 산업자본시장에서 운영되고 있다. 증권시장을 통한 자본 활성화 제도의 포기는 주권국가의 바보 같은 짓이다.

마르지 않는 금고의 세 번째 비밀 - 부동산 시장

남미 뻬루의 한 경제학자는 자국을 비롯한 제3세계의 국가들에서 자본주의가 발전하지 못하는 리유를 소유권과 재산권을 비롯한 자산 등록 및 운영 시스템이 락후한 탓에 잠재된 자본을 충분히 활용하지 못하고 있는 데 기인한다고 분석하였다. 조선의 경우에는 이러한 시스템이 락후한 정도가 아니라 아예 없다. 조선에서는 국가나 기업, 개인들이 소유권 및 재산권을 등록하고 그것을 담보로 돈을 빌려 새로운 사업을 유도하는 신용창출 시스템이 존재하지 않는다. 이 시스템의 가장 큰 분야가 바로 부동산(움직일 수 없는 자산)이다. 부동산은 국가나 기업, 개인들에게 별도의 자산축적 없이도 지금 당장 소유권과 재산권을 인정해 줄 수 있는 매개체이다.

부동산 시장은 증권시장 다음으로 신용창출 기능이 가장 큰 분야다. 개인 신용에 의한 부동산 대출이나 기업들의 부동산 프로젝트 대출은 강철, 세멘트, 건자재 등 련관 산업과 로동시장에 활력을 불어넣는 거대한 자금을 조달할 수 있게 만든다. 은행이 돈을 빌려줄 때 담보로 잡는 가장 좋은 물건은 부동산이다. 최초의 은행이 금을 비롯한 불변의 보유자산을 담보로 수십 배의 신용을 창출했던 것처럼 부동산도 신용창출 기능이 뛰어나다. 대한민국은 경제개발 당시 북쪽의 토지개혁과 비슷한 토지개혁 덕분에 부동산 시장이 활성화 되었다. 북쪽처럼 강제적 부의 재분배 성격을 지닌 대한민국의 토지 개혁은 산업 지대 형성에 필요한 토지 수요를 눅은(싼) 값에 조달할 수 있게 하였으며 토지 거래의 활성화는 부동산 시장을 키우는 데 한몫했다.

대한민국의 부동산 시장에는 세계가 주목하는 독특한 신용창출 기능인 '전세 제도'라는 것이 있다. '전세 제도'란 집 없는 사람들이 집값의 일부를 저당 잡히고 그 집을 빌리는 주거형태를 말한다. 한꺼번에 집을 살수 있는 큰돈이 없는 서민들은 집값의 일부를 저당 잡히고 빌려 살다가 열심히 모은 돈을 그 전세에 보태어 내 집을 마련한다. 집주인은 저당 잡힌 전세 자금을 은행 리자보다 높은 수익이 있는 곳에 투자할 수 있다. 이것이 바로 부동산에 의한 신용창출 기능이다. 전세 제도는 내 집 마련을 위한 서민들의 노력을 적극적으로 유인한다. 전세 제도는 경제성장과 함께 증대되는 서민들의 수익을 강제 저축하는 기능을 한다. 이렇게 축적된 자금이 부동산 시장에 다시 투입되고 이 자금으로 부동산 경기는 또다시 활성화되는 선순환 과정을 만든다.

막대한 건축자재 산업과 건설인력이 련결되는 부동산 경기는 국가경제의 성장을 견인하는 중요한 역할을 한다. 전세 제도에 의한 서민들의 저축 활동은 국가의 화폐 발권이 야기하는 악성 인플레이션을 흡수하는 기능을 한다. 전세 제도는 불경기 시 집값 하락의 버팀목 역할을 하기도 한다. 경제가 계속 성장하고 소득이 늘어나면 소득과 집값 사이의 괴리가 줄어들고 현재 집값도 오른 선에서 굳어지게 되는 것이다. 세계에서 유일한 대한민국의 전세 제도는 일본을 비롯한 금융 선진국들의 연구 대상이다.

조선은 부동산 시장 조성 및 활용에 있어서 남쪽보다 유리하다. 유리한 정도가 아니라 너무 좋은 조건이다. 왜냐하면 모든 땅이 국유화 되어 있기 때문이다. 국가가 소유하고 있는 땅을 담보로 채권을 만들어 자금을 조달하고 개발 속도에 따라 주변 땅값이 오르면 그 땅을 또다시 팔거나 임대하여 수익을 만들어 채권리자를 갚아 가면서 나중에 채권을 정리하는 식으로 기가 막히는 선순환식 구조를 만들 수 있다. 중국의 경우 이런 식으로 2014년 단 한 해에만 국유 토지 사용권 수입으로 6000억 딸라를 벌었다.

조선에서 이러한 구조가 만들어지려면 우선 법적 제도부터 정비해야 한다. 국가 소유의 토지를 기업이나 개인들이 최소한 20년 이상 장기적으로 소유권을 행사할 수 있도록, 외국인의 경우 중국처럼 50~100년 소유권을 행사할 수 있도록 제도적인 정비를 해야 한다. 물론 대한민국식 전세 제도 형식의 주택 소유권을 도입하면 그 효과는 더 빨리 나타날 수 있다. 정책 관리자 립장에서는 개인들의 주택 소유나 토지에 대한 재산권 인정이 자본주의를 향한 로선 변경으로 인식되어 민심 동요가 우려될 수도 있을 것이다. 그렇다면 주택 소유권 구조를 국가 소유 주택의 '국가입사증'과 시장에서 자유롭게 거래 가능한 '민간입사증'으로 이원화하여 두 시스템을 경쟁시키면서 량쪽 제도 모두의 리점만 극대화시키는 방법도 조선만의 특수한 대안이 될 수 있다.

황폐화된 산림 복구에 성공한 대한민국의 비밀

대한민국의 가정집 부엌에 가면 아궁이가 없다. 아주 한적한 시골에 가도 아궁이를 쓰는 가정집은 없다. 따끈한 아래목을 못 잊는 극히 일부 사람들 외에는 온돌을 폐기한 지 오래다. 온돌이 남아 있는 집도 장작으로 매일 밥을 해 먹지는 않는다. 앞산과 뒤산의 나무를 모두 먹어 치워도 성차하지 않을 아궁이, 집집마다 있어야 할 그 아궁이가 없다 보니 가는 곳마다 거대한 대자연을 내뿜는 울창한 산림들이 바다처럼 출렁인다.

조선의 대도시 주변 100리 안팎의 산은 전부 민둥산이다. 밥을 지을 땔감도 문제지만 추위와의 한판 전쟁을 불사해야 하는 겨울은 인민들에게 미제침략자들보다 더 가증스러운 존재다. 한겨울 추위와의 결사 항전은 혁명의 수도 평양도 다를 바 없다. 요즘은 그나마 괜찮던 시골 지역도 황폐화되어 간다. 마름보다 더 악착한 협동농장 관리자들의 등쌀에 중국식 개인농의 순화된 형식인 '포전담당제'는 허울만 남았다. 모두들 협동농장이 아니라 주변의 민둥산에 일군 뙈기밭에 더 열심이다. 국가 정책으로 뙈기밭에 강제로 심어진 어린 나무들은 성체가 채 되기도 전에 무참히 도륙당하여 누군가의 집 아궁이에서 화형식을 치르고야 만다. 산림보다 더 시급한 식량과 추위 때문에 나라의 중요한 국책 사업인 산림록화는 그렇게 악순환을 거듭하며 무너지고 있다.

남쪽에서는 가정집 아궁이에 들어가는 나무나 석탄을 어떻게 해결하여 산림록화의 선순환 과정을 이루어 냈는지 나는 정말 궁금했다. 그래서 만나는 사람마다 물어봤다. 모두들 하나같이 박정희 대통령의 위대한 산림록화 사업에 대한 설명을 늘어놨다. 그 설명에는 남쪽은 열심히 하고 있는데 북쪽은 왜 안 되냐는 은연중의 비아냥도 섞여 있는 듯했다. 북쪽 사람들이 노력하지 않았다고? 남쪽 사람들은 먹지 못해 뼈에 가죽만 남은 몰골로 매일 밤 추위와 사투를 벌리는 와중에도 국가에서 사유지에 곡식 대신 나무를 심으라면 심을 수 있다고? 새빨간 거짓말이다. 북쪽 사람들에 대한 모독이다.

남쪽이 땔감을 비롯한 화석 연료를 최소화하여 산림록화에 성공할 수 있었던 비결은 원유 가공 중심의 중화학공업 육성과 화석 연료를 쓰지 않는 원자력 발전소 때문이다. 석유가 한 방울도 나오지 않는 남쪽의 석유정제 능력은 세계 5위다. 세계에서 가장 큰 원유 가공 공장 5개 중에 3개가 대한민국에 있다. 2022년 대한민국 4대 정유업체의 수출액은 570억 딸라가 넘으며 원유 수입액의 60% 이상을 회수했다. 엄청난 원유가공 부산물 덕분에 남쪽에는 도시가스와 가정용 등유가 넘쳐난다. 거기에다 원자력 발전 비중이 30%에 이른다. 그래서 대한민국의 가정집들은 가스와 전기로 밥을 지어먹고 등유를 때며 따뜻하게 지낼 수 있다. 여름에는 선풍기만 있어도 행복했던 시절은 옛말이고 찬바람이 쌩쌩 나오는 랭풍기(에어컨)까지 틀어댄다. 엄청나게 땔감을 먹어 치우던 집집의 아궁이가 사라지니 산림록화를 위한 국가 정책이 순조롭게 진행되었던 것이다.

3

경제건설의 1211고지 물류시설 확보

지난 6·25전쟁 당시 조선은 강원도(북) 금강군에 위치한 일명 '1211고지' 사수에 전쟁의 운명을 걸었다. 1211고지를 빼앗기면 원산 지역까지 내줘야 했기 때문이다. 2022년 로동신문은 경제건설의 1211고지 강철생산 목표를 독려하는 기사를 계속 내보냈다. 하지만 현재 조선의 1211고지는 강철보다 경제 활동에 필요한 도로와 같은 물류기반 정비라고 할 수 있다. 강철생산보다 고속도로 건설을 비롯한 물류시설 확보가 먼저다.

박정희 대통령은 경제개발 초기 독일에 자금을 빌리러 갔다가 히틀러 시대에 만들어 놓은 독일의 고속도로인 '아우토반'을 보고 깊은 감명을 받았다고 한다. 그는 서울에 돌아오자마자 서울-부산(경부고속도로) 고속도로 건설을 지시했다. 하지만 당시 국내에는 반대파들이 너무 많았다. 당시 야당을 이끌고 있던 김영삼 대통령과 김대중 대통령은 농민들의 생활 터전인 농지에 고속도로를 닦는다는 것이 말이 되냐며 공사 현장에 아예 드러누워 난리도 아니었다. 서울대를 비롯한 학계의 저명한 인사들과 전문가들도 우마차밖에 없는 최빈국 실정에서 고속도로를 건설하겠다는 정부의 계획은 비현실적인 정책이라고 박정희 정부에 대한 비난을 일삼았다.

하지만 현재 대한민국의 경제개발 성공은 경부고속도로와 떼어 놓고 생각할 수 없다. 전국의 산업단지들에서 부산항으로 집결되는 수출 물량들은 경부고속도로가 없었다면 소화하기 힘들었을 것이다. 대한민국 당국은 정부 주도로 전국에 7개의 고속도로를 건설하여 제조강국의 기틀을 다졌다. 고속도로 주변의 산업공단들과 유기적으로 련결되어 생산된 물건들을 수출 항구까지 운반하는 물류 기반은 지금도 국가의 전초선이다.

2천 년 전 중국의 진시왕이 그 넓은 중국 령토를 통일할 수 있었던 것은 수레바퀴와 규격화된 수레가 다닐 수 있는 도로를 잘 닦아 놓은 데 있었다고 한다. 500여 년간 묵은 리조 왕조의 찌든 때를 벗겨 내는 대한민국의 노력은 바로 물류 기반 정비에서 시작되었다. 지난 500여 년의 리조 왕조 시기에는 수레는 고사하고 사람도 겨우 지나다닐 정도의 협소한 길이 대부분이었다. 그런 길마저도 용도는 왕의 어명을 전달하는 전령의 통과를 비롯한 정치적 기능과 지방의 민란이나 외부의 침입에 대처하기 위한 군사적 기능에만 있었을 뿐 민간의 상업적인 물류나 인원 왕래 따위는 도로의 쓰임이 아니었다.

인간의 탐욕을 유도하는 상공업은 백해무익하다며 농사에만 힘 써야 한다는 왕의 어명은 지난 500여 년간 이어져 우리나라에서 물자의 왕래에 필요한 도로 확보는 수백 년 동안 침체되어 있었다. 1644년 실용적인 관료였던 김육이라는 사람은 "혹자는 우리나라가 길이 험해 수레를 사용할 수 없다고 하나, 수레가 왕성한 중국이라고 어찌 길이 평탄하기만 하겠는가."라며 도로 확보를 위한 상소를 올렸지만 그의 상소는 먹히지 않았다.

1882년 중국을 다녀온 박지원은 『열하일기』에서 "중국에도 위태한 고개가 없는 것은 아니지만 수레가 가지 못하는 곳이 없다. 나라에서 수레를 쓰지 않으니 길이 닦이지 않을 뿐이다. 만일 수레가 다니게 된다면 길은 저절로 닦이게 될 테니 어찌하여 길거리의 좁음과 산길의 험준함을 걱정하랴."며 성토했다. 근대사 최초의 개화파인 갑신정변의 주역 김옥균은 '도로를 닦고 오물을 없애자.'는 『치도약론』을 만들었고 개화파이면서 한성판윤(현재의 서울시장)으로 있었던 박영효는 직접 도로 정비에 나섰다가 반대파의 견제에 3개월 만에 좌천되기도 했다.

현재 대한민국은 한적한 농촌의 시골길 구석구석까지 전부 포장되어 있다. 대한민국이 고속도로 건설과 함께 지방의 중소 도시들을 련결하는 도로 확장, 농촌 현대화에 본격적으로 뛰어든 것은 '새마을 운동'이다. 새마을 운동은 1970년 4월 24일 부산에서 열린 전국 지방장관 회의에서 환경개선, 농촌 소득 증대, 정신계발 등의 3대 핵심사업을 목표로 시작되었다. 새마을 운동 당시 주목할 점은 북쪽처럼 강제적인 사회동원이 아니라 각 마을들의 자발적인 경쟁체제 도입이었다. 대한민국 정부는 1970년 새마을 운동 시범사업으로 전국의 3만 5000여 농촌 마을에 세멘트 300포대씩 나누어 주었다. 이들 중 1만 6000여 마을에서만 마을길을 포장했고 토목 다리를 크고 넓은 콩크리트 다리로 만들었다. 나머지 마을들은 심드렁하게 반응했다. 정부는 다음해 자발적으로 참여한 1만 6000여 마을에만 철근 1톤과 세멘트 500포대씩 추가로 주었다. 만약 지금 조선에서 마을의 도로와 다리를 포장하는 세멘트를 국가에서 무료로 공급하는 대한민국식 새마을 운동을 펼친다면 온 마을이 떨쳐나서 도로를 순식간에 포장해 버릴 것이다.

대한민국의 새마을 운동이 도시와 농촌 간의 격차를 줄이는 데 굉장히 효율적인 방법이라고 판단했던 중국은 2006년 2월 14일부터 1주일간 전국 31개 성 200여 명의 간부들에게 대한민국의 '새마을 운동' 견학을 지시했다. 단기적으로 3만 명, 장기적으로 35만 명의 대한민국 견학이 계획되고 집행되었다. 중국은 새마을 운동을 모방하여 '향(마을)정진 운동'을 추진했다. 마을 사람들이 모여서 공동사업을 만들고 공동으로 번 돈으로 마을회관도 짓고 도로도 포장했다. 또한 농수로와 뙈기밭을 기계화가 가능한 농경지로 개선하는 등의 사업도 추진하였다. 중국 정부도 대한민국처럼 적극적으로 노력하는 단위들을 차등화 하여 우수 단위들에는 더 많은 지원을 해 주었다고 한다.

남쪽이 도로 확장을 통한 물류시설 확충에 열심일 때 북쪽은 철도에 의한 물류시설 확충에 진심이었다. 해마다 북쪽의 신년사와 경제목표 등에서 빠지지 않는 단골 주제는 '나라의 동맥 철도'의 발전이다. 북쪽은 대부분 국가 물류를 철도를 통해 조달한다. 조선의 철도 총 연장 길이는 5304km(2015년 기준), 대한민국은 3873km이다. 언뜻 수자만 보면 북쪽의 철도 길이가 더 긴 듯 보이지만 복선 철도는 불과 67km밖에 안 된다. 이에 반해 남쪽은 전부가 복선 철도다. 외선으로 환산하면 남쪽은 9000km가 넘으므로 북쪽의 2배가량 되는 셈이다. 지난 2018년 대한민국에서 열린 세계겨울철올림픽대회 참석차 서울에 왔던 김여정을 비롯한 북쪽 사람들은 300km 시속으로 달리는 서울-강릉 고속렬차를 타 보고 엄청 부러워했다고 한다. 북쪽의 철도 현대화 지원을 위해 평양을 다녀온 대한민국의 조사자료에 의하면 대부분 일제 때 건설된 북쪽 철도로는 시속 60km 이상 어렵다고 한다. 2018년 4월 27일 북남 회담장에서 북쪽의 최고지도자는 대한민국 대통령에게 "조선의 철도가 부실해서 민망합니다."라며 인정했다.

대한민국은 철도 현대화가 북쪽보다 많이 앞서 있지만 정작 물류의 대부분은 도로에 의존한다. 2021년 기준 대한민국의 수송 분담률은 철도 11.5%, 도로 88.3%이다. 전체 물동량의 90% 이상을 고속도로망에 의한 수송으로 해결한다. 오늘날 세계적인 물류 시스템의 추세는 지역거점 련결에 의한 고속도로망 구축이다. 철도는 석탄이나 세멘트 같은 물량의 장거리 수송에는 적합하나 경제활동에서 발생하는 대부분의 물류 이동에는 적합하지 않다. 또한 선로에만 의존하는 철도는 사고 발생시 그 구간을 피해 갈 수 없어 전 구간으로 정체가 확산되지만 도로는 그 구간을 에돌아 갈 수 있다는 장점이 있다. 장거리 철도 수송은 지역 거점을 중심으로 출발지와 도착지 사이에 '철도 집하장'이라는 불필요한 중간 지점들과 상하차 시간을 필요로 한다. 그런 측면에서 고속도로망에 의한 자동차 짐함(컨테이너) 수송은 철도운송에 비해 시간과 효율성이 높다. 요즘 조선에서도 기차 운송보다 '꼰떼나'라고 부르는 짐함(컨테이너) 운송이 인기라고 한다. 지역 거점을 오가는 돈주들의 장사 물량은 륙로를 통해 거의 꼰떼나로 움직인다.

2021년 기준 대한민국의 도로 총 연장 길이는 11만 3405km, 북쪽은 2만 6203km이다. 그중 고속도로는 남쪽이 4866km, 북쪽은 658km이다. 대한민국에는 아무리 외진 농촌마을에 가도 모든 도로들이 세멘트로 포장되어 있다. 비만 오면 질퍽해지는 흙도로 때문에 장화 없이는 도저히 다니기 힘든 조선의 대부분 지역과 달리 남쪽에서는 아주 외진 깡촌에서조차 비 오는 날에도 장화 신을 일이 거의 없다. 비포장 흙도로는 비가 조금만 와도 웅덩이가 패여 자동차가 속도를 낼 수 없다. 그 웅덩이에 자동차 하부가 견디지 못해 운전기재들의 마모가 심각하다. 도로 사정이 안 좋아 자동차들의 연비는 최악이며 가뜩이나 부족한 연료 사정을 더 어렵게 한다.

북쪽에서는 철도로 함경도에서 평양까지 가려면 빠르면 이틀, 보통은 일주일, 심하게는 보름 이상씩 걸릴 때도 있다고 한다. 도로를 리용하는 벌이차(민간이 운영하는 버스 또는 화물차)로는 하루나 이틀 정도면 된다고 한다. 대한민국에서는 비행기나 철도를 타지 않아도 전국이 반나절 생활권에 속한다. 반나절 안에 가고 싶은 지역 아무데나 갈 수 있는 고속도로망이 잘 만들어져 있다. 요즘 대한민국에서는 물건을 주문하면 대부분 기업들이 당일 날 바로 배송해 준다.

선진국들의 물류 시스템은 지금 이 순간도 지속적으로 발전하고 있다. 예전에는 지역 거점들을 련결하는 고속도로만 건설하면 되었으나 지금은 운전기사 없는 무인트럭에 각종 센서(신호감지 장치)들이 기본으로 장착된 스마트(똑똑한) 고속도로망으로 변신하고 있다. 최근에는 드론이나 항공기 등 다양한 물류 장비들과 인공지능 프로그람 등이 도입되어 한 나라의 국가경제는 물론 국제적인 인구, 물류 등을 모두 포괄하는 다중적이고 복합적인 국제협력망 거점으로 거듭나는 추세이다.

지난 2019년 4월 중국은 조선의 원산-함흥 111km 구간의 고속도로 건설을 제안했다. 공사 기간은 2019년 4월부터~2022년 4월까지 3년으로 되어 있지만 아직 착공도 못 한 상태이다. 지난 시기 중국은 조선의 탄광, 광산에 설비와 식량을 투자하고 상환금으로 생산물을 가져갔다. 중국의 속심은 자국 내에 체화된 중고 설비에 비싼 값을 매겨 조선에 투입하고 생산된 광물을 국제시장의 반값도 안 되는 헐값에 가져가는 것이었다. 중국의 장사 속에 놀아나던 조선이 뒤늦게 정신 차리고 공사 대금을 현금으로 요구하자 고속도로 건설은 지지부진하게 되었고 조선은 지금 광물 판매대금에 의한 현금 상환, 어업권 임대, 라진선봉시 같은 특수경제지대 부동산 임대 등을 고려하고 있다고 한다.

그런데 최첨단 반도체 기술이 들어가는 것도 아닌 그냥 세멘트와 모래, 자갈, 아스팔트만 있으면 되는 고속도로 건설을 조선은 왜 중국에 의존하는지 리유를 모르겠다. 현대판 외세 침략은 총칼을 앞세운 무력 침공이 아니라 돈 보따리로 경제 침탈의 속심을 교묘히 감추고 합법적으로 들어온다. 지금의 조선이 중국에 국가의 중요 기간 시설 건설과 수십 년간의 사용료 징수 권한을 내어주는 것과 리조 말기 조선의 청나라 군사 파병 요청은 무엇이 다른가? 조선이 그동안 그렇게 주장하던 '우리민족끼리'는 과연 어디로 간 것인가? 대한민국에서 꿔다 먹고 여태껏 갚지 않고 있는 수십만 톤의 식량 차관에 고속도로 비용을 좀 더 얹는다고 대한민국이 싫어하지는 않을 텐데 말이다.

로씨야는 2014년 10월 조선의 철로 3500km 구간을 재건하는 '뽀베다(승리)' 계획을 발표했다. 로씨야 극동개발부 주도하에 로씨야 토목업체 '모스토빅'이 참여한다. 250억 딸라에 달하는 투자금은 로씨야 기업들이 조선의 지하자원을 개발하여 얻은 수익으로 충당한다고 되어 있다. 그런데 남쪽도 크게 기대하고 있는 조선의 지하자원 개발은 시설 초기투자가 이루어진다고 해도 광물을 운반할 수 있는 도로를 비롯한 물류망의 부족으로 수익 실현까지 상당한 시간이 필요하다. 지하자원 개발의 수익으로 조선의 국가물류망인 철도를 복구한다는 것은 허황한 계획일 뿐이다.

사람들은 가끔 선택의 우선순위를 결정할 때 시간과 주변 환경의 영향으로 치명적인 실수를 하게 된다. 너무 중요한데 당장 시급하지 않은 것과 중요하지 않은데 지금 필요한 것과의 우선순위에서 대부분의 사람들은 지금 필요한 것이 마치도 가장 중요하다는 착각을 하게 된다. 조선의 1211고지 강철생산은 당장 급한 과제일 수도 있다. 그런데 지금 강철생산은 주어진 시간과 주변 환경으로 시급해 보이긴 하지만 전국의 지역 거점들을 원활하게 련결할 수 있는 고속도로망 건설보다 중요하지 않다.

고속도로망 건설이 선행되지 않으면 강철생산 기지들의 노후화된 설비들에 대한 재투자 자금 마련이 늦어지거나 어려울 수도 있다. 선제적인 노력으로 회생 가능한 현재의 강철생산기지들은 재투자 시간을 놓치면 전부 때려부시고 다시 건설해야 하는 고철덩어리가 될 것이다. 지금 당장은 산업 현장들에 필요한 강철생산이 시급해 보이겠지만 고속도로망 건설은 다양하고 복잡하게 얽혀 있는 전 분야의 산업들을 유기적으로 련결하여 더욱 활기찬 경제환경을 만들게 될 것이다. 경제환경 개선을 위한 고속도로망 건설은 강철생산뿐 아니라 국가 전체의 생산성을 자극하는 요인이 될 것이다.

　지금 조선의 1211고지는 강철이 아니라 고속도로망과 같은 물류 시스템 확보다.

조선반도 통일과 왕실 제도

두 개로 쪼개져 있는 조선반도 남쪽에서는 5년마다 대통령을 무조건 새로 뽑는다. 그러나 북쪽은 영생불멸의 '태양조선'을 포기할 생각이 없다. 북과 남의 대립은 이러한 정치구조에서부터 출발한다. 북과 남이 현 정치체제에서 서로 피 흘리지 않고 통일된 국호를 갖는 방법은 영국, 일본, 타이(태국)와 같은 왕실 제도를 도입하는 것이다. 왕실은 상징성만 갖고 국내외 정치에 관여하는 권력을 최소화로 한정한다.

북쪽에는 왕실이라는 명분을 주고 남쪽에는 통일국가의 실권을 행사하는 이러한 형식은 북과 남 모두의 환영을 받기 힘들다. 북쪽보다 남쪽의 저항이 더 클 것이다. 북쪽은 최고지도자 한 사람만 설득하면 되는데 남쪽은 민주주의로 무장된 다양한 정치 세력들을 설득하기가 도끼를 갈아 바늘 만들기보다 더 어렵다. 먹고살기도 힘든 대부분의 소시민들은 두말할 것도 없고 오랜 분단으로 북쪽에 대한 동질감보다 이질감이 더 많은 남쪽의 신세대들은 거지같은 북쪽을 껴안는 것도 불편한데 명분뿐일지라도 왕실권을 주면서까지 통일을 왜 해야 하는지 등 반대 의견은 수백 가지도 넘을 것이다.

19세기 중반 일본 지배계층은 개혁개방을 위한 '메이지 유신'의 성공을 위해 천황을 신으로, 조선식 '수령님'으로 만들었다. 일본의 천황제도는 신과 같은 천황(수령)에게 복종하고 수령을 통해 자신의 안녕과 부를 지키는 국민들의 정신적인 기제였다. 2차 대전 말기 일본의 '항복 조건'

136

은 단 한 가지, 바로 이 '천황제 유지'였다. 핵무기로 민간인을 대량학살한 미국의 야만성과 전쟁의 원흉인 일본의 천황제는 세기적인 등가가치로 미화되었고 미국의 '야만성'과 일본의 '천황제 유지'에 대해 세계의 정의는 지금도 침묵하고 있다. 한때는 서로를 용서할 수 없었던 적대국들이 항복과 천황제를 맞바꾸며 악수한 것에 비하면 동족인 북과 남의 왕실 거래는 아름답지 않은가.

일본의 독도 야망과 같이 주변국들의 잠재적인 위험에 북과 남은 어떤 형태로든 하나로 합쳐 대응해야 한다. 그 과정에서 북쪽 최고지도자의 딸 김주애를 녀왕으로 추대하는 껍데기와 남쪽의 통일국가 실질권한을 맞바꾸는 것은 정말 어려운 것일까? 이러한 주장에 혹자는 지식의 빈곤에서 허우적거리는 얼빠진 미치광이의 배설이라며 악랄하게 헐뜯을 수도 있다. 자신만의 상당한 안목에 겨워 세상을 내려다보며 착각의 늪에 빠져 있는 유식한 자들의 비아냥거림에 민족의 령토가 수난당하고 있다.

"래일 지구가 멸망하더라도 나는 오늘 사과나무를 심겠다."고 했던 어느 철학자의 말처럼 통일에 대한 나의 열정만큼은 진심이다. 리명박 정부 시절 모두들 눈치만 보던 '통일항아리' 모금에 나는 1초도 주저 않고 한 달 월급을 기부했다. 통일에 대한 시민의식 확산의 묘안은 국민 세금으로 먹고사는 대통령과 국회의원을 비롯한 정치인 나리님들 몫이다. 국가와 민족 앞에 부끄럽지 않을 대타협의 고민이 필요한 시점이다.

4

선진기술 습득과 국가 경쟁력

국가개발 전략이나 기업의 발전전략에서 거론되는 유명한 리론 중에는 '추격자 전략(Fast Follow)'이라고 있다. 이 전략은 시장을 주도하는 선도업체를 추격하는 과정에서 그들이 닦아 놓은 길을 따라 간다고 하여 '경로 의존성' 또는 '모방 전략'이라고도 한다. 대부분의 개발도상 국가들이나 신생 기업들은 모방 전략으로 일단 자산을 먼저 축적하여 몸집을 부풀린 다음 시장을 선도하는 이른바 '시장 선도자(First Mover)'전략으로 갈아탄다. 일본은 유럽과 미국을 모방했고 대한민국은 일본과 미국을 모방했다. 현재 중국과 로씨야의 개혁개방 모델은 대한민국이다. 그들은 모든 분야를 모방하며 각 분야의 리점들만 빠르게 흡수하고 있다.

아기가 부모의 행동을 모방하며 자라듯이 모방은 모든 생명의 본능이자 능력이다. 지구상에서 가장 오래된 학습방법이기도 하다. 수학과 물리학에 엄청난 업적을 쌓은 뉴톤은 '우리가 위대한 리유는 우리보다 먼저 생각하고 고민했던 과거인들의 어깨에 올라타 그들보다 더 먼 세상을 볼 수 있기 때문'이라고 했다. 모든 창의적인 결과물들은 그동안 만들어진 작품들의 모방이자, 재조합이자, 재해석이다. '모방은 창조의 어머니'라는 말은 그래서 지금도 유효하다. 추격자는 뛰어난 최신 기술을 수집하고 분해하여 내 것으로 만드는 과정에서 그대로 모방하지만 말고 자신이 더 잘할 수 있는 요소를 집어넣으면서 창의적으로 나아갈 수 있어야 한다.

 지난 2022년 11월 30일 세계 최대 IT회사인 미국의 마이크로소프트가 OpenAI 인공지능 시스템인 Chat-GPT를 공개하자 세계가 깜짝 놀랐다. 기계가 아직 인간을 뛰어넘자면 30~50년 이상 걸릴 거라 예상했지만 의사 및 변호사 시험과 같이 고난이도 시험은 물론 기업들의 수익 분석이나 광고전략 보고서, 뉴스 제작, 소설, 작곡, 심지어 그림도 그릴 줄 아는 Chat-GPT의 능력에 모두가 놀랐다. 그런데 Chat-GPT가 구사하는 그 위대한 능력의 원천은 모방이다. 세상에 나와 있는 모든 자료를 학습한데 기초한 모방이다. 모방 기술에 콤퓨터 기술이 접목되면서 Chat-GPT는 아직까지 인간의 창조적인 능력까지는 아니지만 거의 모든 령역에서 인간이 할 수 있는 것을 대체하고 있다.

 모방보다 더 좋은 것은 신기술 훔치기다. 위대한 미술가로 추앙받는 피카소는 "유능한 예술가는 모방하고, 위대한 예술가는 훔친다."고 했다. 미국과 독일의 기술을 도입하거나 훔쳐오기 위한 일본 산업스파이들의 눈부신 활약은 이미 세상에 잘 알려져 있다. 일본은 서양의 과학기술을 모방하거나 훔쳐오기 위한 교육기관으로 1856년에 '번서조소(蕃書調所)'를 만들고 그들의 언어를 리해할 수 있는 네덜란드어·영어·프랑스어 등의 어학과정을 채택했다. 선진국 기술 탈취로 근대화를 이룬 일본은 세계시장 진출을 위하여 1962년 10월 '공업보호교육원'을 설립하였다. 이곳에서는 세계 각국의 상업정보 흐름을 꿰뚫을 수 있는 수십 가지의 첩보활동 장비를 다루는 방법을 4개월간 배워 주고 있으며 그 대상은 20대 후반의 젊고 유망한 민간기업 간부들이었다.

 중국 역시 개혁개방 초기 선진과학기술 도입이 없이는 경제 성장의 한계가 있음을 느끼고 1994년부터 '100인 계획'을 추진했다. 해외에 있는 중국 출신 과학자들을 설득하여 조국으로 데려오는 계획이었다. 첫 대상자는 미싸일 및 핵과학자인 천쉐린(1911-2009)이었다. "과학에는 국경이 없지만 과학자에게는 조국이 있다."는 유명한 말을 남긴 그는 중국의 원자탄, 수소탄, 인공위성(대륙간탄도미싸일) 개발의 주역이다. 중국은 2008년 12월부터는 '1000인 계획', 2012년 8월부터는 파격적인 대우에 외국인까지 포함하는 '만인 계획'으로 외국의 핵심 인재들까지 영입하고 있다. 미국의 최우수 대학 하버드의 화학생물학부 교수 찰스 리버는 중국에서 매월 5만 딸라의 보수와 매년 15만 딸라의 연구비를 받을 정도로 파격적인 대우를 받는 것으로 알려져 있다.

반도체 사업에 도전한 1980년대 대한민국 대기업 삼성의 기술 습득을 위한 노력은 처절했다. 최고의 대학을 졸업한 수재들로 선발된 삼성 직원들은 고등학교밖에 나오지 않은 일본인들의 조수로 일해야 하는 굴욕적인 일본 공장 연수생활 속에서도 어깨너머로 훔쳐보며 기술을 배웠다. 틈틈이 메모지에 적다가 들켜서 '스파이질을 한다'며 곤경에 처하면서도 그들은 매일 밤늦게 퇴근해 어렵게 메모한 내용을 서로 맞춰 가며 어렴풋이나마 '반도체 제조기술' 노트를 만들었다. 힘든 연수를 끝낸 직원들에게 삼성은 "귀국행 비행기를 절대로 함께 타지 말라."는 특명을 내렸다. 만에 하나 항공사고가 날 경우를 대비해서였다.

카나다(캐나다)의 밴쿠버라는 도시에 있는 브리티시컬럼비아대학(UBC)에는 2011년부터 매해 6명의 조선 사람들이 와서 6개월간 공부하고 돌아간다. 카나다-조선 지식교류협회(KPP)에서는 해마다 김일성종합대학, 인민경제대학, 원산경제대학, 김책공대, 평양상업대, 평양외대 등 6개 대학의 강좌장급 인사들을 초청한다고 한다. 그들은 경제, 경영, 금융, 무역 등의 박사원(대학원) 과정 수업을 6개월간 듣는다. 수업에는 해외 여러 기업들과 도시견학 프로그람도 있고 학습 그룹별 과제수행도 해야 한다. 원산경제 대학에서는 이미 경영학 석사과정(MBA)을 개설해 운영하고 있다고 한다. 김일성종합대학 경제학부 부학과장도 이곳을 다녀갔고 또 다른 교수는 이곳에서 공부한 지식을 토대로 원산경제대학 '개발학과' 신설 작업을 주도했다고 한다.

조선은 시장경제 운영 방식의 경영기술 습득과 함께 일본이나 중국처럼 산업스파이 활동에 심혈을 기울이고 있다. 해외에 체류하는 조선 사람들은 류학생이건 외교관이건 '조국륭성발전자료' 수집에 대한 의무가 부과된다. 현대판 '문익점 프로젝트'인 것이다. 문익점(1329~1398)은 수백 년 전 중국에서 대량 재배 및 가공이 수월한 목화씨를 몰래 국내에 들여와 우리나라 경제와 생활 수준을 높이는 데 큰 기여를 하였다. 조선 사람들은 주재국과 그 주변국, 그리고 주재국과 경제관계가 밀접한 나라에서 개발되었거나 현실에 응용되고 있는 각종 첨단기술이나 신제품, 원자재, 설계도면, 농산물 및 식물 종자, 의약품, 균주 등 '조국의 륭성번영을 위해' 필요한 자료와 현물을 합법이든 불법이든 수단과 방법을 가리지 않고 수집하고 있다.

그런데 이러한 정보 수집은 자유로운 활동이 전제되어야 가능하다. 하지만 해외에 파견된 조선 사람들은 주거지에서 마음대로 외출도 허가되지 않는다. 인재들의 탈북 때문이다. 조선의 내부 실정과 바깥세상이 너무 다름을 바로 알아채 버린 인재들이 북쪽에 남아 있는 가족까지 포기하고 대한민국이나 제3국으로 탈출하는 사례가 늘어나자 그 단속은 더욱 심해져 륭성자료수집은 점점 더 요원해지고 있다.

해외에 파견된 사람들의 현대판 문익점 프로젝트도 중요하지만 국내 안에서 해외 선진기술을 모방 또는 역설계에 필요한 기술 인재들을 키우는 사업도 중요하다. 북쪽은 쏘련이나 중국의 원조로 지어진 낡은 산업 시설을 현대화하기 위하여 최신 국제산업 표준에 맞는 새로운 설비투자를 진행해야만 한다. 생산성이나 효율이 떨어지는 구식 설비들을 과감히 폐기하고 최신 설비로 현대화해야 선진국의 체화된 기술을 동시에 흡수하면서 국제분업 환경에서 수출 경쟁력을 갖출 수 있다. 문제는 선진국 기술을 흡수할 수 있는 기술자 양성에 대한 국가적인 투자다.

1945년 8·15해방 당시 조선반도 북쪽의 인구는 1000만 명 정도였는데 1949년까지 지주·자본가로 매도된 고급 인력 74만~87만 명이 남쪽으로 이동했다고 한다. 성인 로동인구 중 20%에 달하는 엄청난 인력이, 그것도 고학력 및 중산층 이상의 고급 인력들이 남쪽으로 온 것이다. 거기에다 6·25전쟁 당시 후퇴하던 미국의 요란한 원자탄 선전으로 그나마 남아 있던 중산층 이상의 고급 인력들이 또다시 남쪽으로 대거 내려와 버렸다. 2021년 12월 3일 로동신문에 의하면 국가과학기술위원회는 '국가통합인재관리체계'를 만들어 중요 기술자들을 등록하여 활용하고 있다고 한다. 하지만 남쪽의 과학기술 력량에 비하면 그 질이나 량이 턱없이 부족하다.

1965년 6월 18일 미국을 방문한 박정희 대통령은 웰남 파병 대가로 뭘 해 주면 좋겠냐는 미국 대통령의 환대에 주저 없이 공업연구소를 지어 달라고 부탁했다. 1인당 국민소득이 110딸라밖에 안 되는 최빈국, 먹고사는 것이 당장 더 시급한 가난한 국가 지도자의 '과학 기술 입국' 열정에 감동한 존슨 미국 대통령은 1000만 딸라 지원을 흔쾌히 승인했다고 한다. '한국과학기술연구원(KIST)'이 탄생하는 순간이었다. 박정희 대통령은 일본기술자 몇 명을 데려오면 되지 연구는 뭘 하러 하냐는 대다수 기업인들의 반대를 무릅쓰고 국부 창출을 위한 과학기술 입국을 국가 주도로 밀어붙였다.

KIST는 처음부터 연구를 위한 연구가 아닌 산업화에 필요한 기술개발이었다. 기술을 개발하고 수요자를 찾는 것이 아니라 수요자가 필요로 하는 기술을 연구하는 식이었다. KIST의 이러한 목표 의식은 20여 개의 전문연구소로 분가되어 과학기술 산실 역할을 할 때에도 그대로 이식되었으며 선진국의 기술을 손쉽게 베끼다 보면 영원히 1등 기업이 될 수 없음을 깨달은 기업들이 자체연구소를 설립하는 데에도 자극을 주었다. 세계 최빈국이던 대한민국에 세계적인 기업들이 즐비하게 된 데에는 과학기술연구원(KIST)과 같은 국책연구기관의 역할이 결정적이었다.

박정희 대통령은 1970년에는 국가의 과학기술정책을 총괄하는 한국개발연구원(KDI)을 만들었다. 그는 연구원의 인력을 채우기 위해 해외에 있는 대한민국 출신 경제학 박사들과 류학생들에게 손수 편지를 썼다. 필요하다면 직접 찾아가 일일이 설득하기도 했다. 그 이듬해인 1971년부터 12명의 해외 류학파들의 애국심과 열정으로 불타오른 KDI는 대한민국의 고도 성장기를 이끄는 국가정책의 산실이었다. 대한민국이 국가의 이름으로 데려온 과학자 1호는 독일(당시 서독) 정부의 장학금으로 뮌헨공대 박사 후 독일 최대 강철회사인 데마크에 입사해 최첨단 기술을 련마하고 있던 김재관이라는 사람이다. 그는 1964년 12월 경제개발자금을 빌리러 독일을 방문한 박정희 대통령과 류학생과의 간담회에서 '한국(대한민국)의 철강공업 육성방안'이라는 두툼한 서류를 대통령에게 건넸다. 대통령은 너무 감격해서 그의 손을 놓지 못했다고 한다. 이후 조국으로 귀국한 그는 대한민국 최초의 철강회사인 포항제철을 비롯하여 세계적인 종합제철소 설립을 주도하였고 대한민국을 세계 최강의 철강왕국으로 변모시켰다.

대한민국이 휴대폰을 비롯하여 무선통신 강국에 오른 계기는 미항공우주국(NASA)에서 근무하던 한 애국자의 공헌이 기초가 되었다. 땅속과 깊은 해저 잠수함의 무선 라지오 시스템을 설계하며 다양한 경험을 쌓았던 그는 "미국에서 쌓은 좋은 경험을 조국을 위해 써야 하지 않겠냐."는 권유에 기꺼이 귀국을 결심했다. 1981년 귀국하여 국방과학연구소(ADD)에 근무하던 그는 당시 전 세계에서 미국, 영국, 이스라엘 등 3개 국가만이 보유하고 있던 무전기보다 더 성능이 뛰어난 무전기 개발에 성공했다. 그의 기술은 대한민국이 자력으로 차세대 전술 통신체계, 차세대 지휘 통신체계(C4I) 국산화에 도전하는 원동력이 되었다. 이 기술은 미싸일 레이더 시스템으로 전이되고, 세계에서 최초로 상용화에 성공한 부호분할다중접속(CDMA)이라는 대한민국의 이동통신 기술이 되었고 대한민국을 휴대폰 제조강국의 자리에 올라서게 만들었다.

대한민국은 1971년에는 과학기술을 통한 경제발전이라는 목표 아래 최고의 수재들을 엄선하여 자연과학 연구 중심의 특수대학원인 카이스트(KAIST)를 만들었다. 1989년 카이스트에 인공위성 연구센터를 세운 대한민국은 인공위성 개발을 위한 류학생을 최초로 모집하여 영국에 파견하였다. 그들에게는 "너희들의 류학비용에는 시장에서 남새와 생선을 파는 할머니들의 세금도 들어 있음을 명심해라. 성공하기 전에는 돌아오지 말라."는 국가적인 사명이 주어졌다. 런던대, 도꾜대, 컬럼비아대, 아이오대 등을 졸업한 27명의 류학생들이 중심이 되어 1992년 8월 우리별 1호, 1993년 2호, 1999년 3호 개발에 성공하였다. 현재 대한민국은 자력으로 인공위성을 발사할 수 있는 세계 7대 위성 발사국이다. 대한민국의 인공위성 능력은 규모와 지속성, 통신 능력 등 기술 장비의 수준에 있어서 2023년에 성공했다고 자랑하는 조선의 인공위성 능력과 비교가 안 된다. 민간 방위산업체 연구원 출신이 이끄는 대한민국의 '이노스페이스'라는 회사는 2017년에 설립되어 미국의 '스페이스X'를 비롯한 상위 8개 업체와 한판 전쟁을 준비하고 있다. 중소 규모의 다목적 인공위성 발사 수요로 커다란 시장으로 성장하는 세계 우주산업에는 현재 180여 개의 업체들이 도전장을 내밀고 있다.

최근 교육 추세는 대학에서의 지식 습득 과정이 옛날과 너무 다르다. 학습의 방법이 바뀌고 있다. 예전에는 다양한 정보의 접근이 어려워 머리속에 많은 지식을 담고 있는 사람들이 인재로 대접받았다. 하지만 정보화 시대를 맞으며 지금은 인터네트에 핵심 단어를 검색하면 관련 정보에 대하여 원하는 이상의 정보를 순식간에 받아볼 수 있다. 아무리 탁월한 인재라 할지라도 인터네트의 검색엔진을 릉가할 수 없다. 글로 전달하기 어려운 몸에 체화된 기술이나 글보다 현장이나 실물을 눈으로 확인하면 리해가 더 빠른 암묵적인 고난이도의 기술까지도 유튜브라는 인터네트 동영상 매체를 통해 급속히 확산되고 있다. 머리속에 담고 있는 지식의 량이 인재를 결정하기보다 적시에 원하는 내용을 배울 수 있는 능력이 대세가 된 것이다.

지난 2023년 9월 7일자 로동신문 사설 「과학기술인재관리체계를 더욱 완비하자」에서는 '특정한 어느 부문이나 단위가 100m 앞서나가는 것보다 모든 부문이나 단위가 다 같이 10m 전진하는 것이 더 필요하다는 것이 현 시기 당의 의도'라고 피력했다. 틀려도 한참 틀렸다. 모든 부문이나 단위의 균형적인 발전은 인구 1억 명 이상의 내수시장과 기본적인 경제토대, 충분한 자금이 있어야 된다. 이러한 균형적인 발전 정책은 자급자족에 목숨을 거는 조선의 쇄국형 경제구조에 필요할지는 몰라도 개방형 경제에서는 경제발전의 족쇄가 될 뿐이다. 특정 분야에 자금을 집중하여 앞선 기술을 먼저 성공시켜야 그 효과와 리익이 련관분야로 확산되면서 모든 분야에 파급효과를 가져온다.

모든 분야의 고른 기술 개발보다, 잘할 수 있고 돈이 되는 자동차, 통신 기술, LCD, 반도체와 같은 특정 분야에 집중했던 대한민국의 기술력은 2007년 세계특허 5대 강국으로 올라서게 되었으며 지금은 세계특허 출원 4위의 지식재산 강국이다. 매해 9월마다 열리는 세계지식재산기구(WIPO) 총회에 가면 각국의 특허청장들이 대한민국의 특허청장을 만나기 위해 줄을 선다. 그 리유는 대한민국이 특허청 심사관들을 고도로 훈련시키기 위해 1987년에 설립한 국제특허연수원에서 제발 교육을 받게해 달라는 것이다. 대한민국의 교육을 받고 자국의 특허심사관으로 일하는 사람들이 많다. 대한민국의 교육을 거친 미얀마 사람은 지난 2017년 미얀마 특허청장이 됐다.

조선의 선진기술 습득 경로는 빠르게 변화하고 있는 최신과학기술과 교육 방식까지 모방해야 하는 어려운 추격전이 되겠지만 지름길은 없다. 아무리 급해도 바늘허리에 실을 묶어서 쓸 수는 없는 노릇이다. 늦었다고 생각하는 때가 가장 빠른 때이며 시작이 곧 절반이다. 갑자기 조선에서 즐겨 부르던 노래가 생각난다.

♬ "배우자! 배우자! 내 나라를 위해
배우자! 배우자! 앞날을 위해
우리의 손으로 락원 꾸리자!" ♬

북과 남의 대학 생활

대한민국에서는 고급중학교(고등학교) 졸업생의 80% 이상이 전문대 이상 대학에 진학한다. 길거리에서 마주치는 요즘 세대 사람들 10명 중 8명은 대학 졸업생이다. 대한민국 사람들이 북쪽 사람들보다 머리가 좋아서 대학에 진학하는 것은 아니다. 인구 비례에 비해 대학이 많기 때문이다. 좀 더 좋은 대학에 진학하기 위해 고등학교 3학년 학생들은 대통령보다 더 바쁜 나날을 보낸다. 아마도 인생에서 가장 힘들고 바쁜 시기일지도 모른다. 사회분위기 전체가 고등학교 3학년 수험생이 있는 집을 응원한다.

물론 북쪽이라고 해서 다른 것은 아니다. 졸업생의 15~20% 정도만 대학에 진학하는 북에서는 국가예비시험(남쪽의 수능)도 중요하지만 성적 순위로 추천받은 대학에서 치르는 대학입학시험(본고사)이 더 어렵다. 최근 남쪽처럼 개인과외가 성행한다고 하지만 각 시군의 제1고등학교를 중심으로 하는 인재양성 시스템이 남쪽보다는 우월하다. 북에서는 적어도 낮에 학교에 가서 자고 밤에 비싼 학원에 다니지 않는다.

남쪽에서는 부의 대물림이 어릴 때부터 시작되지만 북쪽에서는 대부분 대학 입학부터 시작된다. 온갖 뢰물로 얼룩진 대학 추천(입학 전형) 제도와 대학교 재량에 속하는 전공 배정은 누가 돈을 많이 쓰는가에 달려 있다. 형편없는 기숙사 밥만 먹다가는 3개월 안에 영양실조로 집에 가야 된다. 학비가 무료라고 하지만 각종 세외부담에서 자유로울 수가 없다. 생활이 어려운 교수들을 위한 돈까지 없으면 성적도 기대하기 힘들다.

남쪽의 대학생들은 북쪽처럼 학급별로 시간표에 따라 강의실에서 교수님을 기다리지 않는다. 개인이 직접 매학기 시간표를 짜고 강의실을 찾아다닌다. 같은 학년, 같은 전공이라도 시간표가 개인마다 다르다. 과목별 강의에는 저학년, 고학년, 타과 학생들이 마구 섞여 있다. 동일한 과목이라도 수업이 여러 분반으로 개설되어 인기 교수나 자기가 편한 수업시간을 선택할 수 있다. 일부 학생들은 오전이나 오후 시간 또는 1주일에 2~3일간만 수업을 몰아 듣고 나머지 시간에는 용돈 벌기 위한 잡일을 하거나 자기만의 취미 생활이나 공부에 열중한다. 전공 필수 외의 과목은 자기가 듣고 싶은 과목만 골라 듣는다. 최근에는 심지어 학점 교류 제도로 다른 대학 수업도 들을 수 있다.

남쪽에서 대학 생활을 다시 하면서 가장 좋았던 것은 여름 방학과 겨울 방학이 모두 합치면 4개월이 넘는다는 것이다. 방학은 그야말로 오로지 자기만의 시간이다. 대학에서 주는 경제적인, 정치적인 과제 따위는 있을 수가 없다. 평양을 방문했던 어떤 외국 기자가 김일성종합대학 학생에게 자유롭지 못한 대학 생활을 어떻게 생각하냐고 물었더니 "당의 배려 속에 무료로 마음껏 배우고 있는데, 내가 자유롭고 행복하다는데 왜 당신들이 자유롭지 못하다고 난리냐?"고 대답했다고 한다. 소득 대비 엄청 낮은 대학 등록금과 자유분방한 대한민국의 대학 생활을 알게 된다면 그렇게 말할 수 있을까?

5

거점식 경제개발과 경제난 돌파

1992년 초 대한민국의 대외경제정책연구원(KIEP) 원장은 갑자기 로태우 대통령의 부름을 받고 청와대로 달려갔다. 내용은 4월 말~5월 초 평양에서 진행되는 국제회의에 경제전문가 18명을 데리고 갔다 오라는 지시였다. 1992년 4월 25일부터 7박 8일 동안 평양에 갔던 그들은 라진-선봉 지역을 탐방하고 조선이 꿈꾸는 '동북아의 싱가포르' 구축 계획을 유엔개발계획(UNDP)과 함께 상세하게 설계해 주고 돌아왔다. 그동안 한 수 아래로 봤던 남쪽 경제전문가들의 상세한 설명에서 조선은 희망의 빛을 발견하고 바로 준비 작업에 착수했다. 조선은 그 이듬해인 1993년 김달현 경제부총리를 단장으로 전문가 18명을 비밀리에 대한민국에 보냈다. 그들은 라진-선봉시처럼 거점화된 경제개발 도시들인 인천, 마산, 창원, 부산 등지를 꼼꼼히 시찰하고 돌아갔다. 시찰단에는 개혁 로선을 주장했던 장성택도 있었다. 1994년 7월 김일성 주석이 타계하지 않고 계획대로 김영삼 대통령을 만났다면 조선의 개혁개방은 많은 진전을 이루었을 것이다. 계획대로라면 지금 쯤 북과 남이 단일경제지대로 이미 통합되었을지도 모른다.

조선은 싱가포르와 같은 세계적인 항구 무역 도시로 라진-선봉시를 개발하려고 시도했었다. 현재 라진-선봉시는 중국처럼 정치만 제외하고 모든 생활 및 경제환경이 자본주의식 시장경제 구조로 운영되고 있다.

초기의 계획대로 전부 실행되지는 못했지만 지금도 조선 내부에서는 평양시 다음으로 인민들의 생활수준이 가장 높을 뿐 아니라 안정적으로 돌아가고 있다고 한다. 조선이 모델로 삼았던 중계무역의 선진국 싱가포르는 라선시보다 작은 령토에 아무런 지하자원도 없이 오로지 중계무역만으로 1인당 국민소득이 6만 딸라가 넘는 아시아 태평양 지역 최고의 도시국가이다.

1999년 10월 1일 함경남도 흥남시 교외에 위치한 서호 초대소에서 북쪽의 최고지도자는 비밀리에 대한민국의 현대그룹 정주영 회장을 만났다. 정주영 회장이 황해도 해주에 공단을 짓자고 하자 북쪽의 최고지도자는 신의주를 역제안했다. 그런데 2000년 6·15 북남정상회담 직후 원산 초대소에서 다시 만난 북쪽의 최고지도자는 신의주가 아닌 개성으로 바꾸어 제안했다. 개성의 주변 인구가 적어 공단에 필요한 인력을 조달하기 힘들다고 하자 최고지도자는 인민군대 군복을 벗겨 30만 명 보내 주겠다고 했다. 신의주가 아니라 개성을 역제안한 리유는 중국을 비공식으로 다녀온 북쪽의 최고지도자가 중국 총리로부터 개성이 신의주보다 더 적합하다는 조언을 받았기 때문이었다.

신의주 개방은 중국에 있어서 눈에 가시였다. 신의주 개방은 중국의 군수산업과 원유매장지, 자동차 및 기계, 강철산업 등 중요한 기간산업들이 밀집해 있는 동북3성의 자금을 싹쓸이하고 상품시장까지 위협할 수 있는 잠재력이 충분했다. 중국은 조선이 야심차게 추진한 '신의주 특별행정구'를 적극적으로 방해하였다. 조선이 자본주의식 시장경제에 걸맞는 법제도와 행정기구를 만들고 네데를란드(네덜란드) 국적의 화교 자본가 양빈을 2002년 9월 24일 초대 장관으로 임명하는 등 적극적인 행동을 취하자 중국은 임명된 지 채 열흘도 안 된 양빈을 뢰물 공여 및 사기 혐의로 구속해 버렸다.

조선이 신의주에서 시행하려고 했던 '신의주 특별행정구법'은 개혁개방의 의지가 담긴 획기적인 시도였다. 라진-선봉시와도 전혀 다른, 립법·행정·사법 권력을 독립적으로 행사하는 홍콩식 제도였다. 중국이 개혁개방 초기 시도했던 홍콩 맞은편 심천이나 대만 맞은편 하문 등의 경제개발특구들보다 훨씬 앞선 시도였다. 중국공산당 류운산 상무위원이 2015년 10월 10일 로동당 창건 70돐 기념행사에 참석한 이후 13년이나 보류되었던 신의주특구는 중국이 가장 우려했던 카지노를 빼고 조선 대외경제성과 중국 료녕성 정부가 공동개발에 다시 합의하였다고 한다. 하지만 지금까지 구체적으로 실현된 것은 아무것도 없다.

2016년 2월 폐쇄되기 전까지 개성공단은 조선 내부의 중요한 외화생산 지대이기도 했지만 대한민국의 중소기업들에게는 더 황홀한 황금지대였다. 대한민국 중소기업들의 경우 개성공단에서 간식으로 지급하는 단설기과자(초코파이)나 점심에 제공되는 돼지고기국을(밥은 북쪽이 주지 못하게 했다) 비롯한 부대비용을 전부 합쳐도 로동자의 1달 월급은 120딸라 정도였다. 대한민국에서는 월 최소 1500딸라 이상은 줘야 인력을 구할 수 있는데 개성에서는 최고 수준으로 교육받은 로동력을 월 120딸라에 쓸 수 있다는 것은 대한민국 기업들에게 엄청난 매력이 아닐 수 없었다.

조선이 거점식 경제개발부터 시작해야 하는 리유는 크게 3가지로 함축된다. 우선 경제개발에 필요한 외자도입, 그리고 국내 정치와 부딪칠 수 있는 개혁 조치들에 대한 담보, 마지막으로 강력한 국가 주도의 신도시 설계 리점이다.

우선 경제개발에 필요한 외자도입 문제다. 조선이 아무리 내부적인 금융개혁을 선행한다 해도 외부의 수혈 없이는 독자적인 경제개발이 불가하다. 중국의 경우 경제개발 초기 서방 국가들은 아무도 투자하지 않았다. 중국의 사회주의적 정치 관행을 믿을 수 없었던 것이다. 중국에 가장 먼저 투자한 것은 다름 아닌 홍콩과 대만의 화교 출신들이다. 웰남의 경우도 마찬가지다. 불과 10년 전만 해도 전쟁을 치르며 서로 싸웠던 미국은 개혁개방 초기 웰남의 사회주의적인 로선을 믿을 수 없었다. 미국을 비롯한 서방 국가들은 아무도 웰남에 투자하지 않았지만 웰남이 개혁개방을 선택하자 남부 웰남에서 쫓겨났던 보트피플(쪽배를 타고 탈출했던 사람들) 출신의 사람들이 가장 먼저 고국에 투자를 단행했다. 웰남 정부는 그들의 투자를 절대적으로 보호해 주었다.

중국과 웰남의 사례를 보면 언어가 통하고 민족적 동질성이 있는 남쪽의 대북투자 자금은 그 누구보다 북쪽에 우호적이다. 특히 남쪽에서 경제적 성공을 이룬 수많은 탈북민들의 고향에 대한 대북 투자는 무시못 할 자금이다. 지난 2016년 북에 두고 온 아들 때문에 남에서 번 돈으로 2차례에 거쳐 130톤의 쌀을 아들이 사는 곳 보위부에 보내고 더 큰 돈을 보내려다가 적발되어 구속된 한 탈북민의 사연은 너무 애절하다.

1990년대 베를린 장벽이 무너진 사건에 대해 국제금융 전문가들은 숨죽이며 상황을 주시하고 있었다. 베를린 장벽이 무너졌다는 것은 60여년이나 금융시장에서 외면되던 지역으로 수천억 딸라의 자본이 유입되는 것을 의미하기 때문이다. 미국의 립장에서는 서독이 저축한 돈이 미국 자본시장에 투자되지 않고 동독으로 흘러 들어가면 미국 채권시장에서 혼란이 일어날 수도 있었던 것이다.

서독의 경우 동독에 통일 이전에 이미 수십억 딸라를 대출해 주었다. 동독 투자 기업에 대해서는 5년간 평균 25%의(첫해는 50%, 4년간

12.5% 특별공제) 세금 감면과 자금지원 등 투자금의 거의 40% 이상의 특혜를 주었다. 또한 동독이 자국산 제품에 서독(Made in Germany) 명칭을 사용하는 것을 알면서도 모른 척했다.

조선반도에서도 똑같은 상황이 발생할 것이다. 부자나라 대한민국의 여유자금이 미국산 무기와 채권을 구입하는 데 쓰이지 않고 북쪽으로 흘러들어가는 것은 통일이 되면 사라지게 될 미국의 가장 큰 리익들 중의 하나이기도 하다. 그래서 미국에는 통일보다 현 상태 유지가 자국의 국익에 더 도움이 될 것이다.

외부에서 조선에 가장 우호적인 집단은 누가 뭐라 해도 아래동네 대한민국 사람들밖에 없다. 조선이 지금 당장 개혁개방에 나선다고 해도 국제통화기금(IMF)이나 세계은행(IBRD) 등은 자금을 빌려주기 어렵다. 여러 가지 국제 기준에 맞는 각종 경제 통계들이 준비되어 있지 않기 때문이다. 2014년 11월 대한민국의 한국투자공사(KIC)는 다양한 국가들이 참여하는 공공펀드인 공동투자협의체(CROSAPF)를 만들었다. CROSAPF를 만들기 전에 16개국 22개 기관을 방문해 협의체 참가를 설득했다고 한다. 이 협의체는 통일을 대비해야 한다는 판단에 따라 만들어졌다. 갑자기 통일의 물꼬가 터졌을 때 검은 속심이 숨어 있는 일본이나 미국 또는 중국의 자본보다 우리가 주도하는 국제협력 자금을 마련하기 위해서이다. 남쪽은 머뭇거리다가는 삼천리강산 조선반도의 북쪽을 국제금융 자본가들에게 고스란히 빼앗길 수도 있다는 상황을 인식하고 있다. 남쪽이 먼저 챙기지 않으면 북쪽은 거대한 국제세력 앞에 속수무책으로 당하게 될 것이다. 한국투자공사(KIC)가 운용하는 자산 규모는 2021년 말 기준 2050억 딸라이다.

조선이 지역 거점식 경제개발부터 시작해야 하는 리유는 다음으로 국내 정치와 부딪칠 수 있는 개혁 조치들에 대한 담보 때문이다. 전국의 동시다발적인 개혁개방은 위험부담이 크며 최소한 지역 거점 내에서만이라도 담보를 보장해야 한다. 해외 투자자들은 거점 지역의 외국인 소득세 면제와 비과세 제도 등의 개방만 해도 서로 오겠다고 난리다. 외국인 소득세 면제와 비과세 제도 등은 해외 고급인력들의 유인에 큰 기여를 할 것이다. 하지만 거점 지역에서는 그들의 안전과 리익이 담보되어야 한다. 아무리 거점 지역을 개방해도 함께할 투자자본이 없다면 아무 소용이 없고, 투입 자본에 대한 사업설계와 투자기업을 관리할 고급 인력을 유인할 수 없다면 거점 지역은 의미 없다.

개혁 조치의 담보가 얼마나 중요한지 보여 주는 사례는 조선의 손전화기 사업이다. 2002년 타이(태국)의 이동통신 업체를 통해 손전화기 사업을 시작했던 조선은 2004년 최고지도자가 탄 렬차가 지나가던 룡천역 대형 폭발 사건에 손전화기가 리용 되었다는 첩보 이후로 이동통신 사업을 전면 중단했다. 그러다가 2008년 애급(이집트) 이동통신사 오라스콤이 조선 체신성과 75:25 지분을 갖고 다시 시작했다. 2020년 11월 대한민국 주재 애급(이집트) 대사는 조선에 투자한 오라스콤이 6억 딸라의 수익을 거두었는데도 조선 정부의 반대로 해외 반출을 사실상 포기했다고 했다.

조선은 국제사회의 제재 때문에 주고 싶어도 못 준다고 하지만 사실은 중국이나 로씨야를 통하여 얼마든지 송금할 수 있음에도 시치미를 떼고 있다고 한다. 최근에는 순수 국산 업체인 '강성망'을 만들어 오라스콤과 합작으로 만든 '고려링크'를 밀어내리려고 하고 있고 이를 눈치 챈 오라스콤은 고려링크 지분을 넘기기 위해 중국 기업들과 접촉했지만 아무도 관심을 보이지 않는다고 한다. 2014년 말까지 8천만 딸라를 투자한 것으로 알려진 오라스콤은 더 이상 조선에 투자를 하지 않는다. 조선은 해외 투자 자본으로 초기에 최첨단 이동통신 시스템을 깔았지만 10년 전부터 더 이상 세계적인 발전 흐름을 따라갈 수 없게 되었다. 한 번 잃은 신뢰는 회복하기 힘들 것이다.

지금은 폐쇄된 개성공단의 경우 전화나 인터넷 같은 기본적인 통신 자유도 보장되지 않았고 근로자들에게 직접 임금을 지급할 수 없는 구조였다. 거기에다 무슨 일이 생길 때마다 중앙당이 사사건건 개입하고 있는 개성공단 상황 때문에 대한민국 중소기업들이 아닌 해외 투자자들은 단 1명도 들어오지 않았다. 이미 조선에 투자했다가 참패를 맛본 기업들이 너무 많기 때문이다. 1990년대 대한민국에서 당시 재계서열 3~4위에 오르내리던 '대우'라는 대기업이 남포공단에 투자했던 시설 전체를 몰수당하는 것을 지켜보았고 2010년 금강산에 투자했던 현대그룹도 지금 마찬가지이다. 중국 마그네사이트 가공회사 시양그룹도 황해남도 옹진 철광에 2억 4000만 위안을 들여 철광석 선별 선광공장을 지었다가 2012년 일방적으로 계약을 파기당하고 한 푼도 못 건지고 철수했다. 조선 최대의 철광석 산지인 함경북도 무산광산에도 투자했던 중국 시양그룹은 조선 측의 일방적인 자원세 25% 인상 통보에 철수를 결정하면서 '조선에 절대 투자하면 안 되는 리유'를 낱낱이 적어서 인터넷에 올리기도 했다.

조선이 지역 거점식 경제개발부터 시작해야 하는 리유는 마지막으로 강력한 국가 주도의 신도시 설계 리점이다. 개인의 소유권이나 재산권에 대한 법적 제도가 잘 갖추어져 있는 자본주의 시장경제 구조에서는 각종 리해관계의 충돌 때문에 정부 정책의 효율적인 집행이 어렵다. 하지만 조선에서는 남쪽의 박정희 대통령이 강력하게 밀어붙이던 경제개발 정책보다 더 효과적인 정책 집행이 가능하다. 례를 들어 남쪽에서는 자로 잰 듯이 반듯하게 계획도시를 만들려면 아예 불가능하거나 하더라도 20년 이상이 소요된다. 하지만 조선은 전 국토가 국유화 되어 있어 사유지를 비롯한 다양한 집단의 리해관계 얽힘이 거의 없어서 국가의 정책수단을 강력하게 밀어붙일 수 있다.

첨단 정보기술에 의한 미래도시 건설 실험을 위해서는 수많은 첨단 IT 장비들의 상호 련결 시스템을 구축하고 다양한 시뮬레이션이 필요하다. 여기에는 도로, 건물, 지하구조 등 복잡한 물리적인 장애물들이 존재한다. 선진국 기술진들은 조선의 규격화된 도시에서 먼저 자신들의 데이터들을 토대로 시험함으로서 복잡한 지형과 환경을 가진 다른 나라에 그 기술들을 도입할 수 있는 연구를 진행할 수 있다. 조선은 이를 잘 리용하면 선진국 여러 분야의 첨단 기술들을 복합적으로 한꺼번에 흡수할 수 있을 것이다.

미국 국가정보국에 따르면 2004~2011년 사이에 조선 기업과의 합작형태로 조선에 진출한 외국 기업은 351개이다. 중국 기업이 약 75%인 205개다. 351개 기업 중 투자규모가 확인된 기업은 88개, 총 투자 금액은 23억 2000만 딸라로 추산됐다.

조선은 2011년 12월 19일부터 시작된 새로운 최고지도자에 의해 개혁적인 모습을 보이고 있다. 조선은 2013년과 2014년 총 19개의 중앙 및 지방급 경제개발구 개발계획을 발표했다. 기존에 발표되었거나 간헐적으로 운영되는 신의주 황금평, 위화도, 라진-선봉지구, 금강산지구, 개성지구 등을 포함하면 총 24개에 달한다. 2013년 5월 최고인민회의에서는 '경제개발구법'을 마련해 제도를 정비했다. 대외경제성 경제개발지도국 산하 기관으로 각 도 인민위원회에 '경제지대개발국'도 설치했다고 한다. 11월에는 지방급 경제개발구 개발계획을 마련하면서 개발구당 7000

만 딸라에서 최대 2억 4000만 딸라의 해외 투자 유치 목표 금액을 정했다. 해외 투자가에 대한 일부 관세 면제 조치, 리윤 반출 혜택을 부여하는 파격적인 조치도 취했다. 또한 해외 투자자들에게 토지 임대 기간을 50년으로 부여해 공단 투자의 최대 관건인 '지대' 사용료를 0원에 가깝게 했다는 점도 놀랍다. 대외경제성의 한 관계자는 일본 경제주간지의 부편집국장이 방북했을 때 일본이 원한다면 1~2곳 정도는 아예 맡길 수 있다고 말했다 한다.

2013년 11월 6일 최고인민회의 상임위원회 결정 제147호로 채택된 해당 규정 제2장 제6조는 "관리기관의 성원으로는 해당 부문의 풍부한 사업경험과 전문지식을 소유한 우리나라 또는 다른 나라 사람이 될 수 있다."고 규정했다. 이어 10조에서는 국내외 전문가를 전임 또는 비전임으로 초빙해 전문성 있는 외국인들의 경험을 충분히 활용하겠다는 의지를 분명히 밝혔다. 뭔가 새롭게 시작하려는 것 같이 보인다. 그런데 지금까지 결과는 하나도 없다. 조선식 지역 거점 경제개발 계획은 투자, 안전보장, 기반시설 확보 등 3가지 요점을 다시금 점검해 봐야 한다. 지역 거점 개발을 통해 개혁에 대한 국가의 의지를 보여 줄 수 있는 모범 사례부터 만들어야 한다.

쉬어가기 마당

북과 남의 축구 이야기

북과 남의 모든 남자들이 미치는 체육 종목 중의 하나가 축구다. 특히 일본과의 축구 경기는 식민지 통치에 대한 뿌리 깊은 원한으로 전쟁 같은 결사항전의 각오로 임한다. 조선은 1966년 영국에서 진행된 월드컵 본선에서 아시아 처음으로 8강까지 올랐다. 그 기록은 2002년 서울에서 진행된 월드컵 본선에서 4강을 이룬 대한민국에 의해 깨지게 되었다. 대한민국은 2024년 현재 10회 련속 월드컵 본선에 출전하는 나라다. 축구의 종가라 불리는 영국이나 프랑스도 7회밖에 이루지 못한 대기록이다.

대한민국의 직업축구선수단(프로축구팀) 창단은 2년간의 준비 끝에 1983년 5개의 선수단으로 처음 시작되었다. 1997년에는 10개 팀 체제가 완성되었고 1998년부터 공식적으로 'K리그'라고 명칭을 확정했다. 2013년에는 최초로 축구 선진국들처럼 1부와 2부 리그를 동시에 운영하는 20구단 체제가 완성되었다. 요즘은 4부 리그까지 있다. 해외에서 활약하는 대한민국 선수들도 많다. 영국 직업축구선수단(프리미어리그)에서 선수 생활 하는 손흥민 선수는 1년에 약 1천만 파운드(약 1200만 딸라)의 년봉을 받는다.

조선은 2018년 5월 노르웨이 출신의 예른 아네르센 감독을 영입했다. 그는 운전기사와 개인비서를 제공받고 년봉 100만 딸라를 받은 것으로 알려졌다. 대한민국의 프로축구팀 감독으로 초빙받아 남쪽에도 왔던 그는 조선에서 유소년 인재 육성 시스템만큼은 확실하게 만들어 놓았다고 자부했다. 한때 월드컵 본선 8강까지 갔던 조선의 축구는 왜 맥을 추지 못하는 것일까. 유소년 시절 친구들끼리 귀하고 귀한 축구공을 정말 어렵게 빌려 축구를 하는 것은 둘째 치고 축구화는 언감생심, 질 낮은 운동화도 턱없이 부족한 환경에서 재능 있는 선수들의 싹을 기대하는 것은 무리다.

국가대표팀에 발탁되어도 가난한 유소년 시절의 영향으로 성인대표팀의 왜소한 신체조건은 치명적 약점인데 국가대표팀 영양식을 섭취하는 데에도 한계가 있다. 평소에 잘 못 먹던 고기가 갑자기 무제한으로 제공되니 훈련 기간 고기를 잘 먹지 못해서 선진국형 강도 높은 훈련 일정을 소화하지 못한다. 탈북민들도 대한민국 정착 초기 매일 돼지고기에 소주 한잔으로 마무리하는 건설현장 음식문화를 2~3주만 겪게 되면 고기에 질려 채소만 찾는다. 고단백 음식을 소화할 수 있는 체질을 갖추기 전까지 탈북민들은 강도 높은 건설현장에서 깡으로 버티다가 결국 몸이 병들어 병원을 찾는다.

대한민국에는 매일 새벽마다 모이는 조기축구 모임과 주말마다 전국의 다른 동네 축구팀과 정기대전을 치르는 축구팀들이 동네마다 여러 개씩 있다. 동네 축구팀들도 요즘엔 하늘에 드론(무인항공기)을 띄워 놓고 공격수와 수비수들의 몸에 달린 감지기를 통해 위치 선정과 련락(패스) 성공률, 전술운영 등에 대한 과학진단을 한다. 단순 취미와 운동의 차원을 넘어서는 남쪽의 축구 발전 흐름을 북쪽이 따라잡으려면 얼마나 걸릴까?

제3장

강성대국
조선의
결정적 실수들

1

국정가격 결정구조의 함정

영국 총리 마거릿 대처(1925~2013)의 회고록에는 쏘련의 마지막 대통령 미하일 고르바초프(1931~2022)에 대한 이야기가 나온다. 정부를 통해 모든 가격을 통제하고 있던 고르바초프는 "어떻게 사람들이 굶지 않고 살도록 감독하십니까?"라고 대처 총리에게 물었다. 대처 총리는 "내가 아니라 가격이 하는 일."이라고 대답했다. 하지만 고르바초프는 가격의 자동조절 기능을 아무리 설명해도 알아듣지 못했다고 한다.

리조 왕조 22대 왕 정조(1776~1805) 때 이상기후로 서울 쌀값이 폭등하자 한성부윤(지금의 서울시장)이 나섰다. 사재기 금지, 쌀값 폭리 금지 등을 위반한 자에게는 사형에 처해야 한다고 왕에게 건의하여 포고령을 내렸다. 청나라를 방문해 화폐와 시장경제 등 외부 문물에 대한 파격적인 실체를 엮은 그 유명한 『열하일기』의 저자인 실학자 박지원(1737~1805)은 "지금 한양 쌀값이 오른 것을 보고 전국 각지의 상인들이 쌀을 짊어지고 올라오다가 쌀값을 올리면 사형을 시킨다는 말을 듣고 발길을 돌리고 있습니다. 상인들이 돌아가면 쌀 부족은 해결 방법이 없고 백성들은 죽게 될 것입니다."라고 목숨 걸고 상소를 올렸다. 몇백 년 전이지만 지금 조선의 상황과 너무 유사하다.

자유와 평등에 관한 혁명과 투쟁에 있어서 세계에서 둘째가라면 서러워할 프랑스도 가격 통제의 유령에 한때 시달렸다. 프랑스 대혁명을 주도했던 로베스피에르(1758~1794)는 혁명으로 생필품 가격이 폭등하는 등 사회가 불안해지자 나라의 미래인 어린아이들이 먹을 우유 가격이 폭등하면 안 된다는 명분으로 우유 가격을 절반으로 강제하였다. 목장 주인들은 소가 먹을 건초더미 가격이 비싼데 어떻게 소를 키우냐고 항의하자 로베스피에르는 이번엔 건초 가격을 후려쳤다. 그랬더니 건초업자들이 모두 손을 놔 버렸고 결국 소 사육에 필요한 절대적인 건초 수량이 부족하여 소목장들이 하나둘씩 사라지더니 급기야 아이들은 우유를 구경조차 할 수가 없게 되었다.

가격은 '가치'라는 추상적인 개념을 인지시켜 주는 수단이다. 어떤 상품의 가격에는 생산원가와 거기에 투입된 로동력 가치 이외에도 시장에서의 희소가치, 개인의 과시욕구 등 인간의 모든 심리가 반영된다. 단순히 수요와 공급을 뛰어넘는 인간의 모든 심리적 결정을 국가가 개입하여 통제하기에는 한계가 있다. 농경사회에서는 그것이 가능할 수 있어도 변화의 속도가 빠른 근대사회에서는 고도화되고 복잡한 환경으로 가격 통제에 들어가는 비용이 기하급수적으로 증가한다.

특수한 상황에서 정부의 개입은 필수다. 절대다수 국민의 안정과 직결되는 상황에서는 더더욱 필수다. 자본주의 시장경제 리론처럼 시장가격은 가만히 놔둬도 자동적으로 조절되는 기능이 있다는 것은 무책임한 주장이다. 국가는 가격이 갑자기 오르거나 내리는 비상 상황에 개입해야만 한다. 그러나 국가의 개입은 한시적 또는 일시적이어야 하며 그 지속성의 효과에 대해서는 의문의 여지가 많다. 지속되더라도 일부 또는 특정물자의 통제가 일상적인 가격제도 전체로 전염되어서는 안 된다.

사회주의 계획경제 체제에서는 공정하고 합리적인 가격이 형성될 수 없다. 맑스(마르크스)의 요구대로 생산수단의 사적 소유가 금지되어 있어 생산수단의 거래가 이루어질 수 없기 때문이다. 경제당국은 여러 가지 생산방법 중에서 어떤 생산방법(특정 생산수단들을 각각 얼마씩 결합하는 것)이 합리적인지 비교해 결정을 내리는 것 자체가 불가능하다. 그래서 조선의 국정가격은 시장(장마당) 가격과 괴리가 클 수밖에 없다. 가격에 따르는 자원의 희소성과 합리적 배분을 불가능하게 함은 두말할 것도 없다.

시장경제(장마당) 참여자들은 자신의 리익을 위해 생산하고 교환하며 경쟁할 뿐 공동의 목적을 가지지는 않는다. 이들은 사기와 협잡, 폭력의 위험 속에서도 관습적으로 굳어진 정의로운 행위 준칙에 따라 자발적으로 서로 협동하지만 모든 과정의 의사결정은 중앙이 아닌 각자가 주체적으로 결정하여 개인적인 목적들을 달성한다. 그래서 시장을 조직화하여 통제하려는 모든 국가 시도는 요행이 아니면 반드시 실패한다.

가격 통제는 사회주의 국가들의 전유물이 아니다. 자본주의 국가들에서도 가격 통제는 유효한 국가통제 수단이다. 지난 2021년 대한민국 정부는 생활형편이 어려운 서민들이 가장 많이 먹는 즉석국수(라면) 생산 상위 4개 업체에 대하여 가격담합을 했다고 판단하여 엄청난 과징금을 부과하였다. 추석 등 주요 명절들에는 일시적인 수요를 틈탄 시장의 물가파동을 우려하여 당국은 추석 이전부터 주요 농산품을 비축했다가 추석 대목에 저가로 물량을 풀어놓는다. 자본주의 국가는 시장참여자들에게 가격을 직접 정해 주는 것이 아니라 규제와 물량 공급 조절 등으로 시장에 간접적으로 개입한다.

조선은 가격 시스템 변화를 시도했다가 실패한 적이 있다. 2002년 7월 1일 공장기업소 중심의 '독립채산제' 운영방침을 계기로 국정가격과 로동자들의 임금을 장마당 가격 수준으로 대폭 올리는 정책을 시행했었다. 그런데 갑작스러운 임금인상에 의한 화폐의 가치하락(인플레이션)으로 장마당 가격은 폭등하였으나 국가가 정해 주는 국정가격은 여전히 묶여 있어 가격시스템 변화의 기회를 놓치고 말았다.

조선은 2024년을 맞으며 또다시 임금을 10배 이상 인상하는 전격적인 조치를 취했다. 외화벌이 기업소들처럼 이미 임금이 현실화된 곳도 있었지만 그동안 생산물이 없어서 소외되었던 지방의 중소기업들과 국가 공무원들까지 임금을 3000원에서 3만 원으로 올렸다. 량강도 혜산시의 혜산청년광산(구리광산)처럼 돈이 되는 생산물이 있는 기업소는 평균 임금이 10만 원이 넘는다고 한다. 현금이 아닌 전자결제 카드로 지급하고 국영상점과 백화점을 리용하도록 하여 상품류통과 상업은행 복구에 중점을 둔 것으로 보이지만 가격 시스템을 고치기 전에는 성공하기 힘들다. 국정가격이 존재하는 한 장마당 물가는 2002년 임금인상, 2009년 화폐교환 때처럼 또다시 혼란에 빠지게 될 것이다.

국가가 해야 할 일은 시장의 참여자들이 공평하게 경쟁할 수 있는 장을 마련해 주고 관리 감독하는 것이다. 가격으로 시장을 누르는 것이 아니라 시스템과 규제로 공급과 수요를 관리하는 것이다. 시장에서 가격 기능을 통제하는 순간 국가가 개입해야 할 항목은 기하급수적으로 늘어나게 된다. 국가의 개입과 통제가 한계에 다다르면 결국 인간의 자유와 권리를 박탈하는 반인권적 정책에 국가의 권력이 악용된다.

더욱 심각한 문제는 국정가격에 의해 세밀하게 계획된 국가계획위원회의 모든 인민경제계획이 장마당 가격과 충돌하면서 국가의 기능을 무력화시키고 있다는 것이다. 국정가격과 장마당 가격이 혼재하는 상황에서는 국가의 재원을 조달하는 국가기업 리익금(자본주의국가 법인세), 기업소들의 자재원가, 소매가격, 도매가격 등의 정확한 집계와 계획이 마구 뒤섞여 혼란을 가중시킨다. 조선의 기업경리 실무자들은 국정가격에 의한 국가계획분과 장마당 가격에 의한 내부용 회계장부를 2중으로 작성하느라 골치 아플 것이다. 1990년대 고난의 행군 이후로 국가가 요구하는 액상계획과 현물계획에 대한 장부까지 추가되면 기업 운영에 필요한 회계장부는 4개로 늘어난다.

최근 북쪽에 새롭게 생겨난 '국가량곡판매소' 역시 마찬가지다. 량곡판매소는 군수공업지대나 특급기업소와 같이 식량을 국정가격으로 공급하는 필수 단위들이 있는 한 제대로 작동하기 어렵다. 사회안전성, 인민무력부, 군수공장, 당간부 등의 단위들도 국정가격에 의한 식량공급제도를 축소하고 시장(장마당)에서 조달하는 방식으로 전환해야 '량곡판매소' 기능이 제대로 작동한다. 그런데 필수 단위 근무자들이 장마당 가격으로 식량을 살 수 있는 월급을 주자면 또다시 돈을 찍어야 하고 대량 화폐의 공급은 결국 인플레로(가치하락) 이어진다. 악순환의 련속이다. 어디서부터 잘못된 것일까?

2023년 1월 12일 함경북도 청진의 한 시장에서는 코로나 상황 이후로 국가의 장마당 식량 판매 행위 금지에도 불구하고 돈주들이 화물자동차 여러 대에 쌀을 싣고 와 풀어놓는 진귀한 광경이 벌어졌다고 한다. 단속기관은 도에서 하는 사업이라는 리유로 그냥 지켜보기만 했다고 한다. 도에서 진행하는 그 사업의 내막인즉 도 내 고아원에 식량이 떨어지자 간부들이 돈주들의 자금을 앞세워 평안남도에 가서 쌀을 사 왔다는 것이다. 식량에 대한 현금거래가 불법인지라 돈주들은 시장에서 건어물을 사서 평안남도와 바꾸는 형식으로 진행하였고 돈주들이 현금 대신 받은 쌀을 시장에서 현금화하는 과정을 단속기관은 모른 척하고 넘어가 줬던 것이다.

이러한 형태의 비정상적인 시장거래가 과연 없어질 수 있을까? 평안남도에서 국가계획분 외에 팔아먹을 수 있는 식량을 따로 챙겼다는 것도 이상하고, 그렇다고 하여 고아들이 수백 명씩 굶어 죽는 상황을 막으려고 돈주를 앞세워 쌀을 구해 온 함경북도의 간부들을 처벌할 수도 없다. 거기에 동원된 돈주들은 또 무슨 죄인가? 그들을 처벌하면 나중에 누가 그러한 행위에 나설 것이며 그러면 결국 '아이들은 나라의 왕'이라던 그 조선에서 불쌍한 고아들이 떼죽음을 당하는 상황이 벌어지게 될 것이다. 국정가격과 장마당 가격이 혼재되어 있는 한 이러한 혼란은 앞으로도 계속될 것이다.

조선은 2017년 국제사회의 실제적인 제재조치가 취해지기 이전까지만 해도 미약하지만 경제활동이 조금이나마 성장을 기록한 바 있다. 2009년 화폐개혁 실패 이후 위축되어 있던 경제활동은 신뢰가 떨어진 국내 돈이 아닌 딸라나 중국 위안화 중심의 외화를 기반으로 비공식적인 가격구조 시스템을 만들어가고 있었다. 국정가격이 아니라 장마당 가격으로 운영되는 환경이 만들어진 것이다. 장마당에서는 대부분 거래가 딸라나 인민폐(위안화)로 이루어졌고 심지어 국영식당이나 기업들까지 딸라로 대금을 받았다.

국경 지역에서는 배추 같은 남새들도 위안화 잔돈으로 거래되었다고 한다. 공장기업소뿐 아니라 개인들에게도 외화계좌를 개설해 주는 등 딸라의 위력은 하늘을 찔렀다. 2017년 기준 평양에만 30~40개 외화벌이 은행들이 경쟁적으로 난립하여 공장기업소는 물론 개인들의 외화 예금도 받아주면서 서로간의 리자율 경쟁이 치열했다고 한다.

조선은 6차 핵실험의 대가로 2017년부터 새롭게 시작된 국제사회의 제재 때문에 국가의 외화 자금이 바닥나고 소규모 외화벌이 업체들까지 어려워지자 장마당 민간경제에서 류통되던 딸라를 흡수하기 위하여 딸라 사용을 강력하게 통제하였다. 그러나 시중에 류통되던 딸라의 강제 흡수는 한계가 있었고 코로나 상황까지 겹치면서 대규모 개인 장사꾼들을 거느리고 장마당을 쥐락펴락하던 거대 돈주들까지 움츠러들었다. 장마당의 딸라 환률은 급격히 떨어졌고 조선의 경제는 파국으로 치달았다.

상업은행이 유명무실한 상황을 대신하여 개인 간 소규모 자금 전송 역할을 하던 전화카드의 딸라 구입 및 타인 양도에 대한 규제 강화는 장마당 민간경제의 금융 동맥을 완전히 끊어 버리는 결과를 가져왔다. 상업은행을 대신해 전국의 장마당에 류동자금을 공급하던 딸라 중심의 자금 류통이 멈추자 장마당에 기생하며 지탱되던 중소규모 지방경제는 최후의 순간을 맞이했으며 장마당 경제와 공생하며 엮여 있을 수밖에 없던 대규모 국가 경제에도 급속하게 파급되었다. 2017년까지 미약하게나마 성장하던 경제는 코로나 상황과 함께 또다시 주저앉고 말았다 제2의 고난의 행군은 이렇게 시작되었다.

조선이 제2의 고난의 행군을 하루빨리 끝내려면 '국정가격의 함정'에서 탈출할 수 있는 가격제도 시스템의 개선이 먼저 이루어져야 한다. 그러자면 국정가격과 시장(장마당) 가격의 괴리를 점진적으로 줄여 나가는 몇 가지 정책들이 선행되어야 한다. 식량가격 안정을 위한 농업정책, 상품경제의 현금흐름 개선과 상업은행 복구, 생필품 가격의 안정화와 기업들의 체력 강화를 위한 8·3제품의 확대, 군수산업의 조정 등이 선행되어야 비로소 '국정가격의 함정'에서 자유로워질 수 있다. 조선의 농업, 상업은행, 국방비 등에 어떤 문제가 있는지 이제부터 하나하나 파헤쳐 보기로 하자.

쉬어가기 마당

주말마다 벌어지는 북과 남의 기이한 훈련

북과 남은 주말마다 발악적으로 벌이는 기이한 훈련이 있다. 북에서 진행되는 훈련은 전원 참석이 강제사항이며 필사적이다. 남쪽은 강제사항은 아니다. 하지만 가정주부는 물론, 로인과 청소년 등 누구랄 것 없이 전 국민의 필사적인 노력은 마찬가지다. 북에서는 휴일 전날인 토요일만 하는데 남에서는 휴일인 토·일 이틀 내내 하기도 한다.

북에서는 매주 토요일마다 치렬한 내부 투쟁을 유도하는 '생활총화'가 진행된다. 억지스러운 자기비판도 괴롭지만 누군가를 지적해야만 하는 호상비판은 더 괴롭다. 모두들 매주 타인에 대한 흠집잡기 훈련에 떠밀린다. 타인을 지적할 정도로 자신의 '완벽함'을 갖출 수 없는 대부분의 사람들은 생활총화 시간만큼은 리성을 잃은 채 분노가 시를 쓰는 고압적인 상황에 몰입되거나 타인의 광란에 불을 지핀다. 서로 간의 갈등만 양산하는 생활총화는 아래로부터의 건설적이고 참신한 의견들이 중앙에 이르지 못하게 하는 사회적 구조를 부추긴다. 필사적인 생활총화는 매주, 매월, 매분기마다 지금도 계속된다.

19세기 말 나라를 말아먹었던 국왕 고종은 "의견을 낸다는 핑계로 국시를 뒤흔드는 상소를 한 자들을 징계하라."며 상소 금지령을 내렸다. (1894년 음력 12월 16일 '고종실록') 아래로부터의 의견을 왕이 스스로 거부한 그때 이미 리조 조선의 운명은 결정되었다. 개혁개방과 같이 국가의 운명을 결정짓는 중대한 사회적 담론에는 미치광이의 궤변, 반동분자의 망발, 불온한자의 도발이라 할지라도 모든 의견이 존중되고 그 표현의 자유가 보장되어야 한다. 자유로운 토론문화가 형성되어야 '우리가 하는 모든 일은 옳다.'는 집단 오류에 빠지지 않는다.

남쪽에는 분노를 양산하는 생활총화 대신에 계산속에 주고받는 '친절한' 대화들이 일상이다. 위선적일지라도 생활총화만큼 건강한 영혼을 괴롭히진 않는다. 주말에는 누가 시키지도 않는데 자신의 건강을 위해 등산훈련에 모두들 필사적이다. 교통수단의 부족으로 매일 걷기 운동을 강제당하는 북쪽 립장에서 휴일에 오로지 걷기 위해 산에 올라가는 풍경은 굉장히 낯설다.

남쪽의 등산문화를 모른 채, 떼를 지어 산에 올라가는 등산객들이 찍힌 무인항공기 사진들을 본다면 깜짝 놀랄 것이다. "대한민국 괴뢰들은 주말마다 대규모 민방위훈련으로 전쟁준비에 미쳐 날뛰고 있군."하며 사진 속을 자세히 들여다보고는 더욱 놀란다. 신형폭탄이 들어있을 것 같은 배낭을 하나씩 둘러멘 사람들과 번쩍번쩍 하는 최신소총을 두 자루씩 휴대한 사람들도 꽤 된다. 량손으로 최신소총을 마치 지팡이처럼 짚고 다니는 사람들의 배낭과 복장은 더 요란한 것이 특수부대가 틀림없다. 아찔한 절벽들마다에는 맨손으로 암반을 기어오르는 특공훈련이 벌어진다. 모두들 무슨 세계 최고봉 주물랑마봉(에베레스트)이라도 점령할 듯이 무장한 첨단소재의 복장이며 웬만한 총알도 비껴갈 듯한 튼튼한 신발을 신고 있다. 개인마다 온 몸을 무장하는 데 수백에서 수천 딸라를 쓴다는 사실까지 알게 되면 아마 기절할지도 모른다. 수십 개 사단 규모의 전국적인 민방위훈련은 주말과 공휴일마다 계속된다.

경제사업의 주타격 전방 농업전선

사실 먹는 문제만 해결되면 사회주의 지키는 데 두려울 것이 없다. 이 밥이 아니라 강냉이밥이라도 상관없다. 발전된 나라들처럼 자가용 승용차나 각종 첨단 전자제품, 자유로운 해외려행 등이 없이도 배불리 먹을 수만 있다면 행복하다. 인간은 합리적이고 과학적인 존재라기보다 집단적 귀속감을 더 중시하는 사회적 동물이다. 먹는 문제만 해결해주면 인민대중은 '사회주의 만세'를 언제까지도 목청껏 노래할 수 있다.

대한민국의 1인당 년간 쌀 소비량은 1982년 156.2kg를 정점으로 2023년에는 56.4kg까지 떨어졌다. 북쪽 사람들이 입쌀만 먹는다고 가정했을 때 1인당 년간 소비량은 현재 배급 기준으로 182kg 정도이다. 얼핏 보면 남쪽 사람들의 쌀 소비량이 북쪽보다 3배 이상 적어 보이지만 전혀 아니다. 한국농촌경제연구원이 발표한 자료에 의하면 2023년 1인당 육류 소비량은 60.6kg으로 쌀 소비량 56.4kg을 넘어섰다고 한다. 다시 말해 고기를 쌀보다 더 먹는다는 소리다. 이 연구자료에 의하면 앞으로 대한민국의 육류 소비량이 쌀 소비량에 비해 계속 늘어날 것이라 전망했다. 돼지고기 한 끼분 생산에 사람이 열 끼를 해결할 수 있는 곡물이, 닭고기는 여섯 끼 분이 필요하다는 점을 감안할 때 사람이 먹어치우는 고기량을 쌀로 환산하면 남쪽의 식량 소비량은 줄어든 것이 아니라 오히려 늘어났다. 대한민국의 한 해 자체 식량생산은 520만 톤(그중 쌀은 376만 톤)이다. 2021년 조선의 식량생산량은 최대 480만 톤 정도로 추산한다.

2018년 인공위성으로 측정한 조선의 경작지 면적은 논 약 56만 정보(55.7만ha), 밭 약 130만 정보(1300만ha)이다. 조선은 제일 잘 나가던 때인 1970년대 정보당 논은 쌀 7톤, 밭은 옥수수 10톤씩 생산했다고 자랑했다. 로동신문 기사를(2023.11.24. 숙천군 약전농장 앞그루 밀 6톤 뒤그루 강냉이 7.5톤/2023.11.27. 고풍군 통풍농장 강냉이 11톤/2023.11.26. 강서구역 약수농장 지난해보다 벼 2톤 더 생산) 토대로 1년 생산량을 최소로 가정했을 때, 벼를 정보당 2톤씩만 생산해도 112만 톤, 옥수수는 3톤씩만 생산해도 390만 톤, 합계 502만 톤 이상으로 추정된다. 협동농장들의 금전옥답보다 더 많은 소출을 내고 있는 개인들의 터밭도 무시할 수 없지만 국가의 공식 통계에 잡히지 않는 관계로 제외하기로 하자. 북쪽 인구를 많게 잡아 2500만으로 봤을 때 현재 배급 기준으로 평균 1인 1일 500g, 1년간에는 182kg이 필요하다. 따라서 전체 인구의 1년 소비량은 182kg×2500만 명으로 455만 톤이라 추정할 수 있다. 인공위성으로 관측된 경작지 면적에서 최소로 추산해도 502만 톤의 생산 능력을 보유하고 있는데 왜 인민들은 식량난에 허덕이는 것일까? 농업 분야의 구조적인 문제에서 답을 찾을 수밖에 없다.

내 것과 우리 것은 다르다. 달라도 너무 다르다. "농장포전은 나의 포전이다!"라는 구호는 '우리 것'을 '내 것'으로 착각하게 만드는 최면술 도구다. 생산수단의 주인은 로동자와 농민이라는 전인민적소유와 협동적 소유는 우리 것을 내 것으로 착각하게 만든다. 그러나 '우리 것'의 의미는 '국가 것'이라는 의미와 동의어이며 나와 내 가족의 의미와 동의어인 '내 것'과는 전혀 상관없는 실체다.

촘촘한 국가의 보살핌 속에 잘 설계된 조건 속에서라면 어떠한 품성의 인간도 만들어 낼 수 있다는 공산주의 리념은 나와 내 가족보다 우리 모두의 '어머니 당의 품'을 더 강조한다. 하지만 '어머니 당'은 절대로 가족을 대신할 수 없다. 공산주의 리론의 공동소유에 대한 자본주의자들의 저급한 표현인 "공산주의는 마누라도 네 것 내 것이 없는가?"라는 악담이 아니더라도 내 것의 최소 경계인 가족의 울타리를 넘어서는 국가의 개입이란 있을 수도 없으며 있어서도 안 된다.

개인소유 터밭과 협동농장 소출의 극명한 차이점은 인간의 존엄과 보편적 기준에 부합되는 '내 것'의 소중함을 깨우쳐 주게 한다. 개인 터밭은 나만 잘 먹고 잘 살겠다는 리기주의가 아니며 국가에 저항하는 반사회주의적 종파행동은 더더욱 아니다. 인간의 삶을 의미 있게 하는 요소는 바로 가족이기 때문에 가족단위의 개인 터밭은 최소한의 행복과 그 보금자리에 대한 인간의 소박한 욕망이다. 내 가족이 눈앞에서 굶어 죽고 있는데 "인민군대가 쌀이 없어서 굶고 있다. 나라가 있어야 백성도 있는 것 아닌가."라는 국가의 애국미 헌납 호소가 얼마나 먹힐지는 굳이 설명할 필요가 없다.

1990년대 초반 농업분야의 심각성을 인식한 중앙당 농업담당 비서 서관희는 농업과학원 몇몇 박사들과 함께 중국식 개혁개방 정책인 '농가책임제' 도입을 제안했다. 하지만 이들은 미제의 고용간첩이라는 루명으로 총살당했다. 지금은 '분조관리제', '포전담당제'라는 명목으로 중국식보다 좀 더 순화된 방식으로 결국은 시행하고 있지만 당시에는 "혁명의 수뇌부를 결사옹위한다."며 호들갑을 떨던 간신들의 지탄을 받아야만 했다. 20여 년이 지나서야 결국 서관희가 주장하던 제안들이 받아들여 시행되는 '분조관리제'는 농업생산물에 대한 공정한 분배가 실시되었던 2014년 첫해를 제외하고는 중간관리자들의 악착스러운 수탈 행위로 또

다시 수렁에 빠져 있다.

분조관리제와 포전담당제가 개인농 비슷하게 운영되자 도·시·군 농촌 경영위원회, 리단위의 관리위원회, 작업반장을 비롯한 중간 관리자들은 마땅한 역할과 직접적 생산물에 대한 권한이 없어졌다. 그들은 갑자기 사라진 권력과 자기 자리의 보전을 위하여 옛날 지주들과 마름보다 더 악착하게 농민들을 수탈하고 있다. 국가에서 할당된 초기 계획량에 도·시·군 농촌경영위원회, 협동농장 관리위원회, 작업반장과 분조장 등의 순으로 자기들 몫을 조금씩 얹다 보면 농민들의 실제 계획량은 상상을 초월한다. 초기 국가계획도 힘든데 중간 단위들에서 터무니없이 계획을 높인 것도 모자라 종자 값, 뜨락또르(트랙터) 기름 값, 비료 값, 농촌동원 인력 부식물 값 등 각종 영농자재와 부대비용을 분조 단위로 또다시 부과하고 거기에 애국미 헌납 강요까지 더해져 지금의 상황은 토지개혁 이전보다 더하면 더했지 조금도 나아진 것이 없다고 농민들은 하소연 한다.

이러한 부작용은 중국도 마찬가지였다. 중국 역시 처음부터 '농가책임제'를 적극적으로 시도한 것은 아니었다. 중국은 1978년 12월 당대회에서 등소평의 '선부론'에 따라 개혁개방을 추진한다고 선언했지만 중국 공산당은 1979년에도 개인농의 금지를 다시 천명하며 조선의 협동농장격인 '인민공사'의 역할을 강조했다. 갑작스러운 개인농 전환으로 정부의 통제가 약화될 것을 우려한 중국은 1980년에는 산악지대 등 일부에만 확대 적용하였고 인민공사 중간 관리자들의 기능은 더욱 강화하였다. 조선과 같이 중간 관리자들의 수탈을 비롯한 인민공사의 부작용이 표면화되기 시작한 1982년에 이르러서야 중국은 '인민공사'를 전격적으로 해체했다. 인민공사 해체 후에도 중국은 국가에 바치는 생산물을 제외하고 나머지는 장마당 가격으로 처분할 수 있는 '생산물책임제'를

1986년에 이르러서야 완전하게 실시하였다. '농가책임제'로 포장하여 시작된 중국의 개인농은 시도한 지 8년 만에야 정상적인 궤도에 안착한 것이다.

중국보다 더 조심스럽게 개혁개방에 접근했던 웰남의 경우에는 현재도 협동농장과 개인농이 혼재해 있다. 주요 곡창 지대는 여전히 국영 협동농장이 주도적으로 관리하고 있고 나머지는 협동농장과 개인농가의 계약관계로 전환하여 운영하고 있다. 협동농장은 농기구, 비료, 인력조달 등의 제공과 개별농가와의 계약기능만 갖고 있다. 웰남은 협동농장 기능을 많이 축소하였지만 중국처럼 없애지 않고 주요한 경영 주체로 계속 남겨두고 있다. 웰남은 대신에 농민들의 생산물을 시장 가격으로 구매하여 전국적으로 류통시키는 국유기업을 새롭게 만들어 식량가격의 안정화에 성공했다.

웰남을 모방한 것으로 보이는 조선의 '국가량곡판매소'가 제대로 작동하는지 모르겠다. 농민들의 생산물 처분에 대한 자율권을 보장해 주는 웰남과 생산물 처분 권한이 전혀 없는 조선의 환경이 너무 다르기 때문이다. 웰남정부가 농업생산물 처분은 물론 1998년 1월부터 농산물 무역의 규제까지 자율화하자 웰남의 농업생산량은 급격히 성장하였다. 현재 웰남은 1억에 달하는 인구가 충분히 먹고도 쌀이 남아돌아 엄청난 량을 수출하고 있다. 여전히 남아 있는 국영 협동농장들은 개인농가들과 자연스럽게 경쟁관계에 놓이면서 기존보다 더 효율적으로 운영되고 있다.

조선은 '분조관리제'가 본격적으로 실시된 2013년부터 10년이 넘었는데 아직도 문제점을 찾지 못한 것 같다. 웰남식으로 황해도와 평안도의 곡창지대는 국가가 운영하더라도 그 외 지역은 '포전담당제'가 제대로 작동되도록 협동농장 기능을 축소하고 농민들 몫을 확실하게 보장해야 하는데 국가의 통제력 약화 때문에 주저하고 있다.

조선이 개인농이냐 협동농장이냐에 대한 허접한 문제를 놓고 머뭇거리는 동안 농업분야에서 선진국들은 지금 조용히 제2의 록색혁명을 준비하고 있다. 네데를란드(네덜란드)는 자기보다 령토 면적이 200배나 더 큰 브라질과 세계에서 2~3위를 다투는 농식품 수출대국이다. 네데를란드는 대한민국과 비슷한 경작 면적(180만ha)을 가졌으나 대한민국에 비하면 척박하기 그지없고 기온도 별로 좋지 않다. 비슷한 경작지를 운영함에도 농업에 종사하는 인구는 대한민국이 110만 가구인데 비해 네데를란드는 6만 7000가구밖에 되지 않는다. 네덜란드가 대한민국의 1/10도 안 되는 농업 인구와 더 안 좋은 조건의 경작면적으로 령토대국 브라질과 경쟁하는 농업강국이 될 수 있었던 것은 1차 록색혁명에 그치지 않고 지속적인 투자를 통해 2차 록색혁명에 매진했기 때문이다.

프랑스 빠리의 중심가에서 11km 떨어진 사르트루빌르의 한 공동주택 지하에는 해빛과 흙 한 줌 없이 농사를 짓는 기업 샹페르셰의 도시농장이 있다. 직원 3명이 700㎡ 면적에서 각종 남새를 1년에 20톤 생산한다. 전통 방식으로 밭에서 생산하는 것보다 단위 면적당 생산량이 평균 216배라고 한다.

'스마트팜'이라는 록색혁명은 축산분야도 례외가 아니다. 대한민국의 한 축산업자는 충청남도 공주시와 경기도 화성시에 축사를 짓고 1년에 4만 5천 마리의 돼지를 키워 한 해 수익이 60억~70억 원(약 550만 딸라~650만 딸라)에 달한다. 72세의 나이에도 직접 축사를 운영하는 이 축산업자는 "경기도 화성 돼지 축사에서 한 번에 돼지 7200마리를 키우는 데 직원 4명이면 충분합니다."라며 축사를 관리하는 데 아무 문제가 없다고 자랑한다. 축사 관리 공정의 자동화 못지않게 대형 축사에서는 가축의 전염병 조기 예측이 정말 중요한데 모든 것이 최신화된 이곳의 돼지 축사에서는 사람이 아닌 인공지능(AI) 시스템이 24시간 돼지의 건강 상태와 움직임을 실시간으로 파악할 수 있단다.

중국의 경우 26층짜리 고층빌딩 2동을 돼지 축사로 건설하여 운영하고 있다. 마치도 최첨단 전자제품을 생산하는 공장을 방불케 한다. 2022년 10월부터 시험 가동에 들어간 이 축사는 2023년 말 120만 마리의 돼지를 키워 10만 톤의 고기를 생산하고 있다. 각 층별로 새끼 돼지가 태어났을 때부터 성장과정 단계별로 나누어 사육하는 시스템을 갖추었고 우주기지와 같은 종합감시센터에서 고화질 카메라로 모든 과정을 살피고 있다고 한다. 돼지 사료는 맨 위층에서부터 각 층에 콘베아로 공급되며 배설물의 1/4이 메탄가스로 재활용될 수 있는 마른 배설물로 재가공된다.

조선이 세계적인 흐름을 따라잡자면 우선 농민들이 자기 생산물에 대한 처분권을 자유롭게 행사할 수 있도록 '포전담당제'의 성공적인 정착부터 이루어져야 한다. 최근 조선에서는 중간 관리자들의 수탈 행위를 비롯한 포전담당제 부작용으로 농민들이 이를 거부한다고 한다. 농민들이 포전담당제를 거부하자 일부 농장들에서는 국가 몰래 돈주들에게 농경지를 임대하였다. 돈주들은 그 땅에 수박이나 땅콩 같은 고수익 작물을 심었다. 장마당에서 종자와 비료를 구입하고 농부들을 고용하였으며 여기에서 수확한 작물을 장마당에 판 돈으로 식량을 구입하여 국가계획을 맞추었다고 한다. 이러한 사례는 거꾸로 말하면 농민들에게 돈주들처럼 농지에 대한 투자와 생산물 처분에 있어서 자율권을 주게 되면 농업생산 증대가 얼마든지 이루어질 수 있음을 보여 준다.

조선은 하루빨리 협동농장 기능을 축소하고 뜨락또르(트랙터)를 비롯하여 개인들이 단기간에 소유 또는 활용할 수 없는 농기계나 비료 공급망, 농번기철 인력동원 구조 등을 거점 단위의 농기계작업소에 맡기고 그 운영을 철저히 시장(장마당) 방식으로 바꿔야 한다. 협동농장 관리에 투입되던 도·시·군 농촌경영위원회, 리 단위의 관리위원회, 작업반 산하의 불필요한 로력과 비용을 종자혁명을 위한 연구 및 채종농장 혁신에 재투입하고 지역 거점 농기계작업소의 역할 증대에 국가자금의 선택과 집중이 이루어져야 한다. 식량문제를 해결하려면 '포전담당제'를 안정적으로 정착시켜 '국가량곡판매소'와 장마당 기능을 련결시키는 것이 가장 빠른 길이다.

대한민국의 농촌 풍경

내가 대한민국에 와서 가장 좋았던 것 중의 하나는 북에서 행해지던 각종 로력동원 중에서 너무 괴로웠던 농촌동원이 없는 거였다. 북에서 강냉이 영양단지(옥수수 모종)는 '학생단지'라고 부른다. 소학교부터 대학교에 이르기까지 농번기철에는 모든 학생들이 학업을 중단하고 농촌에 끌려가 농사를 짓는데서 비롯된 말이다. 숟가락으로 다지면 아기 주먹만 해지는 밥 한 덩이가 전부인 식사를 해 가며 동트는 새벽부터 날이 저물 때까지 논과 밭에서 강제로동을 당하던 학창시절을 생각하면 지금도 몸서리친다.

협동농장 농민들이 대충대충 하는데 강제로 동원된 학생들이 열심히 할 리 만무하다. 아무리 전당, 전군, 전민이 농촌을 지원한다 해도 백약이 무효다. 중국식 개인농이 아니더라도 1946년 3월 5일 토지개혁 당시처럼 농민과 국가가 7:3 비율로 생산물을 온전히 나눌 수 있도록 '포전담당제'를 개선하기 전에는 농촌 문제에 답이 없다.

대한민국 농촌을 돌아보면 놀랄 것이 너무 많다. 우선 아무리 한적한 시골이라도 구석구석까지 도로가 전부 포장되어 있다. 농촌인데도 대부분의 난방과 취사는 가스와 등유를 쓴다. 집집마다 뜨락또르(트랙터)를 비롯한 고가의 농기계들이 한두 대씩은 다 있다. 그런데 야외에 그대로 세워져 있다. 북쪽 같으면 하루밤 사이에 엔진을 모두 분해하여 부속품을 훔쳐가고 바퀴를 전부 뽑아가 버릴 것이다. 두 눈을 부릅뜨고 경비를

서는데도 인민군대 아저씨들이 인민들을 묶어 놓고 뜯어가 버리는 경우도 허다하다.

북쪽에도 뜨락또르와 모내는 기계를 비롯한 농기계들이 있기는 하지만 기름이 없어 대부분 농사일은 소가 도맡아 한다. 그런데 대한민국에는 일하는 소가 한 마리도 없다. 하지만 봄이 되면 각종 농기계들이 그 넓은 들판에 푸른 주단을 빼곡이 수놓는다.

대한민국 농촌을 둘러보다가 진짜 놀라게 되는 것은 사람들이 거의 없다는 것이다. 마을마다 60대를 훨씬 넘긴 분들이 마을 청년회장을 맡고 있다. 거주지 이전이 자유롭다 보니 젊은 사람들이 고향을 떠나 서울에 가서 살림을 차린다고 해서 누구도 묻거나 따지지 않는다. "려행증 승인번호 받아서 죽기 전에 평양 구경 한 번만이라도 해 보았으면 소원이 없겠다."라는 북쪽 농민들의 평생의 한을 남쪽에서는 리해하지 못한다.

농촌에서 눈에 띄는 비교적 젊은 녀인들은 부자나라로 시집온 외국인 새댁들뿐이다. 농촌 학교들에는 대한민국에 시집온 외국계 엄마들이 낳은 살짝 다른 피부색의 이른바 다문화 자녀들이 학급의 반을 넘어서 70%까지 육박하는 데도 있다. 아예 부부간이 이민 와서 대한민국 농촌에 눌러앉은 사람들도 꽤 된다. 북쪽 농민들의 남쪽 농촌 파견사업(이주?)은 북쪽의 외화벌이와 남쪽의 농촌경제 활성화 모두에 도움이 되는 북과 남 최대의 합작 사업이 될 것이다. 굳이 협동농장 농민들이 아니더라도 당성·혁명성으로 무장된 로동계급 핵심당원들이 몰려와도 농촌 일을 하는 데는 아무 문제가 없다.

3

경제활동의 동맥 상업은행

자본주의 국가 프랑스의 금융가 존 로(1671~1729)는 자본주의 비판의 대가인 칼 맑스(마르크스)조차도 "사기꾼과 선각자의 면을 동시에 가지고 있다."며 그 천재성을 인정한 금융의 선구자였다. 화폐정책의 본질을 정확히 리해했던 그는 화폐의 본질은 금이나 은의 담보로 발행되는 종이가 아니라 공공의 신뢰라고 보았다. 존 로는 미국이나 영국이 금본위제를 포기하기 훨씬 이전부터 화폐의 공급이 부족하면 더 많은 돈을 찍어 내야 한다고 말한 사람이다. 그는 궁극적인 자산이라 여겼던 금과 은 대신에 경제 활동의 윤활유로 작동하는 종이쪼가리 돈의 핵심적인 역할을 말했던 것이다.

국가는 화폐를 찍어 냄으로서 금융의 윤활유를 지속적으로 공급하는 유일한 '마술'을 보여 줄 수 있는 이른바 '화폐주권'을 갖고 있다. '화폐의 마술'이 작동하는 경제구조는 대개 이렇다. 개별 국가는 '화폐주권'을 무기로 더 많은 종이쪼가리 '돈'을 찍어 낸다. 은행들은 그 종이쪼가리 '가짜 돈'을 담보로 새로운 '가짜 돈'을 사람들에게 나누어 준다. 이른바 '대출'이라는 이름으로 진행되는 신용화폐 창출이다. 새로운 '가짜 돈'인 신용화폐의 마술은 더욱 놀랍다.

이 신용화폐 구조가 어떻게 돌아가는지 아는 것은 극소수의 사람이다. 대부분 사람들은 이 시스템으로 파생되는 자본이 가져오는 거대한 리익에 대해 알 도리가 없다. 은행 시스템이 자신의 리익을 해치지 않을까 의심하지도 않으며 심지어 국가의 관리 아래 잘 돌아가는 고장 나지 않는 기계라고 생각한다. 이 고장 나지 않는 기계에 사람들은 예금과 적금을 들고 급전으로 대출받은 돈의 리자를 갚으면서도 그 시스템에서 자신의 부가 어떻게 소멸되는지 생각하지 않는다.

국가의 발권력에 의한 화폐 찍기, 즉 국가의 '화폐주권'은 돈의 가치하락(인플레이션)을 필연적으로 야기한다. 하지만 국가는 이러한 인플레이션을 적절히 악용하여 더 많은 세금을 거둔다. 인플레는 피 흘리지 않고 세금을 걷어내는 고도의 금융기법이다. 례를 들어 국가는 자금을 대여해 줄 때에는(또는 국가이름으로 자금을 풀 때에는) 인플레가 없는 초기자금을 사용하지만 받을 때에는(세금 환수) 인플레가 반영된 명목가치로 환산하여 준 것보다 더 많은 금액을 회수하는 구조다.

대부분의 국가들은 '화폐주권'이라는 무기를 통해 몽둥이와 채찍을 휘두르던 수백 년 전보다 훨씬 세련되고 손쉬운 방법으로 보이지 않는 세금을 거두고 있다. 수백 년 전 통치자들이 무덤에서 나와 세금 징수에 대한 요즘 금융기법을 알게 된다면 깜짝 놀랄 것이다. 통화 팽창에 의한 인플레에 대해 영국의 경제학자 존 케인즈(John Keynes)는 "정부는 이 방법을 리용해 눈에 띄지 않게 국민의 재산을 몰수할 수 있다. 100만 명 가운데 한 사람도 이러한 절도 행위를 발견해 내기 어렵다."며 따끔하게 꼬집었다.

그런데 이러한 인플레를 잘못 사용하면, 즉 적절한 수준을 벗어나는 급격한 상승은 국민들이 폐부로 직접 느끼는 물가안정 실패로 이어져 정권의 존립 자체가 위협받는다. 투자에 대한 금융 지식이 부족하거나 투자할 여력이 없는 저소득 계층, 은행에 저축한 돈의 리자만 바라보며 행복을 꿈꾸던 일반 예금자들과 평생 돈을 모아온 중장년 및 로인들에게 인플레는 치명적이다. 국가가 마구 찍어 낸 돈은 채권이나 증권, 부동산 시장에서 흡수하지 못하면 가치하락(인플레이션)을 폭발적으로 일으키게 된다.

화폐의 전달 체계는 지극히 복잡하다. 례를 들어 부동산 투자회사는 은행이 창출하는 신용인 대출금 즉, '가짜 돈'을 최초로 사용하는, 다시 말해 인플레이션이 존재하지 않는 최초의 돈을 쓴다. 이것이 바로 부동산 투자회사가 다른 기업에 비해 그토록 빨리 돈을 벌 수 있는 비결이다. 부동산에 투자하기 위하여 은행에서 최초로 빌린 돈이 부동산 주인에게 가고 부동산 주인은 그 돈을 또다시 어딘가에 투자하고, 어딘가에 투자된 돈은 또다시 누군가에게 전해지고, 이렇게 가짜 돈이 여러 사람 손을 거치는 과정에서 사회 전체의 물가 상승 압력이(인플레이션) 파도처럼 확산되고 더해진다.

물가상승률과 은행리자의 미미한 차이로 일반 시민들을 비롯하여 화폐에 대한 사회의 심리적 반응은 상당히 지연되는데 이러한 요소가 겹쳐지는 상황에서 자신의 부가 어떻게 착취당하는지 꿰뚫는 사람은 많지 않다. 아니 거의 모른다고 해도 과언이 아니다. 설사 안다고 해도 대출받아 집이나마 사 두지 않은 사람의 미래는 더 비참하다. 은행의 채무사슬에 묶이지 않으면 아무것도 얻을 수 없이 비참하게 가난해진다. 은행에서 돈을 빌려 자산을 사는 사람은 자산 인플레이션에 따른 리익을 누리고 빚지고는 절대 못 산다는 신념을 고수하는 사람들은 자산 인플레이션이 가져오는 뼈아픈 대가를 치르면서도 왜 '벼락거지'가 되었는지 리해하려고도 하지 않는다.

자본주의 경제에서 '화폐의 마술'을 활용하는 금융기술은 때로 경제상황을 왜곡하는 인위적인 금융위기의 원인으로 지목돼 무용론까지 대두되기도 한다. 그러나 중요한 것은 바로 이 금융기술을 통해 다양한 경제적 위험이 재구성되고 현재와 미래가치가 교환될 수 있으며 이것이 바로 시장경제 발전의 원동력이라는 것이다.

사회주의 강성대국 조선은 '화폐의 마술'을 제대로 리해하고 있는지 궁금하다. 국가의 '화폐주권'을 활용하여 지난 2009년에 전격적으로 실시한 화폐개혁은 시장(장마당)의 힘에 의하여 초토화되었으며 국가의 신뢰는 바닥으로 떨어졌다. 실물화폐에만 의존하는 조선은 인플레이션에 허둥대고 있다. 화폐 발권력의 중요한 기능인 인플레이션 효과를 전혀 따먹지 못하고 있는 것이다. 왜 조선에서는 '화폐의 마술'이 작동하지 않는 것일까?

다른 나라에는 있지만 조선에만 없는 상업은행 시스템이 가장 큰 리유다. 신용화폐 창출 기능이 핵심인 상업은행의 부실로 상품경제의 현금 흐름은 물론이고 은행 예금에서 파생되는 대출시장, 채권시장, 증권시장, 부동산 시장과 같은 신용화폐 창출 기능도 존재하지 않는다. 선진 금융기법이란 곧 다양한 종류의 레버리지, 즉 신용창출 기법이나 확장 가능성에 대한 현란한 수법의 발명품들에 대한 방법론이다. 조선은 신용화폐보다 당간부와 인민군대 등 사회유지를 위한 핵심계층 월급용 실물화폐만 계속 찍는다. 상품경제 류통에만 한정되는 본원통화 성격의 종이화폐 대량 발권은 인플레로 즉시 전가되어 조선의 인플레이션 속도와 규모는 타의 추종을 불허한다. 2006년 1월에 발표된「조선민주주의인민공화국 상업은행법」제26조(부동산 담보에 의한 대출), 제35조(금융채권발행) 등에 따르면 상업은행의 법적인 제도는 갖추고 있으나 유명무실하다.

조선에서는 상업은행 시스템이 작동하지 않다 보니 장마당에서 수익을 바로 실현할 수 있는 생산물을 갖고 있어 국가보다 신용이 더 좋은 특급기업소(대기업)들도 민간인 돈주들의 자금을 공식적인 금융망을 통해 흡수하기 어렵다. 조선의 최대 철 생산 기지인 김책제철소는 관리운영에 필요한 비상자금 조달을 은행이 아니라 돈주들과 직접 거래하고 있다고 한다. 돈주들은 해당 기업소와 짜고 살림집 건설 투자에 필요한 강재를 제철소에 직접 딸라 현금을 주고 가져간다고 한다. 심지어 시·군 단위와 다수의 공장기업소 단위들까지 국가계획 배정 없이도 강재를 현금을 주고 몰래 받아 간다고 한다.

대부분 기업들은 2002년 '외환관리법'의 개정에 의해 공장기업소들도 외화보유가 허용되고 딸라구좌(계좌)를 만들 수 있지만 거래 과정과 금액 규모가 고스란히 드러나는 공식구좌를 쓰기 꺼려한다. 대규모 현금이 류통되는 이러한 상황은 현금의 보관 및 이동 등에 대한 경비 비용과 관리 및 자료 보안 등 상업은행이 제대로 작동하면 필요 없는 금융관리 비용들을 야기한다. 더 심각한 것은 제도적인 상업은행 구조의 부실로 신용 있는 기업들이 국가로부터 필요한 자금지원을 원활하게 받지 못하는 것은 그렇다 쳐도 돈주들을 비롯한 민간에서조차 제때에 융통할 수 없다는 것이다.

조선은 이미 1990년대 초에 사람들이 더는 은행을 믿지 않고 은행에서 맡긴 돈을 전부 찾거나 새로 저축하지 않는 이른바 '뱅크런(bank run: 은행에 맡긴 돈을 전부 찾아가는)' 현상이 나타났다. 어떻게 하면 국가의 공식적인 본원통화 시스템에 참여하기 꺼리는 개인들과 장마당 돈주들, 기업들이 몰래 감춰 둔 현금을 끌어내어 실물경제에 투입되게 만들 것인가? 방법은 간단하다. 개인저축(수신) 기능만 현존하는 은행들에 개인이나 기업에 대한 자유로운 신용대출(여신) 기능 권한을 추가 및 확대하고 사용자들의 재산권(원금 및 리자)을 보호하는 정상적인 기능만 추가하면 된다.

개인저축에 대한 리자 지급은 물론 2014년부터 시작된 기업예금 리자도 지금보다 확대하고 개인리자와 차등을 두지 말아야 한다. 정상적인 상업은행은 개인이든 기업이든 누구나 언제든지 돈을 맡기고 언제든지 찾을 수 있도록 해 주는 재산권(원금 및 리자) 보호와 투명성, 합리적인 신용에 의한 대출 제도를 갖추는 것이다.

지금까지 선진국들의 경제모델은 국가 여신(대출)으로 경제를 이끄는 성장이다. 국가, 기업, 개인의 대량 부채인 이 대출은 은행 시스템을 통해 화폐화 된 후 거액의 채무화폐를 발행한다. 그러나 채무화폐는 재산의 거품을 형성하고, 화폐의 가치 절하를 피할 수 없게 하며, 시장의 자원 배분을 인위적으로 왜곡하고 빈부 격차를 초래한다. 자본주의가 다 좋은 것만이 아닌 리유이기도 하다. 하지만 이러한 부작용을 모르고 당하는 것과 최소화할 수 있도록 미리 알고 대처하는 것은 다른 문제다.

교조주의적인 개혁개방이 아니라 주체적인 개혁개방이 필요하다는 것은 바로 이런 것을 두고 하는 말일 것이다. 례를 들어 사회 전체가 함께 누려야 할 공공 자원인 교육과 의료 분야의 산업화와 민영화는 될수록 늦추고 토지와 같은 부동산은 100% 국가의 소유권 아래 묶어 두고 그 위에 짓는 건물의 가격인 지상권만 류통되는 새로운 시도는 산업의 독점화를 방지할 수 있다. 자본주의 선진국들 중에서는 유일하게 싱가포르가 이렇게 하고 있다. 다른 자본주의 국가들은 하기 싫어서 안 하는 것이 아니라 하지 못했다고 보는 것이 더 맞는 표현이다. 나라 전체가 국유화되어 있는 조선에서는 민간의 피해가 없이 싱가포르보다 더 확실하고 안전하게 실행할 수 있다.

금융 령역의 개혁을 다른 업종의 개혁개방과 같은 맥락으로 리해하는 것은 극히 위험한 발상이다. 금융시스템과 운영기술을 일거에 습득할 수 있는 선진국형 금융기법 도입이 절실하다고 하여 외국계 투자은행들의 투자를 덥석 받았다가는 자칫 국가 전체를 말아먹을 수도 있다. 그들의 화려한 금융기법에 휘둘리면 안 된다.

하지만 조선이 기본적인 상업은행 기능을 갖추기 위해서는 외부의 도움 없이 자체의 힘만으로 선진적인 금융시스템을 마련하기는 어렵다. 특히 금융시스템의 전산화 과정과 그에 따르는 시설투자 비용이 문제다. 전국 단위의 금융시스템 설치는 대규모 콤퓨팅 시스템과 운영 쏘프트웨어 기술을 필요로 한다.

북쪽이 필요로 하는 선진적인 금융시스템은 남쪽의 핀테크(금융과 휴대폰 기술의 합성어) 기술이 조금만 도와주면 단번에 최신형 시스템으로 도약할 수 있다. 대한민국의 핀테크 기술은 세계 최고 수준이다. 대한민국의 핀테크 기술에 잘만 올라타면 조선은 선진국형 금융시스템을 빠르게 갖출 수 있다. 개발도상국들이 선진국들처럼 엄청난 투자에 의한 방대한 규모의 유선전화 시대를 거치지 않고 바로 이동통신망으로 완벽한 국내통신망을 만든 것처럼 말이다.

핀테크 금융기술의 성공 사례는 바로 중국이다. 중국의 경우 광활한 령토의 구석구석에 첨단 금융시스템 구조가 부족했던 락후한 금융 환경을 휴대폰 시스템을 통한 핀테크로 선진국들을 단숨에 따라 잡았다. 중국은 선진국들처럼 촘촘한 은행시스템이 갖추어지지 못했음에도 상업은행 기능을 전국의 농촌지역까지 확대하는 데 성공했다. 다름 아닌 핀테크 기술 덕분이다. 요즘 중국은 거지들도 2차원부호코드(QR코드: 휴대폰 카메라로 인식)로 돈을 받는다. 최근 인도 역시 이를 모방하고 있다.

은행은 개별적인 구좌(계좌)를 개설하고 그 구좌를 통해 개인을 식별한다. 그런데 휴대폰은 이미 개인이 식별된다. 이 기능을 국가 은행 시스템에 반영하면 전국에 은행점포망을 세밀하게 구축하지 않고도 통신망에 의거하는 금융시스템을 만들 수 있는 것이다. 조선도 휴대폰 사용자가 이미 700만 명이 넘는다고 한다. 핀테크 기술은 차세대 금융 제도인 '디지털 화폐'의 연장선이라고 할 수도 있다. 선진국들에서는 이미 디지털 화폐(카드나 휴대폰 등 전자거래로만 쓰이는 돈) 사용이 일상화 되어 있다. 디지털 화폐는 거래비용, 관리인력, 실물화폐 제조비용 등을 파격적으로 절감할 수 있다. 조선의 경우 종이화폐 제조에 들어가는 위조 방지용 외국기술 사용료, 화폐용 특수종이, 특수잉크 등에 들어가는 외화비용을 획기적으로 줄일 수 있을 것이다.

남쪽의 도움은 단순히 금융시스템 구축 외에도 얻을 것과 배울 것이 많다. 북쪽 사람들의 재능을 무시해서가 아니라 국제금융에 대한 경험 부족과 인맥, 정보력 등에 있어서 접근 환경이 너무 다르기 때문이다. 오래동안 외부 세계와 단절되어 있는 조선은 국제금융 세력들의 사악함을 소문으로만 들었을 뿐 그 발톱이 얼마나 날카로운지 경험해 본 적이 없다. 단순 경제제재를 말하는 것이 아니다. IMF 외환위기를 겪은 남쪽은 아시아 외환위기 당시에 널리 알려진 모리스 골드스타인의 위기 판단지표나 금융위기의 총체적인 방어 능력을 파악하는데 자주 사용되는 금융 스트레스 지수와 같은 국제금융 지식이 풍부하다. 미국을 비롯한 자본시장 선진국들에는 이름도 생소한 금융상품들이 엄청 많다. 일명 신용부도스와프라 불리는 CDS(Credit Default Swap), 즉 '빚을 대신 갚아 주는 업체에 대한 보증 대가'와 같은 금융상품의 리해는 국제금융 경험이 부족한 조선의 금융인들이 거대한 수업료를 내고도 배우기 힘든 암묵적인 지식들이다.

북과 남이 함께 협력하다 보면 북쪽이 발행하는 화폐가 국제사회에서 신용을 인정받을 수 있는 화폐로 성장할 기회가 생길수도 있다. 독일은 화폐 통합으로 동독 지역에 대한 투자와 안정 등을 국제사회로부터 인정받았다. 북과 남의 화폐와 련동되는 공동화폐를 만들어 개성공업지구 또는 라진-선봉지구, 원산 관광지구 같은 곳에서 류통하게 하고 공동화폐와 조선 돈과의 련결고리인 교환 비율만 잘 관리하면 조선이 발행하는 화폐의 신용은 남쪽의 경제력을 담보로 국제사회에서도 인정받을 수 있다.

대한민국을 통한 국제사회의 인정이 중요한 리유는 다름 아닌 미국 주도의 국제경제 질서 때문이다. 미국은 2차 대전 후 1944년 브레턴우즈 협정으로 세계 기축통화 지위를 확실히 차지하고 있다. 미국은 벨기에에 본부를 두고 200여 개 국가의 1만 1천여 개에 이르는 금융기관이 참여해 자금 결제를 하는 국제은행간통신협회(SWIFT) 결재망과 미국 내 은행 간 결제 시스템인 칩스(CHIPS)를 련계하는 금융시스템을 운영한다. 미국의 제재가 위력을 발휘하는 것은 미국 자체 금융시장은 물론 SWIFT 결제망에 대한 접근이 거부되기 때문에 사실상 정상적인 국제 거래를 할 수 없다는 것이다.

오늘날 미국이 주도하는 SWIFT는 금융의 핵폭탄이라고 해도 과언이 아니다. 금융의 수자화(디지털화) 가속화와 중국 또는 유럽련합의 독자적인 금융결제 시스템 구축 시도로 미국의 금융 패권은 날로 약화되고는 있다. 하지만 향후 수십 년간 세계는 여전히 미국 체제로 갈 수밖에 없는 구조다. 브릭스(BRICS: 브라질, 로씨야, 인도, 중국 등 딸라 결제권이 아닌 경제동맹) 또는 유럽련합이 SWIFT에 필적하는 국제결제 시스템을 만들어 기축통화국의 위상을 갖추자면 아직 많은 시간이 필요하다. 조선이 언제일지 모를 미국의 쇠퇴를 마냥 기다리며 미국 주도의 국제금융망 편입에 주저 할수록 조선의 궁핍은 계속 연장될 것이며 근대화로 들어가는 입구는 더욱 좁아질 것이다.

더 늦기 전에 대한민국과 손을 잡고 미국 주도의 국제금융망과 교류할 수 있는 상업은행 복구에 전력을 다해야 경제난 극복은 물론이고 차후도 도모할 수 있다.

대한민국의 금융정책은?

　대한민국의 금융정책은 국가의 '재정건전성'을 리유로 엄격한 보수주의로 운영되고 있다. 재정확대 정책에 대해 국가 재정을 망가뜨리는, 미래세대에 대한 빚의 전가로 비난하는 일부 경제학자들의 그럴듯한 설명에 모두들 심취되어 있다. 종이 쪼가리에 불과한 화폐에 선진국이라는 신용을 입혀 인플레이션의 실익을 선점하고 있는 강대국들을 지켜보면서도 고전적인 경제학 리론에 갇혀 재정확대 정책을 주저하고 있다.

　복지 예산을 대폭 늘려 어렵고 힘든 사람들을 위한 튼튼한 사회복지 기반을 마련하자는 아름답고 고상한 말을 하는 것이 아니다. 빚을 내 전 국민이 나누어 가지는 '기본소득' 정책과 같이 사회정의와 평등구현 같은 리상주의적 말을 하려는 것은 더더욱 아니다. 왕창 빚을 내서라도 반도체와 량자콤퓨터, 인공지능과 같이 세계적인 부의 재편성을 주도하는 미래산업에 과감하게 베팅(투자)해야 한다는 도전정신을 말하는 것이다.

　기축통화국이 아닌 국가의 금융 모험을 비난하는 학자들의 주장대로라면 국민총생산액과 종합국력에서 대한민국과 비교도 안되는 싱가포르는 전체 GDP 대비 국가 부채가 168.3%(2024년 기준, 대한민국은 55.6%)으로 이미 국제무대에서 사라져야 할 국가이다. 강대국들의 재정확대 정책처럼 '재정건전성'이 아닌 '재정지속성' 기반의 경제정책은 과연 무모한 짓일까? 은행 대출로 집을 사 살인적인 인플레 속에서도 자산을 증식하는 월급쟁이들이 지속가능성 없다고 흉보는 것은 화폐경제의 무지일까 순진함일까.

뒤늦게 개혁개방에 뛰어든 중국의 선진국 베끼기는 우리보다 한 수 위다. 일대일로 계획의 핵심이 화폐수출임을 꿰뚫어보는 사람은 많지 않다. 화폐(국채)를 마구 찍어 제3세계에 빌려주면서 중국산을 쓰는 조건으로 인프라를 깔아 주고 있다. 대내적으로는 마구 찍은 화폐로 일대일로에 필요한 자국 내 상품의 과잉 생산을 부추겨 내수경제를 유지한다. 리자만 갚는 영구채로 국가를 운영하는 이른바 화폐경제의 마술이다.

일본은 이미 ODA(공적개발원조)를 미끼로 제3세계 나라들에 엔화를 수출하면서 중국식 일대일로를 조용히 구축하였고 독일과 프랑스의 마르크와 프랑은 유로화 출범으로 엄청난 리득을 챙기고 있다. 유로화에서 뛰쳐나온 영국은 이미 19세기에 영련방제국을 통해 넘치도록 해 먹었고 지금 가장 많이 해 먹고 있는 나라는 바로 미국이다.

국가부채 비율이 GDP 대비 100%가 넘는 미·영·프·일 과 같은 강대국들을 그대로 따라하면 정말 안 되는 것일까? 엄청나게 찍어 낸 일본의 엔 캐리(Carry trade)가 딸라 공급(채권)을 받쳐 주는 것처럼 대한민국이 찍어 내는 돈도 한미일 동맹을 강화시키는 핵심 수단이 될 수 있다. 그룹 매출이 수백억에 불과했던 삼성이 1개 라인에만 1400억 이상 필요한 반도체 모험을 감행했을 때 모두가 비웃던 그 무모한 짓이 오늘의 대한민국을 만든 것이다. 경제학자들에게 정주영 회장의 화법으로 묻고 싶다. "이봐, 해 봤어?"

4

국가기업과 8·3제품의 균형

조선에서는 1980년대 중반부터 각 지역들에 '직매점'이라는 새로운 상품 류통망이 생겨 공식 국가상품 류통망보다 인기를 끌었다. 직매점에서 판매되는 제품들은 공장기업소들이 만든 8·3제품(1984년 8월 3일 최고지도자의 지시로 국가계획분 자재의 부산물 또는 자투리로 생산된 생필품)으로 국영상점에는 상품이 없어도 직매점에는 다양한 상품들이 지속적으로 공급되었다. 심지어 국영상점에 공급되어야 할 상품들도 단속을 피해 가끔 등장하기도 했다. 당연히 가격은 국정가격이 아니었다. 하지만 시장(장마당) 가격보다 조금 낮은 가격으로 판매되어서 인기가 좋았다. 고난의 행군 이전인 1991년에 문을 연 평양시 '광복백화점'은 국가가 외국자본으로 운영하는 최초의 직매점이었다. 중국 자본이 투자되었고 판매되는 상품들은 장마당보다 조금 낮은 가격으로 책정되어 주민들 속에서는 국가가 운영하는 공식 장마당이라는 불만이 파다했지만 지방에 비해 장마당 활성화가 뜸해 불편했던 평양시 중산층들은 환호했다.

지금은 대부분 공장기업소들이 직매점 형식의 자체 상품 판매장을 열어 협동가격(장마당보다 조금 낮은 가격으로 국가 가격 제정 부서와 합의된 가격이라 합의제가격이라고도 한다)으로 운영되고 있다. 협동가격의 출현으로 공장기업소들은 원자재까지 장마당에서 구입하여 국가 설비와 전기를 무료로 사용해 제품을 생산하고 있으며 이를 장마당 또는 자체 매장에서 시장가격으로 판매하여 수익을 실현하고 있다고 한다. 대형 돈주들과 외화벌이 무역업체들이 결탁된 중국산 수입 원자재 류통 구조는 자본주의 시장경제를 방불케 한다. 모든 것이 장마당(시장) 중심 으로 움직이고 있다. 중앙당만 모른다.

지난 2021년 11월 1일 평양시 문수지구에 위치한 '류경안과종합병원' 정문에는 허름한 옷차림의 40대 부부가 병원 간부들을 만나게 해 달라며 소동을 피웠다. 이들은 만경대구역 갈림길 동에 사는 주씨와 그의 아내 김씨로 8살 난 외동아들의 눈 치료를 위해 1년 전부터 이 병원에서 거액 의 뢰물을 주고 치료를 받았다. 그런데 아들의 병이 차도가 없자 항의하 러 온 것이다. 아들의 치료를 위해 병원에 입원하였지만 일주일이 지나 도 수술 날짜가 잡히지 않던 어느 날, 같은 입원실의 환자로부터 '여기서 는 보통 열다섯 장(1500딸라)을 준비해서 담당 의사를 찾아가야 수술 날 짜를 배정해 주더라. 이게 여기 례절이고 법'이라는 귀띔을 받고 광복거 리의 아빠트를 팔아 작은 집으로 이사 가면서까지 아들의 치료를 뒷바라 지했던 그들로서는 억울했을 만도 하다.

사실 이러한 급행료는 고난의 행군 이전 국가경제가 잘 굴러가던 시 절에도 관행적으로 있었다. 1992년에 나의 어머니는 급성맹장염 수술로 시립병원에 갔던 적이 있다. 어머니의 수술 직후 나는 의사들로부터 수 술 부위 감염에 대비해 페니실린과 마이신이라는 항생제를 투여해야 하 는데 국가사정이 어렵지만 잘 노력하면 가능할 수도 있다는 애매한 말을 수없이 들어야만 했다. 처음에 그 의미를 잘 몰랐던 나는 다른 장기입원 환자의 보호자로부터 병원 측에서 수술비로 한 턱 내라는 소리임을 알 게 되었다. 쌀 1말 정도는 떡을 만들어 돌려야 한 개 부서가 넉넉하게 나 눠 먹을 수 있다는 정보를 어깨너머로 강제로 전달받은 나는 그 떡을 바치고 나서야 의사들과의 어색한 웃음 속에 어머니의 퇴원수속을 마칠 수 있었다. 그 어렵다던 국가사정 속에서도 퇴원 이후 충분히 주사 맞을 수 있는 항생제를 처방받을 수 있었다. 무상치료제는 무슨 개뿔!

2016년 10월 18일 완공된 '류경안과종합병원'은 인민의 병원, 사회주의 의료봉사 기지, 인민대중 중심의 산물로 대대적인 선전의 관심 속에 우선적인 국가지원을 받았다. 하지만 지속되는 경제난에 국가적인 투자와 공급이 해마다 줄어들면서 자체로 자금을 마련해야 하는 처지에 놓이게 되었다. 병원에서는 전기부터 시작하여 시설 및 설비 유지 등 자체로 해결해야 하는 것들이 너무 많아지자 해마다 각 부서에 상납금 계획을 내리지 않을 수 없었을 것이다. 당의 자력갱생, 간고분투 로선을 관철하기 위해 수단과 방법을 가리지 않고 운영자금을 마련해야 하는 병원의 노력을 마냥 나쁘다고만 할 수는 없는 것이다. 병원 운영을 위하여 암묵적으로 생겨난 이러한 '급행료'는 어느 기관기업소나 마찬가지 현상일 것이다. 대동강 자라공장 지배인이 전기부족과 먹이부족이라는 '조건타발'만 앞세우며 관리운영을 소홀히 했다는 리유로 사형까지 당한 것에 비하면 입원환자에 대한 '급행료' 수납을 통한 병원들의 정상운영 시도는 오히려 칭찬 받을 만한 행위로 간주 되는 것이 사회의 통념이 되었다.

문제는 제품을 만드는 공장기업소뿐 아니라 의료, 교육 등 봉사 부문(서비스 업종)까지 모든 분야에 걸쳐서 공공연하게 장마당 가격이 형성되어 있는데 정부는 국가기업 운영원칙을 계획경제 테두리 안에서 해결하려고만 한다는 것이다. 생산수단의 사적소유가 법으로 금지되어 있어 국가가 상대할 개인기업의 주체가 없다 보니 국가계획 자체를 국영 기업인 공장기업소 중심으로 할 수밖에 없는 정부의 사정도 리해된다. 그렇다고 하여 쏘련이나 동유럽 국가들처럼 급격한 국영 기업의 민영화나 가격자유화의 선포는 사회주의 포기라는 엄청난 사회적 불안을 내재하고 있어서 엄두도 못 낼 것이다.

중국의 경우 시장경제와 계획경제를 절충하는 2중 가격 시스템을 적절히 활용하여 이러한 문제를 해결했다. 당시 자본주의 경제학자들은 이러한 2중 가격 시스템이 부정부패가 발생할 수 있는 굉장히 나쁜 체제 전환 방식이라고 주장했다. 그 주장을 그대로 믿었던 쏘련과 동유럽 국가들은 중국과 달리 급진적인 방식을 택했다가 심각한 후유증을 앓았다. 반면에 중국은 국유기업과 민간 기업이 상존하는 2중 가격 시스템을 점진적이고 단계적인 방식으로 도입하여 그 충격을 최소화 하였다.

중국은 정책 수단을 상실하지 않고 관리감독을 유지하기 위하여 급진적인 정책에 속했던 농업분야 외에는 금융, 제조, 류통 및 봉사(서비스) 등 전 분야에 거쳐 2중적인 시스템을 운영하였다. 금융의 경우 중앙은행과 상업은행을 철저히 분리하여 상업은행들은 개인과 기업의 예금 및 대출, 결제제도 시스템 등을 도입하도록 하였고, 제조업의 경우 공장기업소에서 만든 제품 중 시장가격으로 처분할 수 있는 지분을 점차적으로 늘려주는 방법으로 국정가격과 시장가격과의 괴리를 없애 나갔다. 한편 향진기업(우리나라 읍면에 해당되는 지역주민들이 공동으로 생산하고 판매하여 수익을 나누는 기업) 운동을 적극 장려하여 그들의 판매 행태와 가격 설정 등에 무제한 자유를 주는 방법으로 신생 민영 기업들이 탄생할 수 있는 환경을 조성하였다.

류통 및 봉사 부분도 마찬가지다. 조선의 옥류관과 같은 국영 식당들이 봉사가격(국정가격) 외에 암묵적으로 협동가격(장마당 가격으로 암표 판매)을 시행하고 있는 상황을 근절하기 위해 2중 가격 승인 및 협동가격 지분 확대 방향으로 가격제도를 현실화해 나갔다. 중국의 2중 가격

제도는 공식적인 국제사회 진입으로 보는 2000년 세계무역기구(WTO) 가입 이전까지 계속되다가 국제사회 압력으로 급하게 마무리 지을 수밖에 없었다. 하지만 적어도 쏘련이나 동유럽 국가들의 급진적인 개혁보다는 성과가 있었다.

개혁개방 이후 민영 기업의 육성을 위해 열심히 노력하였지만 여전히 중국 경제에서 국영 기업은 전체 생산량의 40%를 차지한다. 민영 기업의 생산량은 60% 정도(2019년 기준)밖에 안 되지만 고용은 80%를 감당한다. 로씨야의 경우 급진적인 개방으로 대부분 민영화 되었던 중요 기업들이 최근 국영 기업으로 다시 탈바꿈하고 있다. 그러나 국정가격 제도 시스템으로 회귀하지 않았다. 관리 주체가 민간에서 국가로 넘어 갔을 뿐 시장경제 운영방식은 그대로 유지하고 있다.

웰남의 경우 1981~1982년 21개 품목에 대해 통제가격을 유지하고 나머지 상품에 대해서는 시장에서 가격이 결정되도록 하는 2중 가격 제도를 실시하였다. 식량을 비롯하여 정부가 중요하다고 여기는 21개 품목만 가격이 통제당하고 그 외 수많은 상품들은 시장에서 가격이 자유롭게 이루어지다 보니 1985~1986년 웰남에서는 조선처럼 700~800%의 살인적인 인플레이션이 발생했다. 1986년 웰남 공산당 제6차 당 대회에서는 '도이모이'라는 경제개혁 조치를 발표하면서 전국 단일의 식량수매 가격과 련동되어 모든 상품의 가격이 결정되도록 하는 등 2중 가격 제도를 점차적으로 확대했다.

대한민국의 경우 시장(장마당)경제식 가격제도가 이미 존재하고 있었던지라 국내 가격제도의 수술보다 국제시장에서의 가격 경쟁력 확보를 위한 기업들의 체력 키우기가 우선이었다. 대한민국은 국내의 시장경제 가격제도를 바탕으로 세계무대에서도 경쟁할 수 있는 수출 중심의 민간 기업을 육성하는 데 주력했다. 1946년 1월에 발표된 미 군정청의 대외무역 규칙은 '외화벌이 허가증(와크)'이 있어야 하는 지금의 조선처럼 면허제도였다. 1948년에 제정된 대한민국 헌법 제87조는 '대외무역은 국가의 통제하에 둔다'라고 되어 있다. 지금의 조선과 거의 다를 바 없었다. 기술은 없고 물자가 부족하다 보니 수출품의 90%는 농수산품과 헐값의 지하자원이었고 빈약한 외화사정에도 불구하고 수입의 폭증으로 무역수지는 엉망이었다. 1961년 군사정변으로 정부를 접수한 박정희 대통령은 헌법 제116조를 고쳐 자유무역을 선포하는 모험을 선언하였다.

하지만 문제는 일제강점기 말기에 자급자족론을 배운 관료집단이었다. 그들은 수입을 줄여 나라의 고간을 지키는 것이 무슨 국가적인 사명인 양 여기며 관련 특권을 놓지 않으려고 애를 썼다. 박정희 정부는 1964년 수출에 필요한 수입허가권을 상공부에서 한국은행에 넘겼다. 특권을 빼앗긴 상공부 직원들은 난리를 치고, 업무량이 폭증한 한국은행 직원들도 아우성을 쳤다. 그러나 수입심사가 간단해지면서 보세(관세가 보류된) 무역과 수출이 급격하게 늘어 그해가 끝나기도 전에 1억 딸라를 돌파하는 기염을 토했다. 남쪽의 수출규모는 현재 년간 6000억 딸라를 넘어서며 세계 8~9위에 이른다.

세계시장에서 철공소 수준보다 못했던 대한민국 기업들은 국가의 전폭적인 지원이 없이는 대기업으로 성장하기 힘들었다. 국가는 국익에 기여하겠다는 의지가 높은 특정 기업들을 골라서 전폭적으로 지원했다. 사회주의 계획경제처럼 계획은 치밀하게 세우되 시행은 자본주의식 시장경제 론리를 충실히 따랐다. 1970년대 초 세계적인 오일쇼크로 위기에 처했을 때 박정희 대통령은 공무원들을 사우디아라비아에 보내면서 오일딸라를 벌어올 방법을 찾아오라고 하였다. 열대기후의 사막을 둘러

본 공무원들은 "모래뿐이고, 물도 없고, 너무 덥다."고 안 되는 리유만 잔뜩 적어서 보고했다. 하지만 강원도 통천 출신으로 남쪽에 내려와 대한민국 최고의 대기업을 일구었던 정주영 회장이 닷새간 둘러본 결과는 "모래 천지여서 자재 걱정 없고, 비가 안 와서 1년 내내 공사할 수 있고, 낮에는 더우니 자고 밤에 일하면 된다."고 될 만한 리유만 한가득이었다. 그렇게 따낸 것이 사우디아라비아 주베일 항만공사다. 1970년 대한민국 국가 예산의 2배가 넘는 사우디 항만공사 수주 등 현대그룹을 비롯한 민간 기업들의 경제개발 기여가 현실화될 수 있었던 것은 국가의 전폭적인 지원이 있었기 때문이다.

조선은 대한민국처럼 세계무대에 진출하여 가격으로 경쟁할 수 있는 대기업 육성까지는 아니더라도 장마당(시장)의 변화에 주도적으로 대응할 수 있는 공장기업소들의 체력부터 키워야 한다. 8·3제품 확대 또는 중국식 2중 가격제도 도입 등으로 기업들의 기초체력을 하루빨리 키워야 인민생활소비품 공급과 가격의 안정을 이룰 수 있다.

탈북민들의 고향 하나원

대한민국에는 2024년 2월 기준 3만 4천 명의 웃동네 사람들이 내려와 살고 있다. 그들이 탈북한 리유는 저마다 다르지만 대부분은 먹고살기 위해서다. 그들은 중국이 잘산다는 소문을 듣고 중국에 갔다가 대한민국을 선진국으로 부러워하는 중국인들을 보고 최종 탈북을 결심한다. 일부는 해외 파견장 또는 조선에서 외부 세상을 일찍 눈치 채고 찾아온 사람들도 있다. "언제든지 자유로운 대한민국의 터전으로 오시기 바랍니다."라는 박근혜 대통령의 연설을 우연히 듣고 서해 바다를 헤엄쳐 온 보위원도 있다. 국경 지역에서 밀수로 부유하게 살던 어떤 사람은 중국 손전화 영상통화로 탈북민들이 사는 집을 구경하다가 외국영화에 나오는 호텔들처럼 욕조와 샤워기, 수세식 변기가 있는 위생실(화장실)과 자가용 승용차에 충격을 받아 좀 더 나은 삶을 위해 탈북했다고 한다.

그런데 그들이 정작 대한민국에 와서 놀라는 지점은 또 다른 부분이다. 한겨울인데도 가는 곳마다 수도꼭지에서 찬물은 물론이고 뜨거운 물까지 나온다. 기차가 30분 정도 늦거나 아빠트가 30분 정도 정전되면 무슨 큰일이나 난 듯이 주민들의 항의가 빗발치고 국가의 최고 수장인 대통령도 서슴없이 비판한다. 전국을 려행증 없이 다닐 수 있다는 것도 놀랍지만 해외에도 마음대로 다닐 수 있다는 것은 더 큰 충격이다.

탈북민들은 대한민국에 입국하면 '하나원'이라는 곳에서 3개월간 초기정착 교육을 받는다. 이곳에서 그들은 뻐스와 지하철 타기, 은행 리용

방법, 다양한 직업훈련 등을 배운다. 인기 과목은 운전면허 시험과 콤퓨터 과목이다. 북에서 중산층에 속하던 운전수에 대한 미련으로 남자들은 물론이고, 녀자들도 승용차를 운전하는 꿈을 꾸면서 운전면허에 열심이며 대부분 합격한다. 3개월간의 교육을 마치면 아빠트와 주거지원금 1,600만 원(약 1만 2천 딸라), 초기정착금 1000만 원(약 9천 딸라)을 받고 사회로 배출된다. 주거지는 자율 선택인데 인기 높은 서울은 공평하게 추첨한다. 추첨에서 떨어지면 울며불며 난리다. 청년들은 대학입학 특별전형(김일성종합대학 같은 곳에 특별히 받아 준다는 의미다)으로 무료로 공부한다. 그야말로 항일투사 유가족급 대우다. 각종 취업지원금 및 취업교육도 가득하다.

국가의 지원이 촘촘하게 되어 있지만 탈북민들은 남쪽 텃세를 이겨내며 자리 잡기가 쉽지 않다. 북쪽보다는 풍요로운 삶을 누리지만 첨단화된 기술교육의 부족으로 최저임금을(월 200만 원, 2024년 2월 기준) 조금 웃도는 비인기 직종에 종사한다. 대부분이 좋은 일자리에서 소외되는 상대적인 박탈감에서 오는 좌절을 경험한다. 게다가 지도자(리더)의 부재로 관련단체 수십 개가 난립하는 등 탈북민 사회의 리익을 대변하는 통합세력도 없다. 통합 지도자는 ① 자생적인 경제력, ② 행정능력이 겸비된 덕목, ③ 주류사회가 인정하는 사회권력 등 3가지 요소가 구비되어야 하는데 탈북민 사회의 지지가 아닌 급조된 사회권력인 유명 탈북자 국회의원들만으로는 탈북민 사회의 통합이 어렵다. 독일처럼 행정력과 덕목을 두루 갖춘 동독 출신 총리가 나오자면 아직 시간이 필요하다.

5

조선의 마지막 자존심 자주국방

　지금 조선의 상황에서 가장 비효율적인 부분은 사실 국가 재원의 배분에 있어서 국방비에 지나치게 투입된다는 점이다. 자주국방을 포기하라는 말이 아니다. 국가 자금의 선택과 집중에 관한 문제와 효율성에 대한 론점을 말하는 것이다. 국방비는 국가의 존망과 직결되는 문제다. 그러나 경제력이 받쳐 주지 못하는 국방력이란 존재할 수 없다. 지금까지 북과 남은 전쟁을 잠시 휴식한다는 '휴전 상태'의 대결상황에서 각자가 막대한 군사비를 쏟아 부었다. 그러나 북쪽은 자주국방의 기치 아래 대부분 국방비를 자체로 조달하였고 남쪽은 군사비를 거의 쓰지 않고 미국에 의존하였다. 경제개발이 먼저라고 인식한 남쪽은 이제야 경제력에 걸맞게 군사비를 늘려 자주국방을 실현해 가고 있다. 지금 상태로 북과 남이 경쟁하면 빠르면 10년, 늦어도 20년 안에 남쪽은 미국 없이도 자위적인 국방력으로 북쪽을 넘어서게 될 것이다.

　2007년 북남정상회담 당시 조선의 최고지도자는 개성공단과 금강산 개방을 반대하는 인민무력부의 원성을 누그러뜨리는 데 애를 먹었다고 대한민국 대통령에게 실토했다고 한다. 박정희 대통령이 1962년 경제개발 5개년계획을 추진할 당시에도 가장 큰 반대 세력은 민족의식이 강한 장교집단이었다. 그들은 자주, 자립만 강조할 뿐 자유무역이라는 개념조차 없었다. 박정희 대통령은 경제개발 당시 "경제는 당신이 대통령이

오. 원하는 대로 다 하시오."라고 민간인 경제전문가들에게 전권을 일임하였다.

지난 2010년 1천억 딸라 외자유치에 의한 경제개발계획과 국가개발은행 설립 등을 발표했던 '조선대풍국제투자그룹'은 국방위원회 산하기관이었으며 최고지도자의 크고 작은 결정들 중심에는 항상 국방위원회가 있었다. 2011년 12월 17일 이후의 새로운 지도체세에서는 에진처럼 '정치국위원' 중심의 집단지도체제로 회귀한 것처럼 보이지만 여전히 군부의 입김은 세다. 2019년 웰남 하노이에서 진행된 조미 정상회담 직전 미국의 실무진들이 조선을 극비 방문했을 때 최고지도자에게 세계은행 가입을 제안했는데 놀랍게도 그게 뭐냐고 되물었다고 한다. 물론 최고지도자는 몰라도 된다. 방향만 정해 주고 구체적인 전략이나 계획은 전문가에게 맡겨야 한다. 세계은행 가입이 어떤 실익이 있는지는 전문가들이 결정할 노릇이다. 그런데 최고지도자가 매일 만나는 사람들이 민간인 경제전문가가 아닌 군부 중심의 사람들이라면 문제가 심각하다.

개혁개방 과정에서 군부에 대한 고민은 중국도 마찬가지였다. 개혁개방 과정에서 소외된 군부를 챙겨 주느라 중국은 군부의 밀수 등 여러 가지 비리를 눈감아 주었고 군부 출신 기업가들에게는 국가에서 힘을 실어 주었다. 세계적인 기업으로 성장한 화웨이 회장 림정비(런정페이)가 그 사례다. 그는 통신장교를 하다가 마흔이 되던 1984년에 군복을 벗었다. 그는 1988년 개혁개방 1번지였던 홍콩 맞은 편 심천에 통신회사 화웨이를 세웠다. 화웨이는 1993년 정부의 막강한 지원으로 중국군 통신장비 공급권을 따내면서 급성장하여 지금은 8만5000명의 직원을 거느린 세계적인 대기업으로 성장했다.

고위층 탈북민들의 증언에 의하면 현재 조선의 최고지도자는 2011년 아버지의 9일장 장례를 마치고 난후 바로 다음 날에 내각 특별상무조를 꾸리고 '경제관리 개선방안 마련'을 지시했다고 한다. 당시에 고민한 내각 중심의 경제개선 조치들에 대한 파격적인 내용들은 야금야금 시행되었다. 2012년 9월까지 활동한 특별상무조의 결과물에 의해 2013년 봄부터 '포전담당제'로 미화된 중국식 농업개혁 실시와 함께 파격적인 경제개혁 조치들이 현실화되었고 2016년 7차 당대회에서 5개년계획으로 구체화 되었다. 덕분에 조선은 국제사회의 본격적인 제재가 시작된 2017년 이전에는 약간의 성장을 하였다. 그런데 아쉬운 점은 국방분야의 변화에 대한 조치가 미흡한 것이다.

조선에서는 대한민국이 2만 8000명에 이르는 미제침략군 주둔을 위해 어마어마한 돈을 갖다 바치고 있다고 기회가 될 때마다 분노를 표출한다. 2022년도 미군 주둔을 위한 대한민국의 방위비 합의 금액은 괴팍스러운 트럼프 대통령 시절에 대폭 올려 반영한 것도 1조 1833억 원(약 10.5억 딸라)밖에 되지 않는다. 물론 이 금액은 가난한 북쪽 기준에서 볼 때 엄청난 액수일지 모르지만 남쪽의 경제규모로는 그야말로 껌 값이다. 지금도 트럼프는 부자나라 대한민국의 방위를 왜 미국이 공짜로 해주냐며 심술이다.

독일에는 현재 3만 5000명의 미군이 주둔해 있다. 그런데 최근 우크라이나 전쟁으로 로씨야의 위협을 느끼고 있는 뽈스까(폴란드)가 독일에 주둔하고 있는 미군을 모셔가겠다고 난리다. 뽈스까가 관련 비용을 전부 부담하겠다고 미국에 요청하여 독일이 기겁했다고 한다. 지금까지 독일은 대한민국처럼 미국에 국방을 의존하면서 국방비를 GDP 대비 1.2%밖에 쓰지 않았다. 물론 국방비에서 아낀 돈은 전부 전후 경제 회생에 투입되었다. 2차 대전의 후유증을 털어내고 유럽련합(EU)의 27개 회원국을 이끌고 있는 경제대국 독일의 기적에는 바로 국방비 절감이라는 묘약이 있었기 때문이다.

2022년 8월 미 국무부가 공개한 「2021년 세계 군사비 및 무기거래 보고서」에 의하면 조선은 국내총생산액(GDP) 대비 군사비 지출이 가장 높은 세계1위로 14.9~26.4%(43억~110억 딸라)라고 한다. 실제로 조선은 2024년 1월 15일 최고인민회의 제14기 제10차 회의 국가예산 보고에서 공식적으로 2024년 군사비가 15.9%라고 밝힌 바 있다. 대한민국의 국내총생산액(GDP) 대비 군사비 지출은 2.6~2.7%(439억~607억 딸라)이다. 조선은 너무 많은 부분을 군사비로 충당함에도 불구하고 이 금액은 딸라로 환산했을 때 현재 남쪽이 쓰는 군사비의 7~25%에 불과하다. 북쪽이 허리띠를 졸라매고 군사비를 아무리 늘려도 시간이 갈수록 남쪽과의 격차가 더 커질 수밖에 없는 상황이다.

대규모 군사 체제를 뒷받침하려면 경제적 자원은 필수다. 국가의 경제력은 군사력과 외교력의 주요 토대다. 하지만 국가의 경제력이 군수 산업에 편중되어 있으면 건강한 국가라 할 수 없다. 군수 산업은 전쟁이 일어나기 전에는 투자비용 회수가 불가한 돈 먹는 하마 같은 존재다. 군수산업에 지나치게 편중된 조선 내부의 문제점을 가장 먼저 인지하고 변화를 강력하게 밀어붙인 것은 장성택이었다. 김일성종합대학 경제학부 출신인 장성택은 중앙당 39호실이 관리하는 당자금 경제와 군수경제, 그리고 내각경제로 3중화된 구조로는 자원의 선택과 집중이 비효율적일 수밖에 없음을 알고 있었을 것이다. 2002년 김달현 경제부총리와 박봉주 국가계획위원회 위원장 등 18명의 경제시찰단을 이끌고 1993년에 이어 또다시 비밀리에 대한민국을 방문했던 장성택은 불과 10여 년 만에 더 한층 비약한 산업현장을 돌아보면서 충격을 받았다고 한다.

그는 대한민국이 오늘날 기획재정부 전신인 '경제기획원'이라는 부서를 만들어 국가 경제의 선택과 집중에 필요한 자원배분을 관장했듯이 조선의 경제개선을 위해서는 내각 중심의 재정 통합 시스템 구축이 먼저라고 생각했을 것이다. 그래서 당 및 군부가 독점하던 외화원천 기지들을 중앙당 행정부에 귀속시키고 내각 중심의 경제관리 수직 지휘체계를 만들려고 했던 것 같다. 국가 경제의 총사령탑인 내각의 국가계획위원회가 설계하는 큰 그림이 제대로 그려지자면 당 및 군수경제 관계자들의 막강한 권한을 자신이 관리하던 중앙당 행정부에서 조율하고 중요한 외화원천 기지들에 대한 실질적인 장악을 통해 내각 중심의 효율적인 자원배분을 강력하게 추진하려 했을 것이다.

장성택의 설계인지는 몰라도 2011년 12월 17일 최고지도자 사망 이후 새로운 지도자 체제에서는 외화 관리 분야에 대한 통폐합이 이루어졌다. 당 기관과 인민무력부가 독점하던 외화원천 기지가 장성택의 행정부로 집중되면서 경제회생을 위한 내각의 숨통을 틔어 주는 획기적인 조치가 이어지는 듯했다. 그런데 예상치 못한 문제가 발생했다. 외화원천 기지에서 상납 받던 자금줄이 끊긴 당과 군부의 특수기관 관계자들이 들고 일어난 것이다. 국방위원회 그늘에서 막강한 세력을 누리던 그들은 백두혈통도 아닌 데릴사위 신분인 장성택 때문에 자신들이 피해 보는 것을 참을 수 없었을 것이다.

장성택은 2012년 군부의 자금줄을 뺏는 대신 매달 대장급은 1,200딸라, 중장급은 1,000딸라 등 핵심 관계자들에게 용돈을 '나래카드'로 지급하는 묘책을 고안했다. 하지만 현금화가 불가한데다 소비행태와 시점이 고스란히 드러나는 전자카드는 매해 수십만 딸라를 직접 상납 받았던 특수기관 관계자들에게 모욕적으로 느껴졌을 것이다. 게다가 고위층까지 상납 과정에서 기생하던 중간 관리자들의 몫은 통째로 사라져 버리는 등 장성택이 미처 생각 못한 부작용은 그의 명을 재촉하는 결정적 요인이 되었다.

2012년 11월 3일, 문수거리의 복합편의시설 완공을 앞두고 계획되었던 최고지도자의 현지지도가 갑자기 취소되었다. 행사장 주변 나무 밑에서 만탄창으로 장전된 기관총이 교묘하게 숨겨져 있던 것을 발견했기 때문이다. 장성택을 미워하던 군부에서 그의 지휘하에 있던 행사 현장이라는 구실로 장성택을 용의자로 지목하고 오랜 미행과 추적 끝에 결국 총살에 이르게까지 하였다는 소문이 파다했다. 장성택이 중국 지도부와 조선의 개혁개방을 모의했다는 소문은 사실일 수도 있고 조선과 중국을 리간시키려는 역공작일 수도 있다. 하지만 장성택은 2008년 8월 뇌졸중으로 쓰러진 최고지도자가 프랑스 의사와 중국 의료진의 도움으로 가까스로 회복했을 때부터 이미 변화를 생각했을지도 모른다. 당시 대한민국과 미국은 북쪽 최고지도자의 콤퓨터 단층촬영 뇌 사진을 비밀리에 확보하여 정밀 분석한 결과 3~5년 안에 사망할 것을 예상했다고 한다.

2013년 12월 12일 장성택이 처형되면서 그가 관리하던 중앙당 행정부 54부를 김여정이 넘겨받았다고 한다. 2012년 7월 리영호 총참모장이 해임되면서 장성택이 전부 빼앗아 갔던 군부 외화벌이 알짜 업체는 전부 54부에 있었다. 김여정은 54부뿐 아니라 로동당 39호실 산하 대성은행과 통일발전은행 등 국제 금융거래 기관들과 38호실 산하 대흥관리국, 금광관리국을 관할하고 있고, 고모 김경희가 관리하던 경흥지도국과 락원지도국까지 당자금 전체를 총괄하고 있다고 한다. 인민무력부는 최신 전투기 구입자금 등을 빌미로 54부를 돌려줄 것을 요구했지만 묵살당한 것으로 알려졌다. 대신 내각이 관리하던 30여개의 무역회사를 넘겨받았다고 한다.

장성택의 처형으로 내각 중심의 선택과 집중에 따르는 경제회생용 국가자금은 당자금 경제와 군수경제로 다시금 되돌아갔다. 해마다 태양절을 맞으며 학생들에게 교복을 무상으로 공급하기 위한 조치로 시작된 중앙당 39호실 중심의 당자금 경제는 최근 학생 교복보다 핵과 미싸일과 같은 군수경제에 대부분 자금을 투입하고 있다. 로동당 청사 3층 9호에 있다고 해서 이름 붙여진 중앙당 39호실은 당자금 관리부서로 산하에 120여 개의 무역회사 및 외화벌이 원천회사를 거느리고 있다. 농토산품이나 낮은 가격의 1차 광물밖에 없는 외화벌이 원천기지들이 내각이 아닌 당자금 부서와 군수경제로 분산되는 것은 가뜩이나 부족한 외화자금의 선순환 과정을 막고 외화 결핍 현상을 가속하게 될 것이다. 국가자금이 내각에 집중되어야 군수경제와 민간경제가 서로 협력하여 더 큰 수익을 창출할 수 있는 전방위적인 계획이 가능하다. 군수산업과 민간산업의 균형이 없이 군수산업에만 기형적으로 자금이 투입된다면 민간산업의 열매로 유지되는 군수산업의 지속성은 담보될 수 없다. 내각에 의한 재원 분배가 아니라 당자금에 의한 특별 조치성 재원 분배는 내각의 행정기능을 더욱 무력화시키고 있다.

1980년대 서해갑문 건설을 시작하면서 최고지도자로부터 인민무력부의 자체적인 예산확보 특권을 받은 군부의 외화벌이는 무기 수출이었다. 군부의 '조광무역회사'는 중국의 주하이에 본사를 두고 있다. 이 회사의 인터네트 홈페이지에는 총 9가지의 무기가 올라와 있다. 폭풍호 420만 딸라, 천마호 270만 딸라 등 땅크들은 '건설장비'로, 장갑차 72만 딸라 등은 '농업장비'로 분류되어 있다. 조선인민군 주력 대포 중의 하나인 170미리 자행포(자주포)는 630만 딸라짜리 '중공업 장비'로 되어 있다.

단거리 미싸일 번개5호(KN-06호)의 경우 5100만 딸라로 '조류 추적 및 연구 상품'으로 소개되어 있다. 국제정치의 영향을 받을 수밖에 없는 국가무역인 무기 수출이 개인 소비자가 주 고객인 인터네트 광고에 나섰다는 것은 얼마나 내부 사정이 어려운지 보여 준다. 지금 군부의 외화벌이는 무기 수출이 아닌 농토산물과 1차 광물에 의존하고 있다.

대한민국의 군수산업은 개발 초기부터 수출 지향적으로 세계적인 경쟁력을 확보하는 방향으로 설계되고 진행된다. 최신형 전투기와 자행포, 땅크, 전차 등은 내수의 필요도 있지만 개발비 회수 및 생산능력 유지를 위해 수출형 개발 형태로 신속하고 과감하게 전환할 수 있는 체제를 갖추면서 진행되었다. 미싸일 생산과 구조가 거의 같은 우주산업도 마찬가지다. 대부분의 장비 및 부품개발을 초기부터 민간기업과 수시로 협조하면서 민간 기업들이 세계 우주산업에 대응할 수 있도록 유연성 있게 설계하고 가격 경쟁력을 강화할 수 있도록 적극적으로 유도하였다.

중국의 경우 2007년 12월 군수산업체의 대형화를 통해 첨단무기 생산을 향상시킨다는 방침아래 '극소수 핵심전략 분야만 빼고' 대부분 5년 안에 주식시장 상장 등을 통해 지분구조 개혁안을 만들었다. 이를 통하여 군부 자체의 자금 조달이 아니라 민간 자본시장에서 생산설비 현대화를 위한 자금을 조달하여 군수업체들의 질적 향상을 시도하였다. 국내는 물론 외국자본에도 지분 취득을 허용하고 민간 기업들이 군수산업에 진출할 수 있도록 기업 간 지분 교환도 가능토록 허가하였다. 또한 군사기술의 민간 이전을 위한 특별 계획을 만들어 군수업체가 기술개발을 할 때 무기 제조뿐 아니라 민간 제품에도 활용할 수 있도록 '이중 기술'로 개발하도록 했다.

지난 2022년 9월 로동신문에는 군수공업 부문에서 5500대의 농기계를 만들어 농촌에 보냈다고 소개했다. 군수산업과 민간산업의 좋은 협력 사례다. 하지만 민간산업의 황폐화로 군수산업의 재투자가 이루어지지 않아 경쟁력이 갈수록 약화되고 있다. 당 자금은 민간 산업에 투입되어야 할 국가자금을 군수산업에 우선적으로 밀어 넣으며 마지막 숨을 몰아쉬고 있다. 어차피 현대전은 미싸일과 비행기와 같은 첨단 장비들의 싸움이다. 1211고지 탈환과 같은 대규모 근접전은 더 이상 일어나지 않는다. 인공지능(AI)이 탑재된 로보트들이 시가전에 투입되어 적과 아군을 정확히 구별하여 확실하게 제거하는 현대전 추세를 따라가려면 현재의 군수산업으로는 어렵다.

조선의 마지막 자존심 자주국방의 위엄을 계속 유지하려면 더 늦기 전에 군수산업과 민간산업의 협업구조와 균형을 개선해야 한다. 우선 당자금, 군부, 내각 등 3중으로 서로 따로 놀고 있는 자금 관리(외화) 체계부터 바로잡아야 할 것이다. 돈주머니는 한 사람이 관리하는 것이 가장 효율적이다. 살림살이가 어려울수록 더욱 그렇다. 가장 리상적인 적임자는 당중앙이 아니라 경제관리 총사령탑인 내각이다. 대한민국의 기획재정부와 같은 역할을 할 수 있도록 내각 재정성의 기능과 역할을 고민해 봐야 한다.

지난 2021년 1월 제8차 당대회에서는 흥미로운 직책 발표가 하나 있었다. 중앙당 비서들과 동급으로 소개된 '경제정책실장'이라는 새로운 직책이다. 장성택이 하려고 했던 내각 중심의 경제개발 구조를 8차 당대회를 통해서 공식화한 것으로 보인다. 당정책 자금과 군수자금, 내각경제 자금에 대한 통합 수장으로 중앙당에 경제정책실장 자리를 만들고 이 자리를 내각 부총리와 겸임하도록 하여 국가계획위원회의 거시경제 설계에 필요한 예산권 확보에 중앙당 차원에서 힘을 실어 주겠다는 의도인 것이다. 하지만 그 자리는 중앙당 산하 특수기관과 군부 등의 리권이 복잡하게 얽힌 관계를 조정해야 하는 어려운 자리로 그 자리의 운명은 장성택처럼 될 가능성이 너무 높다.

결국 초대 경제정책실장으로 내정되었던 전현철은 2022년 6월 중앙당 비서 겸 경제부장으로 이동하면서 내각에서 한 발을 뺀 상태이며 아직까지 그 자리는 비어 있는 것으로 보인다. 다시 옛날로 돌아간 느낌이다. 이 책을 중앙당 전현철 비서가 꼭 읽었으면 좋겠다. 아니, 만나서 국가와 민족의 장래를 놓고 허심탄회하게 토론하고 싶다.

조선반도 통일과 우크라이나 전쟁

2022년 4월 우크라이나 개전 이후 거의 2주간 로씨야 국방장관이 공식 석상에 모습을 드러내지 않자 서방 언론들은 로씨야 대통령 뿌찐(푸틴)의 분노에 의한 경질설 등 각종 억측을 쏟아냈다. 하지만 사실은 전선에서 소진된 탄약과 미싸일 지원을 위해 중국과 조선을 방문했던 것이었다. 중국은 국제사회의 여론, 특히 미국의 대중국 제재를 의식하며 로씨야의 지원을 거절했지만 엄청난 포탄과 미싸일을 쌓아 놓고 있었던 조선에서는 돈이 떨어져 곤경에 처했던 찰나에 정말 다행스러운 상황이었을 것이다.

2017년 대북 제재에 찬성했던 로씨야와 중국은 우크라이나 전쟁 이후 마음을 바꾸어 조선에 대한 지원을 늘리며 편을 들었다. 기름이 없어서 훈련도 못 하던 수백 대의 전투기들이 격납고에서 나와 미국과 대한민국의 군사 훈련에 대응하고 있다. 하노이 조미회담 실패로 실망했던 조선은 새로 당선된 미국 대통령마저 자기들을 외면하자 2022년 70차례의 미싸일 도발을 감행했다. 우크라이나 전쟁이 없었으면 불가한 일이다.

그런데 우크라이나 전쟁으로 더 큰 리득을 본 쪽은 사실 대한민국이다. 미군의 병참 지원이라는 명목으로 우회 판매된 대한민국의 포탄은 물론이고 동구권 나라들에 대한 무기 판매는 황금의 기회였다. 뽈쓰까(폴란드)는 2022년 대한민국이 만든 K2 땅크(전차)와 K9 자행포(자주포), 전투기 FA-50을 대량 구매했다. 그 금액은 부품 등 30년 이상의 군수 지원까지 포함하면 60~70조(약550~650억딸라)에 달한다. 뽈스까와의 계약은 동유럽 주변 국가로, 분쟁이 끊이지 않는 중동 국가에 대한 수출로 이어지고 있다.

대한민국 땅크는 독일 최신 땅크 레오파드-2A7에 비해 2배 속도로 분당 12발까지 사격하면서도 표준 목표의 1/4 크기를 정확히 맞힌다. 독일제나 로씨야 최신형 땅크의 기계식 판스프링 충격 흡수에 비해 대한민국 땅크는 유압식으로 첫 발사 뒤에도 포신의 흔들림이 없고 포탄 장전이 전부 자동화되어 있다. K9 자행포는 2014년 독일 Pzh2000 자행포와의 야간 시범에서 완승했다. 2017년 애급(이집트)에서는 바다에 떠 움직이는 표적 선박을 정확히 명중해 세계적인 명성을 떨쳤다. K9 자행포의 자동장전 시스템은 세계 최강이라 자랑하는 미군도 부러워한다. 북에서 대학생교도 시절 85미리 고사포 장탄수였던 나는 대구경 포탄의 수동 장전이 얼마나 힘든지 너무 잘 알고 있다.

요즘 최대 무기 수출국인 미국조차 '대한민국이 조용히 세계 최상위권 무기 공급국으로 올라서고 있다.'며 경계하고 있다. 2022년 무기 수출은 173억 딸라를 기록했다. 지구상에서 2024년 현재 유일하게 재래식 대규모 병참 능력을 보유한 북과 남은 지금 우크라이나 전쟁 특수를 애써 감추고 있다. 과도한 군비경쟁으로 경제개발 전력투구에 아쉬웠던 북과 남에 있어서 우크라이나 전쟁이 경제 개선에 도움이 될지 서로에 대한 칼을 가는데 도움이 될지는 각자의 사정이 있겠지만 남쪽에 더 유리한 상황임은 틀림없다.

제4장

자본주의와
사회주의
차이점

1

시장경제(자본주의)와 계획경제(사회주의)

오늘날 자본주의와 사회주의에 대한 리론만큼 거대한 량대산맥을 이루는 주제는 많지 않다. 그런데 한 가지 의문이 든다. 한 국가가 부국강병의 대업을 위해 자본주의와 사회주의 중 어느 쪽이 더 합리적인가를 론하기 전에 왜? 무엇 때문에? 국가의 정체성을 반드시 자본주의와 사회주의라는 이분법으로 구분해야 하는가 말이다. 리념보다 더 중요한 것은 국가의 성장과 인민의 행복이어야 하는 것 아닌가? 자본주의와 사회주의 리론의 거대한 금자탑을 쌓아올렸다고 자부하는 수많은 경제학자들과 지금까지의 지적 전통을 폄하하자는 것이 아니다. 다만 숙명론처럼 받아들이는 과거 리론에 대한 저항의 표현으로 그들만의 잔잔한 호수에 감히 돌을 던져 볼 뿐이다.

2008년 영국에서 진행된 한 연구에 의하면 근대력사 1천 년 동안 가장 영향력을 끼친 철학자는 칼 맑스(마르크스)로, 그의 저술『자본론』은 가장 영향력을 끼친 책으로 조사되었다. 맑스-레닌주의를 계승한다고 주장하던 조선에서는 무슨 리유에서인지『자본론』원문이 금지서적이었다. 나는 조선에서 대학시절 정치경제학 강의 시간에『자본론』원문이 아닌 사회주의 시각에 맞게 취사선택된 껍데기를 배웠다. 어느 날 친구의 집에서 1960년대 대대적인 불온서적 몰수 당시 그 책의 진가를 알고 있던 친구의 아버지가 몰래 감춰 놨던『자본론』원문을 읽으며 나는 큰 충격을 받았다. 『자본론』은 19세기 주류 경제학이었던 자본주의를 비판하는 엄청난 리론 서적이었다.

맑스는 자본주의 비판에는 탁월한 성과를 거두었다. 하지만 자본주의 이후 필연적으로 도래한다고 주장하던 맑스의 사회주의는 이미 실패로 드러났다. 조선은 지금도 '사회주의는 과학이다.'라는 주장을 되풀이하고 있다. 현재 조선의 지식인들은 '유일사상체계 확립'이라는 생각의 감옥에 갇혀 있다. 시대를 선도해야 할 지식인들의 선견지명은 옳은 답을 찾는 것이 아니라 잘못된 신념을 강화하는 도구로 쓰이고 있다. 그들은 사회주의와 자본주의라는 론쟁에서 단지 이기고 싶을 뿐 본질이 무엇인지는 알고 싶어 하지 않는다. 본질은 사회주의든 자본주의든 인민이 잘사는 것이다.

가난한 로동자들의 편에 섰던 칼 맑스는 정작 본인은 독일 정통 귀족 가문 출신과 결혼하여 부유하게 살았다. 공산주의자들에 대한 탄압을 피해 1849년 영국으로 피신해 온 얼마간은 궁핍했으나 1856년 장모가 죽으면서 물려준 유산 덕분에 방 7개짜리 호화 저택에서 살 수 있었다. 잠시 궁핍했던 기간에는 공산주의자이면서 로동자들을 고용해 공장을 경영했던 절친 엥겔스의 도움을 받기도 했다. 그의 사생활을 떠나서 그가 펴낸 『자본론』이 근대사에 가장 큰 영향력을 끼친 리론임을 부정하고 싶지는 않다.

문제는 맑스-레닌주의를 교조적으로 계승한 조선식 사회주의다. 조선에서는 생산수단의 국유화와 계획경제라는 이름으로 자본의 주도권이 개인 또는 특정 집단에서 국가로 바뀌었을 뿐 거기에서 일하는 로동자들의 가난한 일상에는 변함이 없다. 로동자들이 자본가로부터 받던 임금이 국가로 바뀐 것뿐이다. 거기에다 예전에는 없던 식량 배급권까지 생겨났다. 다수의 자본가에게 집중되던 부와 권력이 최고지도자를 중심으로 중앙에 집중되는 방식만 바뀌었을 뿐 노동자·농민을 비롯한 절대다수의 빈곤에 대한 문제 해결은 자본주의에 비해 사회주의가 얼마나 더 효율적인지 체감이 되지 않는다.

중국은 1978년 등소평(덩샤오핑)의 개혁개방 정책 이후 40여 년 동안 자본주의 경제로선을 걸어왔다. 그러나 중국은 지금도 사회주의라고 우긴다. 중국의 현실에 대해 국가 주석 습근평(시진핑)은 '특색있는 사회주의' 결과물이라 설명하며 맑스-레닌주의를 기반으로 하는 중국식 사회주의는 우월하다고 주장한다. 2022년 10월 중국 공산당 제20차 전국대표회의에서 습근평은 "21세기 중국의 과학사회주의는 새로운 활력으로 넘쳐나고 있다."고 주장하며 앞으로도 '사회주의' 색깔을 지울 생각이 없음을 밝혔다. 자본주의를 통렬히 비판한 맑스(마르크스)의 리론을 기반으로 한다면서도 자본주의식 경제방식을 따르는 중국의 이중성은 어떻게 봐야 할까?

지난 2022년 4월 20일, 미국 대통령의 경제자문을 맡고 있는 백악관 국가경제위원회(NEC) 위원장은 월가의(Wall Street) 투자자들 앞에서 200년도 더 지난 1791년 미국 초대 재무장관의 국가주도 산업정책에 대한 '제조업 보고서'를 언급하며 연설을 시작했다. 자유경쟁에 의한 '승자원칙'을 철칙으로 여기며 정부의 개입을 '시장왜곡'과 '비효율'의 대명사로 받아들이는 월가의 돈뭉치들에게 NEC 위원장이 하고 싶은 말은 산업구조 확립을 위한 국가주도 '산업정책'의 필요성이었다. 현재 반도체를 비롯한 미국의 국가주도 산업정책을 들여다보면 '집중과 선택'의 효율성을 최대화하기 위한 사회주의식 계획경제와 다른 점을 찾아보기 힘들다.

자본주의든 사회주의든 국가(정치) 제도의 본질은 집단 내에서 자연스럽게 이루어진 부의 강제적인 재분배를 위함이다. 국가는 개인과 기업의 소득은 적극 장려하되 그것이 부정적이거나 잘못된 분배가 이루어질 경우에만 개입해야 하는 것이다. 북유럽 자본주의 국가들은 개인과 기업의 소득 창출 과정을 적극 장려할 뿐 강제로 개입하지 않는다. 그렇게 이룬 경제력으로 그들은 조선이 그토록 자랑하는 무상치료, 무료교육과 같은 사회주의적 시책들을 빠짐없이 시행하고 있다. 백성들에게 좋은 복지 정책들이 작동하면 굳이 자본주의든 사회주의든 따질 필요가 없는 것 아닌가?

노벨경제학 수상자인 프리드리히 하이에크는 이렇게 주장한다.

"국가의 성공적인 개입에 필요한 지식은 각 분야의 생업에 종사하는 개인들의 머리 속에 있으며 정부가 그런 지식을 전부 수집 및 가공하여 활용한다는 것은 불가능하다."

하이에크는 자본주의 옹호자이지만 그의 말을 조금 다르게 해석하면 어떤 국가의 정체성은 자본주의 대 사회주의라는 이분법적인 기준보다 국가 경영에 대한 정부의 개입 정도를 기준으로 평가하는 것이 더 합리적이라고 볼 수 있다. 다시 말해서 국가가 모든 것을 통제하기는 어려우니 정말 중요한 사안이 아니면 민간의 자율에 맡기는 것이 가장 효율적이며 국가의 정체성은 자본주의 또는 사회주의 어느 한쪽의 선택이 아니라 국가의 개입 정도를 기준으로 다양한 정체성을 인정해야 한다고 볼 수 있는 것이다.

맑스의 가장 큰 오류는 공산주의에 대한 정당성을 경제령역에서 사상령역으로까지 비약한 것이다. 자본주의와 사회주의에 대한 기준을 경제

령역이 아닌 정치령역까지 확장하면 문제는 복잡해진다. 공산주의자들은 인간의 욕망을 부정하며 참다운 공산주의형 인간으로 개조하는 것을 국가의 책무로 여긴다. 인간의 욕망을 과연 타인이 강제할 수 있을까? 남의 떡이 더 커 보이는 인지부조화가 개인의 욕심으로 드러나는 사회문제 정도는 교육으로 해결될 수 있겠으나 인간의 원초적 본능에 속하는 령역을 전부 없앤다는 것은 인간이기를 포기하라는 말밖에 안 된다. 인간의 욕망을 다스릴 수 있다고 확신하는 공산주의자들의 광기는 모든 령역에 대한 국가의 개입으로 이어진다.

사회주의 국가는 '평등한 분배'라는 원칙에 따라 모든 과정에 지나치게 개입하는 것이 문제다. 국가에 대한 충성심과 타인의 희생에 대한 강요나 개입이 거의 없지만 자본주의 부자들은 기꺼이 어려운 사람들을 위한 기부 행렬에 동참한다. 대한민국의 년간 기부 규모는 2019년 기준 14조 5천억 원(약 130억 딸라)으로 그중 개인들이 내는 돈이 65%이다. 미국의 유명한 투자가 워런 버핏은 세 자녀에게 300만 딸라만 주고 나머지 전 재산의 99%에 해당하는 559억 딸라를 미리 자선재단에 기부했다. 조지 소로스라는 또 다른 억만장자는 87세였던 2017년 전 재산의 80%인 480억 딸라를 미리 기부해 버렸다. 10억 딸라 이상을 기부하는 세계적인 대부호들의 모임인 기빙플레지(The Giving Pledge) 운동은 부자들에 의해 자발적으로 시작되었으며 여기에는 28개국 231명(2021년 기준)의 세계적인 갑부들이 자산의 대부분을 기부하겠다고 서약하고 가입하였다. 대한민국의 정보기술(IT) 업체 수장인 '카카오'그룹 김범수 회장과 IT 기반의 신생 대기업 '배달의민족'의 김봉진 부부도 이 단체에 가입되어 있다.

인간의 욕망과 기본적인 권리가 보호되지 않으면 혁신경쟁이 실종되어 가난한 자가 부자가 되는 사회적 계층 이동을 불가능하게 한다. 례를 들어 기발한 생각이나 새로운 기술 도입으로 어떤 상품을 만들어 시장 (장마당)에서 떼돈을 버는 사람이 있다고 가정하자. 시장에서는 바로 경쟁자들이 나타나 유사제품이나 더 새로운 제품을 내놓는 혁신적인 경쟁에 돌입한다. 혁신적인 경쟁자는 추격하는 과정에서 기존의 부자가 누리는 리윤의 일부 또는 전부를 자연스럽게 이전받게 된다. 실제로 미국의 한 연구에서는 1975~1991년 기간의 소득 변화를 조사한 결과 1975년 최하위 20%에 있던 사람 중에 5%만이 1991년에도 여전히 가난했었고 95%는 중산층 또는 상류층으로 이동했다.

물질만능주의로 썩어빠진 자본주의, 풍요로울지는 몰라도 행복하지는 않다는 자본주의에 대한 사회주의 진영의 주장은 얼마나 진실일까? 물론 인간은 가난해도 행복을 느낄 수 있다. 하지만 풍요로움의 행복감과 가난할 때 느끼는 행복감의 차이는 분명하다. 가난은 '모든 불행의 시작'이라는 삶의 현실 속에서 눈앞의 풍요로움을 외면한 채 가난하지만 정신적으로 "나는 행복하다."를 웨치며 초자아를 실현할 필요는 없다. 도덕군자와 같이 깨달음의 경지에 도달할 정도로 완벽한 인생을 추구해야 할 리유도 없고 그것만을 위해서 인생을 살다 가기에는 인간의 삶은 너무 짧고 허무하다. 100년도 채 못 사는 인간의 삶은 140억 년의 우주 력사에 비하면 찰나에 지나지 않는다.

사회주의에는 불평등이 없다고? 조선에서 항일투사 자녀들과 당간부 자녀들의 권력계층 진입이 일반인보다 유리한 상황은 불평등이 아니라고 할 수 있는가? 자본주의는 빈부격차를 비롯한 불평등을 위해 노력하지 않는다고? 자본주의 국가 대한민국은 누구에게나 필요한 기초교육의 평등이 잘 설계되어 있다. 국가공무원 시험이나 면접에는 시험성적만 있다. 세계적으로 유명한 대기업의 입사지원서도 출신성분은 물론이고 이름 등 개인을 식별하기 어려운 상태로 심사를 거치며 입사원서에 키, 외모, 출신성분 같은 본인 실력이 아닌 외적인 것을 아예 적지 못하게 하는 등 더 까다롭다.

　사회주의건 자본주의건 개인의 능력은 인정하되 개인의 능력을 펼치는 데 장애가 되는 불평등을 그 사회의 환경에 맞게 조정하는 기능이 잘 되어 있는 국가가 바로 모두가 원하는 리상사회가 아닐까? 중국은 개혁개방을 시작한 1979년부터 5년이 지난 1984년 초까지도 "사영(민간) 기업은 직원 7명 이상을 고용할 수 없다."는 규정을 유지했다. 그런데 그 기준은 맑스의 『자본론』이었다고 한다. 맑스는 자본론에서 8명의 로동자를 고용한 공장을 례로 들었는데 중국은 로동착취의 기준을 8명으로 보았던 것이다. 중국과 같은 맑스주의에 대한 교조적인 학습의 폐해를 조선도 답습하고 있다.

　사회주의자들은 자본주의가 인간의 탐욕을 조장하고 인간성을 파괴한다고 주장한다. 그러나 자본주의 사회 내부에서도 집단 내 협력과 도덕성, 효율적인 조직화가 강화되었다는 증거는 허다하다. 례를 들어 1977년부터 실시된 대한민국의 의료보험 제도는 미국 대통령 오바마가 극찬한 것처럼 부자나라 미국도 부러워하는 시스템이다. 대한민국 자본가들의 집단인 전경련(전국경제인련합회)은 "가난해 치료도 받지 못하고 죽는 사회가 되어서는 안 된다."며 건강보험료의 50%를 고용주들이 부담하는 것을 기꺼이 수용했다. 대한민국 기업인들은 '건강보험 추진협의회' 사무실까지 전경련 회관에 만들어 줄 정도로 적극적이었으며 국민들의 건강보험 도입을 정부가 아니라 기업가들이 '사회적 의무'로 인식하고 앞장에 섰다. 덕분에 대한민국에서는 북쪽처럼 말로만 무료인 무상치료제 혜택이 아니라 저비용의 진정한 의료 혜택을 누구나 받고 있다.

사회주의 계획경제가 자본주의 시장경제에 비해 도덕적으로 우월하다고 주장하는 것은 자본주의의 껍데기만 공부한 사람들의 주장이다. 국가의 책무는 시대에 맞는 공정한 규칙을 설계하고 그 규칙의 강력한 실행을 뒷받침하는 국가권력을 통해 사회구성원 모두가 신뢰하는 사회를 제공하는 것이다. 국가의 책무는 자본주의 또는 사회주의에 대한 선택이 아니라 사회구성원들에게 공평한 기회를 줄 수 있는 규칙을 잘 정하여 공정한 경쟁이 가능한 효율적인 제도를 만드는 것이다.

초기의 질문으로 돌아가서, 국가의 정체성을 왜 사회주의와 자본주의로 구분해야 하는 것일까? 국가가 전부 독점하고 있는 사회주의식 계획경제나 완전경쟁을 주장하는 자본주의식 시장경제보다 그 중간 지점에서 치열한 혁신이 일어난다는 실증연구는 차고 넘친다. 국가의 정체성은 사회주의, 자본주의라는 극단의 리념보다 각국의 환경과 조건에 맞는 리점만을 취사선택 하여 결정되어야 하는 것이 더 합리적이지 않을까?

북과 남의 서로 다른 언론 및 출판문화

조선에서 로동신문은 꽤 인기가 높다. 당정책과 국가의 정신을 신문 지면을 통해 온전히 느끼려는 충성심 때문이 아니다. 하나밖에 없는 중앙일간지여서도 아니다. 사람들이 6면으로 발행되는 로동신문을 좋아하는 리유는 5~6면이 실리는 1장짜리 속지에 조선이 드러내기 싫어하는 외부 소식이 유일하게 짧게나마 실려 있어서이다. 지적 수준이 높은 사람들은 속지만 읽는다. 그런데 속지는 일반 평민들에게도 인기 만점이다. 로동신문이 없으면 일반 평민들은 담배를 피우지 못한다. 1~4면이 있는 원지에 비해 얇은 재질인 속지는 독초(연초)를 말아 피우는 담배종이로 북에서는 최고의 재료다.

지적 수준이 높은 사람들일지라도 약간의 국제 정세와 대한민국 정세를 다루는 로동신문 속지를 읽다 보면 미국과 대한민국을 비롯한 자본주의 국가들은 곧 무너지고 말 것이라는 확신을 갖는다. 그들은 금방 무너질 것 같던 미국과 괴뢰정부가 인민들의 혁명투쟁으로 무너졌다는 보도가 왜 나오지 않는지 의문을 갖지 않는다. 지적 게으름이 아니다. 외부와 비교할 수 있는 정보가 없어서 로동신문에 나오는 자본주의 국가 사람들의 자유로운 웨침이 당국의 탄압으로 '혁명의 승리'를 이루지 못한다고 착각한다.

나는 북에서 대학시절 귀한 참고서적을 복사하기 위하여 대학 인쇄소에 갔다가 놀라운 사실을 알게 되었다. 대학 인쇄소는 보위부의 살벌한

감시로 물리적인 접근과 인쇄물 등 모든 것이 철저히 통제되고 있었다. 리유인 즉 삐라와 같은 반국가 선전물들이 대량으로 인쇄되는 것을 막기 위해서란다. 북남회담장에서 북쪽은 기회가 있을 때마다 최고지도자를 모욕하는 남쪽의 언론을 지적한다. 그런데 남쪽에서는 자기네 대통령도 잘못하면 마구 욕한다. 그렇다고 북쪽처럼 반당반혁명분자로 잡아가지 않는다.

남쪽에 처음 왔을 때 대통령과 정부의 정책을 지적하며 마구 욕하는 주변 사람들을 볼 때마다 그 용기에 감동하며 존경스럽게 쳐다봤다. 그런데 조금 더 지내보니 주변이 온통 용감하고, 대단하고, 존경스러운 사람들 천지였다. 로동신문처럼 6면이 아닌, 40~50면으로 구성된 신문들이 10여 개에 이른다. 사회 부조리를 고발하는 수십 개의 TV통로(채널)들과 신문들 때문에 대통령, 국가공무원, 정치인, 유명 인사들도 언론 앞에서는 고양이 앞의 쥐 신세다. 특종보도에 대한 극심한 경쟁 탓에 가짜 뉴스들도 가끔 나오지만 사회를 바로잡는 순기능적 역할이 더 크다. 이런 게 바로 자유의 세상 아닌가?

하지만 한 가지 아쉬운 점도 있다. 세계 모든 언론 및 출판물들을 볼 수 있는데 로동신문과 조선중앙TV는 안 된다. 볼 수 없다는 것이 아니라 인터네트나 가정집 안방에서 자유롭게 접할 수 없다는 것이다. 조선의 인민대학습당과 같은 국립중앙도서관의 '북한 자료실'에 가야만 볼 수 있다. 누구나 볼 수 있으며 왜 보냐고 묻지도 않는다. 인민대학습당에서 남쪽 신문이나 TV를 누구나 보게 된다면 어떤 현상이 벌어질까?

❷

계획경제는 정말 해로운 것일까

국가에 의해 치밀하게 설계된 경제개발 계획은 개발도상 국가들이 필수로 거치는 일련의 과정들이다. 대한민국은 1960년대 경제개발의 집중과 선택의 효율성을 극대화하기 위하여 국가 자금의 수출 지원, 은행 대출, 재벌 육성 등 불공평하지만 전략적이고 치밀한 계획으로 집중적인 자금 분배를 실행하였다. 대한민국 정부의 치밀한 '경제개발 계획'과 웃동네 조선의 국가계획위원회가 만드는 '사회주의 경제계획'은 둘 다 '계획경제'라는 넓은 틀에서 크게 벗어나지 않는다.

경제개발 당시 대한민국은 정부의 주요 부처는 물론이고 국가정보원 (옛 안전기획부) 요원들까지 그날그날 공장들의 생산계획 현황과 매월 수출계획 물량을 보고했다. 국가 전체가 계획을 완수하기 위한 투쟁에 미쳐 있었다. 계획에 대한 치밀함은 민간기업도 례외가 아니다. 세계에서 가장 많은 메모리 반도체를 생산하는 대기업으로 성장한 삼성그룹에 대한 세간의 평가는 "돌다리도 두드려보고 건넌다."는 치밀한 계획성이다. 그 계획성은 오늘날 세계가 부러워하는 삼성그룹의 핵심 자산이다.

계획경제보다 시장의 힘을 강조하는 자유시장 경제학자들의 주장은 맞는 부분도 있지만 틀린 부분도 적지 않다. 그들이 말하는 '비교우위론'에 따르면 대한민국의 경우 경제개발 당시 해외와 가장 경쟁력 있는 상품은 쌀이었으며 산업화의 밑천은 쌀농사에서 시작되어야 했다. 하지만 남쪽은 그런 계획을 세우지 않았다. 또 다른 실례로 칠레는 모든 것을 시장에 맡겼다. 무수한 각종 규제들을 없애고 무역장벽도 낮췄다. 처음엔 경제가 살아나는 듯했지만 산업화에 실패하고 불안정성이 갈수록 커졌다. 반면 대만은 대한민국이나 일본처럼 정부 주도의 계획적인 산업화로 체력을 키웠다.

한때 조선의 개혁개방 시범단지인 라진-선봉 개발계획의 모델은 바로 싱가포르였다. 그런데 자본주의 국가인 싱가포르의 내부를 자세히 들여다보면 사회주의 국가들의 독재정치도 울고 갈 강력한 통치 제도로 이루어져 있다. 초대 총리로 부임한 리광요(리콴유)는 30년간 나라를 병영기숙사처럼 관리한다는 비판을 받으면서도 강력한 국가 주도의 산업정책 계획으로 부유한 국가를 만들었다. 아버지 뒤를 이은 맏아들에 의해 50년 넘게 이 체제에 있던 싱가포르는 맏아들의 수석보좌관에 의해 지금도 유지되고 있다. 1965년 말레이시아에서 쫓겨나다시피 독립한 싱가포르에 대해 세계는 생존 자체가 불가능하다고 했다. 국토는 작고 자원은 없는데다가 응급치료를 받자고 해도 뇌물을 주지 않으면 병원에서 치료할 수가 없었다. 하지만 지금은 1인당 국민소득이 6만 달러를 넘는 아시아 최고 부국이다. 싱가포르는 세계에서 가장 깨끗한 도시로 소문나 있다. 그 이면에는 무자비한 독재로 유명한 국가들도 놀랄 강력한 벌금 제도가 있다. 싱가포르에서 담배꽁초를 버리다 단속되면 1회 차에는 170만 원(약 1500달라), 2회 차에는 첫 벌금의 2배를 징수함과 동시에 공공장소 청소와 같은 사회봉사 명령도 내린다. 건늠길(횡단보도)을 무시하고 도로를 무단횡단하면 싱가포르에서는 어마어마한 벌금을 매긴다. 깨끗하고 질서정연한 도시는 강력하고 무자비한 독재계획으로 유지되고 있다.

경제대국이라 일컫는 일본도 정부 주도의 '치밀한 계획'에 의존하는 국가자본주의를 택하고 있다. 일본의 모습은 국가의 비정상적인 행위에 대한 침묵을 강요당하는 현재 조선의 사회현실과 너무 많이 닮아 있다. 국가에 정당한 권리를 요구할 줄 모르는 개인들로만 이루어진 집단처럼 보이는 일본에서는 이상할 정도로 국가에 대한 개별적 주체들의 불만이 적다. 개인은 죽이고 집단만을 살리는 일본식 국가자본주의는 2차 세계대전 패망의 후유증에서 벗어나는 원동력이었다. 일본에서는 국가나 조직을 위한다는 분위기가 형성되면 따를 수밖에 없는 '동조압력'의 공기가 사회를 지배하고 거기에 거슬리면 비난의 표적이 되거나 따돌림의 대상이 된다. 정부가 주도하는 국가계획에 반하는 행위는 일본에서 상상할 수 없다.

독일이 건국 초기 100년 격차의 영국을 단시간에 따라잡을 수 있었던 것도 결국 국가적 차원의 치밀한 계획이 있었기 때문이다. 히틀러의 사상적 리념은 치밀한 계획경제를 구사하는 '국가사회주의'다. 나치독일의 '나치'라는 말은 국가(National: Na)와 사회주의(Socialism: Zi)의 줄임말이다. 2차 세계대전 전야에 부국강병을 향한 히틀러의 리념과 국민생활 향상에 대한 사회주의적 공약에 독일 국민들은 열광하였다. 박정희 대통령의 서울-부산 고속도로 건설에 자극을 준 '아우토반'이라는 히틀러 시대의 고속도로 시스템은 국가 주도가 아니면 이룰 수 없는 위대한 건축물이다.

칼 맑스가 세상을 떠난 해인 1883년, 영국에서는 지금도 거시경제학 리론을 주도하고 있는 경제리론가 케인즈가 태어났다. 케인즈는 경제를 시장에만 맡기는 시장경제는 결코 효률적이지 않으며 정부가 주도적으로 개입해야 한다고 주장한다. 그는 정부가 산업정책을 통해 유망산업을 개발하고 지원, 육성해 경제성장의 견인차로 삼아야 한다고 주장한다. 실제로 케인즈의 리론은 세계 경제 대공황 시기와 제2차 세계대전 후 또다시 침체기에 빠졌던 1970년대까지 미국 거시경제 정책의 바탕이었다. 지금도 케인즈 학파 경제학자들은 일본과 싱가포르의 국가주도 개발과 성장과정을 설명하면서 특히 '한강의 기적'이라는 대한민국의 경제개발 계획을 가장 성공한 사례로 꼽는다.

케인즈가 말하는 정부의 주도적 개입에 의한 일본, 싱가포르, 대한민국식의 국가 주도형 계획경제와 조선식 사회주의 계획경제는 그 치밀함에 있어서 서로 비슷한 것 같지만 좀 더 자세히 들여다보면 너무 다른 차이점이 발견된다.

사회주의 계획경제는 크게 2가지의 치명적인 맹점이 있다. 우선 방대한 계획에 대한 관리와 미세한 조정 과정에서 너무 많은 인력과 시간이 소요된다는 것이다. 경제 수단을 국가가 전부 관리하다 보면 복잡한 생산 과정을 모두 통제할 수 없어 경제 성장이 더디어진다. 갑작스러운 외부 변화에도 효율적으로 대응할 수 없음은 물론이다.

일본이나 대한민국의 국가 정책은 사회주의 국가처럼 치밀하게 계획하되 거기에 참여하는 행위 주체들은 국가가 직접 통제하고 관리하는 방식이 아닌 기업 및 개인 중심의 자발적인 참여를 유도하는 방식이다. 국가는 전체적인 큰 그림만을 그리고 세부적인 계획은 대부대 기업이나 소부대 또는 점적인 개인들에게 위임하는 구조이다.

사회주의 국가가 인민의 행복과 강성대국의 목표를 위하여 관심을 가져야 할 현안들은 얼마나 될까? 전국의 수천 개 읍·리·동에 대한 당면 문제를 한 단위당 3개씩만 고려해도 수만 건이 넘는다. 하지만 이 모든 문제를 국가가 직접 개입하여 해결하기에는 한계가 있다. 지난 2022년 6월 북쪽의 최고지도자는 정치국 회의에 치약을 들고 나와 품질이 왜 이 모양이냐고 다그쳤다. 그런데 최고지도자가 치약 품질까지 신경 써야 하는 정부 구조는 뭔가 잘못된 것이다. 치약사건은 인민들을 위해 사소한 것까지 신경 쓰는 '자애로운 어버이'로 미화할 수는 있겠지만 국가지도자는 그보다 더 중요한 가치가 있는 국방, 외교, 통일, 경제, 문화, 환경문제, 불평등, 소득, 지역갈등, 세대갈등 등 사회 근본적인 문제들을 보살피고 국가의 정책적 개입을 살펴보아야 한다.

대한민국에는 사회주의 계획경제 못지않게 강력한 통제기능을 했던 '경제기획원'이라는 부처와 이를 재정적으로 뒷받침해주는 수단인 '산업은행'이 있다. 강력한 계획기능에 자본공급 역할을 하는 국책은행까지 소유한 '경제기획원'을 못마땅하게 여기던 미국은 기회만 되면 이 조직을 없애라고 요구했다. 미국의 압력에 경제개발 시대의 강력한 계획조정기구였던 '경제기획원'은 기어이 해체되어 지금은 기획재정부로 그 이름을 바꾸었다. 하지만 경제개발 시대 부족한 자금으로 산업구조의 기틀을 갖추어야 했던 상황에서 집중과 선택에 대한 강력한 지도력을 발휘했던 '경제기획원'의 치밀한 경제개발 계획이 없었다면 대한민국의 경제번영은 어려웠을 것이다.

사회주의 계획경제의 두 번째 맹점은 생산성 향상을 위한 로동력의 활용을 도덕적인 또는 자율적인 충성심에 지나치게 의존한다는 것이다. 인간의 도덕적인 헌신에는 한계가 분명하다. 수십 년간 미루어지고 있는 '이밥에 고기국'이라는 국가의 보상보다 장마당에서 이루어지는 즉각적인 보상에 인간은 더 충성한다. 인간의 경제적 욕구에 대한 동기부여를 확실하게 보장하는 방법은 지구상에 아직까지 시장경제밖에 없다.

자각적인 충성심에 기초하여 로동에 대한 몰입도를 장기적으로 실현할 수 있다고 생각하는 것은 엄청난 오류다. 인간은 희망으로 가득 찬 먼 미래보다 가까운 현실에 더 민감하기 마련이다. 경제학 교과서에서 언급되는 '공유지의 비극' 리론은 인간의 본성이 사회에 어떻게 작용하는지 보여준다. 내 것은 소중하지만 공동체 재산은 모든 인간을 파멸로 몰고 가는 상황을 야기한다. 조선에서 개인들의 텃밭과 협동농장 생산량이 차이 나는 리유는 토지 소유에 대한 공유지의 전국화가 만들어 낸 비극이다.

우리 것에 대한 무디어진 도덕성은 소속 집단이 아닌 다른 집단을 타자화하며 새로운 우리 것을 만드는 것에 집착한다. 우리 작업반이 아닌 다른 작업반이 관리하는 국가 설비에서 귀금속을 잘라내어 헐값으로 중국에 팔아먹는 반국가 행위는 개인적인 착복만 아니면 다 같이 나누어 먹는 소규모 집단의 일탈 행동에 '우리 것'이라는 정당성을 부여한다. 전쟁에서 아무 죄의식 없이 사람을 죽이듯이 그 소규모 집단들은 오늘도 인민군 각 부대들과 모든 단위의 기업소들에서 독버섯처럼 맹활약하고 있다.

자기단위에 맡겨진 혁명과업을 충실히 수행하는 가운데 벌어지는 소규모 집단의 이러한 일탈행동은 국가 감독기관이 적발하기 힘들다. 강성대국을 향한 국가의 노력과 충성스러운 집단으로 포장된 소규모 집단의 충돌은 앞으로 더 자주 발생하게 될 것이다. 통합적인 국가경제 계획과 나라의 국력을 갉아먹는 소규모 집단과의 소리 없는 전쟁은 '내 것에 대한 경제적 자유'를 보장하기 전에는 절대로 멈출 수 없다.

강력한 계획은 강력한 통제를 수반한다. 경제적으로는 무한한 자유를 주면서도 정치적으로는 강력한 통제력을 행사하는 국가자본주의는 중국이 써먹는 수법이기도 하다. 개혁개방의 전도사로 세계에서 주목받은 중국의 등소평은 국가의 정체성을 위협하는 자본주의식 자유주의 범람을 결코 용서치 않았다. 등소평은 1986년 12월, 해외류학파 출신 중심으로 벌어진 몇십만 명 대학생들의 '천안문 시위'를 대화로 해결하려던 호요방(후야오방) 총서기의 관용정책을 신랄히 비판하고 그를 단호히 축출시켜 버렸다.

중국은 2018년 10월 1일 증권시장의 새로운 상장사 준칙을 시행한다고 발표했다. 중국 증권감독관리위원회와 국가경제무역관리위원회의 발표에 따르면 새 준칙에는 상장사가 회사에 당위원회(당조직)를 반드시 설립해야 하며 당위원회 구성과 활동에 필요한 조건을 반드시 제공해야 한다는 조항이 추가되었다. 경영상 중요한 의사결정 사항이 있을 경우 당조직의 의견을 먼저 듣는다는 조항을 넣은 것이다. 하지만 이것은 외국 기업의 영향력을 차단하기 위한 것이지 시장의 작동을 금지한다는 것이 아니다. 기업의 활동은 보장하되 중국의 정치에 개입하는 내정 간섭은 묵과하지 않겠다는 것이다.

민주주의의 본질은 침묵하는 다수의 의견을 확인하는 것이며 민주주의의 속성은 그러한 의견들에 대한 '공정성'이다. 민주주의는 집단 속에서 침묵하는(두려워하는) 개개인의 의견들이 존중되어 만인에게 공정한 세상을 이룬다는 뜻이다. 조선에서 말하는 "사회주의는 과학이다."라는 중앙의 결정에는 '개혁개방 속의 강성대국'이라는 인민들의 민심과 경제적인 소유 욕구를 전혀 반영하지 못하고 있다.

변질된 민주주의는 다수의 침묵에 의한 저급한 평등일지라도 다수가 도덕적으로 우월하다는 착각을 일으킨다. 대부분 인간들은 많은 사람들과 의견을 공유하면 마치 진리가 된 듯이 착각하며 본질도 모른 채 공유하는 사람들이 많이 모이면 더 큰 집단지혜라고 주장한다. 민주주의는 이렇게 변질된다. 그래서 북쪽의 절대다수 인민들은 여전히 침묵하고 있다. 진리와 도덕을 독점한 사회지도층의 선동에 아무런 의심을 갖지 않는다. 다수들에 의해 변질된 민주주의는 반대편을 가혹하게 탄압한다. 그 탄압을 민주주의를 실현하는 강력한 통제로 착각하며 정상적인 국가의 행위라고 여긴다.

변질된 민주주의를 잉태하지 않는 건전한 집단은 개인으로부터 출발한다. 국가의 권력은 개인의 인권과 재산권을 보호하는 것에 우선순위를 두어야 한다. 개인이 잘되어야 가정이 잘되고 가정이 잘되어야 건전한 집단으로 발전할 수 있다.

개인과 기업집단이 시장경제에 기초하여 국가와 협업을 이루어 참여하는 국가계획, 맹목적인 충성심의 강요가 아니라 개인의 인권과 재산권 보호에 기반하는 근로자들의 동기부여, 이 2가지 맹점만 극복된다면 조선식 계획경제도 아무 문제가 없다.

북과 남의 서로 다른 음식문화

북쪽과 같은 듯 하면서도 다른 남쪽의 음식은 탈북민들이 극복해야 할 난제중의 하나이다. 대한민국 식탁에는 커다란 가위가 있다. 랭면을 가위로 자르고 통김치나 깍두기도 식탁에서 가위로 잘라먹는다. 고기를 먹을 때에도 큼직한 고기를 불판에 올려놓고 다 익으면 가위로 잘라 먹는다. 천이나 종이 같이 뭔가 자를 때나 쓰이는 도구가 식탁에 올라오는 상황에 탈북민들은 의아해 한다. 북에서는 상상도 못 할 일이다.

남쪽의 가장 대중적인 간이음식(길거리 음식)은 떡볶이와 순대, 그리고 물고기떡(오뎅)이다. 떡볶이는 떡을 기름에 볶아 주는 것이 아니라 걸쭉하고 얼큰한 양념 속에 끓이다가 그릇에 담아 준다. 대한민국 순대는 쌀과 선지, 채소가 들어가는 것이 아니라 대량의 분탕(당면)이 들어있다. 북쪽과 너무 다르다. 물고기떡(오뎅)은 납작하고 길게 또는 칼파스(소세지)처럼 동그랗고 길게 만들어서 꼬챙이에 끼운 다음 해산물과 각종 양념재료의 국물 속에서 끓이다가 손님에게 국물과 함께 내어준다.

가장 많이 배달시켜 먹는 짜장면을 처음 보는 순간 나는 면발에 부어 먹는 시꺼먼 장물(소스)이 시각적으로 너무 이상해 먹지 못했다. 삐짜(피자)를 처음 보는 순간 위에 뿌려져 있는 치즈가 코물(콧물)과 비슷한 색상에다 질질 늘어나는 것이 뭉그적거리는 식감이 연상되어 도무지 먹고 싶은 용기가 나지 않았다. 뭐, 지금은 쫄깃한 치즈만 골라먹는다. 두부 맛도 다르다. 분명 두부인데 두부 맛이 전혀 없었다. 나중에 북쪽의 장마당과 비슷한 재래시장에서 공장에서 대량생산되지 않은, 할머니들이 옛날식으로 직접 만든 손두부를 먹어 보고 나서야 북쪽에서의 두부 맛을 조금 느낄 수 있었다.

양념에 무쳐 먹는 북쪽의 생선회와 달리 살점 한 점씩 양념에 찍어 먹는 회 문화도 다르다. 최근 고급 료리집 중심으로 생선회 문화가 달라지고 있다지만 일반인들은 잘 모른다. 맛있는 거 사 준다며 지인이 회집에 나를 데려갔을 때 처음 경험하는 맛 때문에 이상했다. 맛있기는 개뿔! 그런데 그 생선회 가격이 돼지고기보다 더 비싼 것을 보고는 놀랐다. 지금은 고기보다 생선회를 더 선호한다. 가장 결정적인 것은 음식마다 사탕가루(설탕)를 너무 많이 사용해 모든 음식이 도무지 맛을 느낄 수 없는 것이었다. 양념에 재우지 않은 생고기를 구워 먹거나 즉석국수(라면) 먹을 때가 제일 행복했다.

경제성장으로 먹을 것이 넘쳐나고 독특한 해외 음식까지 반입되면서 대한민국의 음식문화는 다양하게 변화되어 있다. 고칼로리 위주의 음식문화 변화로 대한민국 사람들은 신체 구조가 북쪽 사람들과 달라져 가고 있다. 1914년 조선반도 남성의 평균 키는 159.8cm, 녀성 평균 키는 142.2cm였다. 2022년 통계자료에 의하면 대한민국에서 남성의 평균 키는 174.9cm, 녀성의 평균 키는 162.3cm이다. 영국의 BBC 방송은 1996~2002년 북과 남의 공개 자료를 인용하면서 같은 민족인 대한민국 녀성의 평균 키가 160.9cm로 북쪽 남성 평균 키 158cm보다 더 큰, 세계적으로 유일한 사례라고 보도하기도 했다.

3

개혁개방은 정말 좋은 것일까

오늘날 개혁개방은 세계사적 흐름으로 거스를 수 없는 대세다. 그러나 개혁개방은 서양식 자본주의 문물을 려과없이 통째로 받아들인다는 개념이 아니다. 어디까지, 어떻게 개혁하고 개방해야 하는가에 대한 문제는 각 나라마다 각이할 수밖에 없다. 무턱대고 개혁개방에 현혹되었다가는 살아남기는 고사하고 장렬하게 전사하는 경우가 더 많다. 개혁개방의 피해를 최소화하기 위한 옳은 정책적 선도가 바로 국가의 역할이다.

대한민국의 영화관들은 년중 5분의 1 이상(73일) 국내영화를 의무적으로 상영해야만 하는 규정을 따라야 한다. 국내 영화산업 보호를 위해 1967년부터 시행된 '스크린쿼터'(국내영화 상영시간 강제 할당)라는 제도 때문이다. 대한민국은 미국의 압력에 1984년 수입영화 규제를 철폐하였고 1988년에는 미국 영화사들이 국내에 직접 공급할 수 있는 배급권까지 내어주면서도 스크린쿼터 제도만은 끝까지 고수하였다. 하지만 남쪽은 북쪽처럼 대한민국 등 외국 영화를 소지한 죄만으로도 사형 또는 징역에 처하는 초강도 규제는 하지 않았다. 그렇다고 하여 손 놓고 바라보기만 하면서 아무런 노력도 하지 않은 것은 아니다. 다만 개혁개방을 바라보는 시각이 북쪽과 다를 뿐이다.

개혁개방의 길목에서 대한민국 정부는 거대한 자금 동원력을 가진 외국계 영화사에 비해 동네 철공소 수준을 벗어나지 못했던 국내 영화사들을 마냥 보호하지만 않았다. 대한민국의 영화인들은 외국의 문화침탈 행위라고 거세게 반발했고 국민들도 찬성과 반대가 반반일 정도로 이 문제는 뜨거운 감자였다. 영화에 기여한 공로로 훈장까지 받았던 유명 배우가 "문화주권을 짓밟는 훈장은 가치가 없다."며 훈장을 반납하는 등 인기 배우들의 런이은 시위는 일반대중의 흐릿한 판단을 충동하기에 충분했다.

하지만 대한민국 정부는 격앙된 여론에 맞서 '언제까지 국가의 보호에 매달려 민족주의 허울' 속에 지낼 거냐며 강력한 립장을 고수하였다. 정부는 16개 영화공급사의 수익을 결정하는 수입영화 배분을 철저히 질 좋은 영화를 많이 만들어 내는 실력 위주로 분배하였고 실력이 없는 영화사들은 반드시 1년에 15편 이상의 영화를 제작해야만 수입영화 1편을 배정하는 등 영화 산업의 토대를 조성하는 사업을 꾸준히 밀어 붙였다.

국제금융 세력들의 대한민국 침탈 작전인 IMF 금융위기 직후인 1998년 대한민국과 미국 사이에 맺어진 한·미 투자협정에는 경제활동과 아무 상관없는 스크린쿼터 축소도 들어 있었다. 영화산업이 민족의 혼을 사수하는 역할과 더불어 엄청난 수익을 창출하는 굴뚝 없는 고부가가치 산업임을 대한민국 정부 당국도 미처 모르던 때였다. 2003년 세계무역기구(WTO) 가입, 2006년 한·미 자유무역(FTA)협상 당시에도 미국은 스크린쿼터 폐지를 강력하게 요구했다. 그들의 개혁개방 요구는 독이 더 많은 조건들이었음을 알고 있기에 대한민국은 그들의 요구에 순순히 굴복하지 않았다.

지금도 대한민국에서는 스크린쿼터가 의무다. 하지만 지금은 스크린쿼터 때문에 국내영화를 억지로 상영하지는 않는다. 오히려 국산 영화들이 더 인기다. 2021년 기준 흥행 상위 20위를 보면 국내영화가 16편,

외국영화는 4편밖에 안 된다. 대한민국 영화의 해외 진출은 더욱 두드러진다. 영화 〈기생충〉을 비롯하여 서양이 주도하는 세계영화축제에서 대한민국 영화들이 각종 상을 휩쓸고 있다. 〈오징어 게임〉 같은 드라마는 전 세계 수억 명이 봤다. 대한민국 영화는 핵무기에 비길 수 없는 어마어마한 국위선양을 하고 있다. 대한민국 영화 덕분에 수십억 지구인들이 우리민족의 고유문화는 물론 대한민국에서 생산되었다는 리유만으로 대한민국 상품들까지 추앙하고 있다.

대한민국의 좀 더 위험한 개혁개방 시도는 사실 류통분야에서 일어났다. 1990년대 중반부터 시작된 류통구조 개방은 경제학자들과 기업인들의 엄청난 반대에 부딪쳤다. 북쪽의 장마당과 비슷하게 운영되던 대한민국의 전통시장은 상품과 물류 류통의 중심지였다. 유명한 대학교 교수들을 비롯한 지식인 집단과 기존 상인들은 전통시장 중심의 골목상권과 류통업계 전체가 선진국들의 식민지가 되어 상품시장의 주도권을 외국 자본에 내주는 비참한 결과를 가져올 것이라며 류통시장 개방을 강력히 반대했다.

하지만 대한민국 정부는 류통분야의 개혁개방을 과감하게 밀어붙였다. 대한민국 정부는 장마당과 같은 전통시장으로는 대형화 추세로 가는 물류 거점과 무인 로봇에 의한 첨단 물류 시스템 도입 등의 세계적인 물류 혁신 흐름을 쫓아갈 수 없음을 간파했다. 물류 혁신 없이는 경제발전의 한계를 가져올 수밖에 없다는 상황을 정확히 인식했던 것이다. 대한민국은 국내 대기업그룹인 신세계와 롯데 등의 물류계렬사인 이마트, 롯데마트 등에 일정기간 외국계 대기업들과 맞설 수 있는 특혜를 몰아주며 독려하였고 선진적인 물류 시스템의 도입에 대한 국가지원을 아끼지 않았다. 결과 대한민국의 류통업계는 미국의 월마트(Wall Mart), 프랑스의 까르프(Carrefour), 영국의 테스코(Tesco) 등 거대 외국 기업들과의 한판 전쟁에서 판정승을 거두었다.

대한민국이 개혁개방을 받아들이는 과정에서 혁혁한 성과만을 거둔 것은 아니다. 개혁개방을 추진하는 과정에서 흘린 피도 결코 적지 않다. 대한민국의 개혁개방 정점은 아시아 금융 혼란의 폭풍이 몰아치던 1997년 IMF 사태이다. 1997년 11월 21일은 대한민국이 국제통화기금(IMF)에 긴급 구조 요청을 발표한 날이다. 국제통화기금(IMF)을 앞세워 대한민국을 쥐락펴락하던 미국은 무려 30%가 넘는 혹독한 금리와 금융시장 개방 및 금융회사의 통폐합, 기업 강제매각 등 고강도 처방을 강요했다. 이웃나라 일본은 살아남기 위해 마지막 숨을 몰아쉬는 대한민국을 일격에 한 방에 때려눕혔다.

대한민국은 IMF에 가기 전 일본에 먼저 손을 내밀었지만 일부 남아 있던 대금마저 철저히 수거해간 일본의 얄미운 행위로 결국 국제금융 세력 앞에 무릎을 꿇고 말았다. 미국 재무부 일개 과장급이 국내에 직접 들어와 경제부처 수장들을 불러 놓고 일장 훈시를 하는 가운데 엄청난 국부 유출의 아픔을 겪어야 했다. 외국 자본에 은행과 기업들이 헐값에 무참히 팔려가는 등 160건 이상의 크고 작은 구조조정을 강요당했다. 재계 1~2위를 넘보던 대기업들이 무너지고 거리에는 실업자들이 넘쳐났다. 대다수 서민들의 가정에는 피눈물의 사연이 하나둘씩 가슴에 새겨진 암울한 시절이었다.

하지만 대한민국은 하나같이 똘똘 뭉쳐 국제통화기금(IMF)의 구제금융을 받는 굴욕적인 경제위기 상황에서 빛의 속도로 탈출했다. 국가 신용도 확보를 위한 '금모으기운동'을 위해 부녀자들은 장롱 속 깊숙이 보관하던 금반지를 꺼냈고(국가에 기부한 것이 아니라 국가에서 국제시장 가격으로 매입해 주었다.) 기업인들은 개인 사재를 출연하고 관리들과 로동자들은 월급을 반납하며 온 국민이 함께했다. 위기에 대응하는 대한민국의 강력한 국민 결집력에 전 세계가 놀라움을 금치 못했다.

세계가 놀란 대한민국의 국민성과 위기대응 능력에 대해 모두들 높이 평가하지만 아쉬운 부분도 있다. 아시아 금융위기 당시 말레이시아는 국제통화기금(IMF)의 강도적인 요구를 단호히 거절했다. 해외 투기세력의 일시적인 시장교란 행위라고 판단한 말레이시아는 대한민국처럼 IMF에 굴복하지 않고 오히려 내부 시장 보호를 위해 외화 반출을 엄격히 통제하는 한편 해외에 나가 있는 자국 화폐를 회수하며 고정환률제를 선택하였다. 그 결과 말레이시아는 부동산이나 물가 요동을 심하게 겪지 않고 외환위기를 견디어 낼 수 있었다. 지금도 말레이시아는 해외 투기꾼들이 득실거리는 역외 차액결제선물환(NDF)에 대한 자국 내 은행들의 참여를 금지하는 등 국제금융 세력에 단호히 대처하고 있다. 6개월이라는 단시간에 IMF를 벗어난 대한민국과 달리 타이(태국)는 6년이나 걸렸다. 태국은 비공식적으로 기업들에게 국제금융 세력들의 채무 상환을 거절하라고 부추기면서까지 1997년 국제금융 세력들이 벌인 광란의 략탈에 보복할 정도였다.

대한민국을 마치도 부패로만 가득 찬 국가인 양 자기들 멋대로 평가하며 료리해 먹어치웠던 IMF는 그로부터 10여 년 뒤 유럽에서 일어난 경제위기에는 너무 관대했다. 에스빠냐와 그리스는 공장을 돌리기 위해 돈이 필요한 것이 아니라 국민의 4분의 1이 공무원일 정도로 정부 보조금에만 매달려 빈둥대며 노는데 돈이 들어가는 상황이었다. 하지만 IMF는 그들이 끝까지 배 째라고 버티자 그들의 요구 조건을 전부 수용해 주었다. 대한민국에 그토록 가혹했던 IMF는 에스빠냐의 구제금융에는 아무런 조건도 달지 않았다. 심지어 그리스의 경우에는 1500억딸라의 빚을 졌던 대한민국의 2배가 넘는 4000억 딸라라는 엄청난 금액에도 불구하고 그 빚을 53%까지 탕감해 주기도 했다. 지금도 의문이다. 왜 국제무대에서 우리나라만 착해야 하는가? 아이러니하게도 IMF는 대한민국을 자신들이 성공적으로 구조한 전형적인 모범 사례로 사방에 선전하고 있다.

남쪽의 개혁개방은 아직도 현재진행형이다. 금융시장의 경우 14조 5100억 딸라(2020년 말 기준)라는 어마무시한 추종 자금을 몰고 다니는 미국 투자은행 모건스탠리의 투자지수 'MSCI' 편입에 여전히 개방의 빗장을 완전히 풀지 않고 있다. 미국은 주식시장 개장 시간이 지리적 위치상 다를 수밖에 없는 환경을 무시하고 역외 현물환 거래를 24시간 내내 개방하라고 요구한다. 국내에서 주식 시장이 끝나는 시간은 미국을 비롯한 유럽의 주식시장이 가장 활발한 시간이다. 국민 모두가 곤히 자는 야밤에 외국인들이 돈 갖고 튀어 버리는 상황을 우려하는 남쪽의 금융당국은 환율을 '제2의 국방력'이라고까지 표현하며 강력하게 반발하고 있다. 말레이시아와 달리 IMF에 굴복했던 남쪽의 대형 금융사들은 역외 차액결제선물환(NDF)과 같은 투기세력들의 놀이터에 그대로 노출되어 있다. 대한민국의 금융정책 담당자들은 이 시각도 일반 국민들이 잘 모르는 환율 방어라는 국가의 최전선에서 IMF 금융위기의 후유증을 가시기 위한 혈투를 벌리고 있다. 하지만 혈투가 두려워 개혁개방을 피하면 미래는 더 암울할 것이다.

사회주의 국가 웰남은 1992년 쇄신을 뜻하는 '도이머이' 정책으로 사회주의 계획경제를 포기하고 개혁개방 정책을 조심스럽게 추진하였다. 불과 10여 년 전까지만 해도 서로 피 터지게 싸우던 미국과 친구를 맺고 국가 발전을 선택했다. 대한민국과 웰남 사이에는 '현인그룹'이라는 모임이 있다. 이 모임은 김일성종합대학에서 류학했던 웰남 고위급 공무원들과 대한민국의 고위급 공무원들의 모임이다. 지금은 아니지만 조선은 한때 사회주의 국가 웰남이 열심히 따라 배워야 할 모범 국가였다.

대한민국은 웰남과 미국이 싸울 때 미국의 든든한 동맹이었다. 웰남 정부는 "과거보다 미래가 더 중요하다."는 실리에 따라 어제 날의 적이었던 대한민국을 '동지'로 극진히 대하고 있다. 국가 발전에 도움이 된다면 뭐든지 감수하겠다는 자세다. 웰남은 아예 국가발전 전략회의에 대한민국의 기획재정부와 한국개발연구원(KDI)을 참석시킨다. 지금은 쏘련제 낡은 무기를 현대식으로 바꾸기 위하여 대한민국과 국방산업을 협의하는 단계까지 이르러 향후 량국 관계는 혈맹처럼 바뀔 수도 있다. 1992년 대한민국과 국가 수교를 맺은 웰남은 수교 당시 5억 딸라 규모였던 무역이 30년 만인 2021년 807억 딸라에 이르렀고, 대한민국의 대웰남 투자는 지금까지 741억 딸라로 웰남에 투자하는 국가들 중 1위다. 지금 대한민국에는 웰남에서 시집온 새색시들이 15만 명(2021년 기준)이나 살고 있어 사돈의 나라가 되어 가고 있다. 반대로 웰남에는 23만 명의 대한민국 기업인들이 진출해서 살고 있으며 지금도 가파르게 증가하고 있는 상황이다.

중국의 개혁개방은 검은 고양이든 흰 고양이든 쥐만 잡으면 된다는 이른바 '흑묘백묘' 리론을 주장하던 등소평에 의해서 시작되었다고 한다. 하지만 이는 잘못 알고 있는 진실이다. 나는 중국의 개혁개방이 경제적인 리유가 목적이 아니라고 생각한다. 중국의 개혁개방 리유는 국제무대에서 고립되게 된 중국의 정치적인 리유가 더 컸다. 그래서 중국의 개혁개방은 쏘련식 급진적 시장경제 선회가 아닌 사회주의 구조에 자본주의를 조금씩 섞는 조심스러운 제도 개혁으로 이루어지는 특징을 가지고 있다.

1960년부터 쏘련은 2차 대전에서 일본의 패망에 기여한 붉은군대의 대가를 중국에 요구했다. 같은 사회주의 동맹국끼리 왜 그러냐며 중국이 모른 척하자 군사 및 기술원조단을 철수하고 경제협력마저 기피하였다. 중국의 핵무기 기술 이전 요구도 묵살했다. 쏘련의 비협조로 모택동의 야심찬 대약진운동까지 차질을 빚게 되자 중국의 불만은 점점 커져만 갔다. 급기야 1969년 3월에는 중국 동북부 우쑤리 강안의 한 섬에서 쏘련군과 련대급 국지전으로 이어졌으며 이 분쟁은 중국이 개혁개방으로 어느 정도 성과를 이룬 2005년에야 마무리 되었다. 중·쏘 분쟁이 시작되던 때부터 준비한 미국의 발 빠른 노력에 의해 1972년 1월 미국 대통령의 중국 방문을 기점으로 중국은 미국 쪽으로 확실히 기울게 되었다. 중국은 공산국가 우두머리 쏘련에 대한 최후의 배신감을 느끼며 미국과 손잡을 수밖에 없었고 이러한 국제적 환경을 재빨리 포착하고 선손을 쓴 미국의 외교력에 의해 중국은 미국식 자본주의 시장경제를 받아들이게 되었던 것이다. 중국의 개혁개방은 쏘련의 배신으로 인한 사생아일 뿐 체제전환을 위한 중국 내부의 필요는 아니었다. 중국이 말하는 특색있는 사회주의라는 말은 그래서 나온 것이다.

지리적으로 중국 및 쏘련과 맞닿아 있는 조선은 중·쏘 량국의 줄타기 외교로 국익을 최대화 하는 외교정책을 구사할 수밖에 없었다. 줄타기 외교로 선택의 폭이 좁았던 조선은 자립적 민족경제(폐쇄형 경제구조)를 고수하는 방법 외에는 뾰족한 대안이 없었다. 그러나 조선식 자립적 민족경제는 시간이 흐르면서 개방형 경제구조에 비해 비효율적임이 점차 드러났다. 폐쇄형 경제구조와 달리 개방형 경제구조는 생산, 류통, 소비 등 경제 순환의 여러 측면에서 세계시장과 련결되어 있어 눅고(값싼)

질 좋은 원료와 인력을 결합하는 국제분업 시스템을 공유한다. 또한 판매에서는 국제적인 류통망을 활용하여 가격을 최대화할 수 있다. 그러나 폐쇄형 구조는 국내 자원에만 의존하는 생산원가와 국내 지역의 공급에만 국한되어 고비용 저부가가치 구조를 벗어날 수 없다.

대한민국의 포항제철이 철광석과 콕스탄(고열량석탄)을 100% 수입에 의존하는데도 생산량과 품질, 가격 경쟁력이 세계 1등인 리유는 바로 개방형 경제로 인한 세계적인 분업 시스템의 활용 덕분이다. 북쪽의 경제가 지금보다 그나마 잘 돌아갔던 1980년대 사회주의 10대 전망 목표의 강철 생산 목표는 1200만 톤이었다. 2021년 대한민국의 철강 생산은 년간 7,000만 톤으로 중국, 인도, 일본, 미국, 로씨야에 이어 세계 6위이다. 대한민국의 강철기업 포항제철은 세계적인 철강 전문 분석업체인 WSD에서 2011년부터 현재까지 13년 런속 '세계에서 가장 경쟁력 있는 철강회사'로 선정되었다.

서양 오랑캐들로부터 민족의 전통을 지켜야 한다며 '쇄국통치'를 고집했던 리조 말기 집권층과 '우리민족제일주의' 기치 아래 사회주의 조선을 호시탐탐 노리는 외부 침략자들을 한 놈도 용서치 않겠다는 현재의 주체조선이 어떤 차이가 있는지 심각하게 생각해 봐야 한다. 자기 것을 지킨다는 명분 때문에 유연성과 개방성을 잃는 것은 아닌지, 인민들을 이끌어야 할 지도층이 확증편향의 자기신념에 사로잡혀 21세기적 사고를 따라잡지 못하고 있는 것은 아닌지 심각하게 생각해 봐야 한다.

생각이 바뀐다는 것은 변절이 아니라 새로운 것에 대한 용기다. 깨달음으로 생각과 행동을 바꾸는 것에 대한 선택의 자유는 인간에게 주어진 특권이다. 꺾이면 꺾일지언정 굽히지 않겠다고? 풀죽을 먹더라도 혁명의 붉은기를 끝까지 지킨다고? 개혁개방을 받아들인 국가들은 신념이나 배짱이 없는 무능인들만 모인 집단이 아니다. 혁명적인 구호는 소수의 희생으로 다수의 행복을 추구하는 사상적, 정신적 무기로 리용될 수는 있겠으나 다수의 무조건적인 희생을 강요해서는 안 된다. 수천만 인민들의 목숨과 흥정하는 당중앙의 자존심이 용기인지 오기인지는 력사가 심판할 것이다.

21세기에 사는 우리가 19세기 력사를 복습하는 리유는 실패의 아픔을 또다시 재연하지 않기 위한 깨달음을 얻기 위해서이다. 력사를 잊은 민족에게 미래는 없다.

쉬어가기 마당

북과 남의 '고운 말 우리말'

탈북민들이 아래동네 적응에서 겪는 가장 큰 어려움은 언어 소통이다. 남조선을 대한민국 또는 줄여서 한국으로 부르는 것도 낯선데(남쪽에서는 조선을 북한이라 부른다.) 각종 외래어와 마주치다 보면 마치 외국에 온 것 같다. 해외에서 들어온 문화나 거리의 간판은 그렇다 치더라도 일상 대화에도 영어 표현이 너무 많다. 이 상태로 더 가다가는 북과 남이 서로 번역기를 돌려야 할 상황이 될 것 같다.

물론 북에서도 외래어를 전혀 쓰지 않는 것은 아니다. 로씨야식 표현인 고마르까세멘트(고강도시멘트), 칼파스(소시지), 뜨락또르(트랙터) 등의 표현처럼 외래어들이 일부 있긴 하지만 남쪽처럼 많지는 않다. 대부분은 우리말로 순화된 수지연필(샤프), 살결물(스킨로션), 멜가방(백팩), 화학세탁(드라이클리닝), 무리등(샹들리에), 직결학습(온라인 강의) 등의 표현을 쓴다. 해외에서 들어온 외래어 이지만 북과 남이 다르게 표현하는 것도 있다. 빙상호케이(아이스하키), 휘거(피겨), 뻥끼(페인트), 세타(스웨터) 등이다.

같은 우리말인데 북과 남이 조금씩 다른 표현들도 있다. 비슷하면서도 살짝 다르게 쓰이는 표현들인 날자(날짜), 아빠트(아파트), 뻐스(버스), 마라손(마라톤) 등은 대한민국 생활이 오래되어도 헷갈린다. 같은 뜻인데 북과 남이 전혀 다른 표현들도 많다. 인차(금방), 부화(간통), 렌트겐(X레이), 홍당무(당근), 원쑤(원수), 주패(카드놀이), 바줄당기기(줄

246

다리기), 너비뛰기(멀리뛰기), 위생실(화장실), 신소(고발), 썩살(굳은 살), 능달(응달), 물고기떡(어묵, 오뎅), 닭곰탕(삼계탕), 오그랑수(속임 수), 와뜰(흠칫), 수표(서명) 등 이런 북쪽 표현들은 남에서는 알아듣기 힘들다. 하지만 이것도 공부하면 된다.

진짜로 힘든 것은 비슷하면서도 조금씩 다른 동사적 표현들이다. 동 사적 표현은 대부분 습관적이다. 밤을 패다(밤을 새다), 과제물 등을 바 치다(제출하다), 배워주다(가르치다), 물건이 마사지다(망가지다), 올리 막이다(오르막이다), 얼빤하다(어리벙벙하다) 등의 동사들을 적절히 사 용하는 데에는 꽤 오랜 시간이 필요하다. 탈북민들이 가장 많이 실수하 는 부분은 '일 없습니다.'라는 표현이다. 북에서는 '괜찮다.'는 표현이지 만 남에서는 '내 일에 상관하지 마.'라는 부정적인 표현이다.

진짜로 힘든 것은 또 있다. 존대말 기준과 표현이다. 북에서 최고지도 자에게만 붙이는 'ㅇㅇㅇ하셨습니다.'라는 표현은 일상화 되어 있다. '합 시다, 갑시다'라는 북쪽의 존대말은 남쪽에서 명령조로 하는 말이다. 탈 북민들은 '내가, 나는'식의 표현에 크게 개의치 않지만 남쪽에서는 '제가, 저는'이라고 말해야 한다. 탈북민들이 습관처럼 내뱉는 '아니, 왜?', '뭣 때 문인데.', '그건 아닌데.', '그게 맞는 거지.' 등의 말꼬리에 '요' 자를 붙이지 않는 혼자말 같은 표현은 남쪽에서 전부 반말이다. 그래서 남쪽에서 탈 북민들은 건방지다는 인상을 주며 불필요한 오해를 많이 받는다.

제5장

강성대국을
위한
미래 전략

사실과 진실, 그리고 변화

사실과 진실은 다르다. 두뇌로 인지한 사실을 가슴을 통해 깨닫는 감정이 진실이다. 머리로 아는 사실은 직접 부대끼며 가슴으로 깨닫는 감정인 진실과 다르다. 머리와 가슴 사이가 가장 멀다는 말처럼 두뇌와 가슴은 항상 충돌한다. 가슴으로 느껴야 진실과 마주하게 된다. 진실을 알아야 조국과 민족을 위해 가슴을 뛰게 하는 무엇인가를 할 수 있다. 진실을 알아야 내가 가야 할 길이 어떤 방향으로 변화해야 하는지 고수다운 감을 잡을 수 있다. 옳은 방향을 재빨리 포착하고 그 방향에 대한 발 빠른 변화만이 강자들이 득실거리는 현실세계에서 살아남는 진정한 고수의 생존 방법이다.

"대한민국은 왜 미제의 앞잡이 노릇을 하며 북남 관계 개선에 쩔쩔 매는 것인가?" 북남회담장에서 미국 등 국제사회의 제재를 의식하는 대한민국 사람들에게 북쪽 사람들이 기분 나쁠 때마다 내뱉는 말이다. 대한민국이 미국의 앞잡이라는 것은 사실일까 진실일까. 사실은 눈에 보이지만 진실은 눈에 잘 보이지 않는다. 하수의 눈으로는 고수를 절대로 측량하지 못한다. 하수가 칼을 잘못 휘둘러 자기 팔을 자르는 것은 어쩔 수 없더라도 남의 팔까지 자르거나 고수한테 덤비며 피해를 끼칠 정도면 죄악이다.

북쪽과 달리 남쪽은 '세계 유일 초강대국 미국'이라는 사실을 그들과 직접 부대끼며 가슴으로 느꼈다. 북쪽은 머리로는 '초강대국 미국'이라는 사실을 인정하지만 가슴은 '민족적 자긍심'으로 가득 차 있다. 남쪽의 '민족적 자긍심'은 지배당함으로써 얻는 리익이 굴종의 수치를 압도적으로 뛰어넘는 상황에서는 다르다고 가슴으로 깨달은 것이다. 대들지 않겠다고 맹세하면 푸짐하게 한 끼 잘 얻어먹을 수도 있다는 약속과 앞으로 대들지 않는 한 영원히 배곯지 않게 해 주겠다는 약속은 차원이 다른 것이다. 남쪽이 가슴으로 깨달은 진실은 북쪽이 주장하는 진실과 차원이 다르다. 남쪽이 스스로 자청한 지배는 북쪽이 생각하는 모멸적이고 수치스러운 지배가 아니다.

대한민국이 자청한 '미국의 지배'라는 표현에 분개하는 대한민국 사람들도 있다. "세계에서 가장 민주화된 정치제도와 세계적인 기업들이 즐비한데 미국의 지배라니?" 하며 분개하는 일반 시민들은 대한민국의 반도체 기술이 미국에 얼마나 종속되어 있는지, 대한민국 경제체질 개선과 선진국 가입에 결정적인 역할을 했던 중화학공업의 원자재인 석유가 미국의 패권에 어떤 영향을 받고 있는지 알려고도 하지 않는다. 순수 자체 기술에 의한 제품인 대한민국 원자력발전소의 수출에 대한 결정권까지 미국이 쥐고 있다는 사실은 더더욱 간파하기 어렵다. 핵무기를 만들 수 있는 농축 우라니움 기술을 미국이 승인해 주지 않으면 대한민국보다 중국이나 로씨야의 원자력발전소를 수입하겠다는 사우디의 모습에서 국제정치의 역할을 읽어 내는 일반인들은 거의 없다.

강대국들의 전유물인 파렴치한 도덕적 위선의 우열에서 미국도 결코 뒤지지 않지만 '민족의 혼'까지 깡그리 없애려고 한 일본에 비하면 신사적이다. 식민지 통치 36년간 일본 내각에 들어간 조선인 고위급 간부는 1명도 없었던 것에 비해 미국으로 이민 간 대한민국계 사람들이 미국인으로 정착하여 정계와 재계에 고위간부로 선출된 사례는 너무 많아서 손으로 꼽기 힘들 정도다. 조선은 조미 회담이 열릴 때마다 미국 측 대표단에 조선말에 능통한 동양인 고급간부들이 많은 데 대해서 매번 놀라울 것이다. 2019년 하노이에서 진행된 조미회담 당시 조선을 비밀리에 방문해 사전 실무 절차를 총괄한 미국 측 책임자는 '성김'이라는 대한민국계 사람이다.

북쪽이 볼 때 남쪽은 비굴해 보이겠지만 대한민국의 위상은 현재 북과 남의 경제적인 격차로 증명된다. 미국과 협력하여 발 빠르게 변화에 성공한 대한민국을 바라보는 북쪽의 랭소적인 반응은 그냥 부러움으로 가득한 시기와 질투로밖에 보이지 않는다.

변화에 대한 발 빠른 대응이 얼마나 중요한지는 『종의 기원』이라는 저서로 생물학 연구에 거대한 족적을 남긴 찰스 다윈의 주장에서도 알 수 있다. 그는 수억 년의 력사 속에서 지금까지 살아남은 동식물의 종은 '강한 자가 아니라 변화에 빠른 자'라고 설명한다. 우리는 조선반도가 격동에 휩싸였던 19세기 후반부터 20세기 초, 격변의 그 소용돌이 속에서 변화의 방향을 제대로 읽지 못해 일본의 식민지가 되었고 나라가 둘로 쪼개지는 상황까지 기어이 맞이하게 되었다. 과거가 아닌 현시점에서 우리에겐 어떤 변화가 필요할까? 미국과 협력하여 살아남으려는 남쪽의 변화는 과연 조선민족의 기질과 자존심으로 도저히 받아들이기 힘든 비굴한 선택일까?

근대 력사에서 조선반도의 가장 큰 사회적 변화는 아마도 20세기 초에 겪은 '단발령'이다. 우리민족은 상투문화를 몇천 년의 유구한 력사와 전통이라 자랑하며 세계만방을 통틀어 마지막까지 유지했다. 국민 모두가 상투문화는 민족의 질서를 유지시키는 모발 이상의 가치라 주장하며 상투를 자르는 '단발령'에 저항했다. 학부대신(지금의 교육부 장관) 리도재를 비롯하여 관료들은 파직을 당하면서까지 상투를 고수했고 보은현감(보은군 군수) 리규백의 부인은 소복단장을 곱게 한 채 목을 매다는 것으로 중상류층 부녀자들을 대변했다. 힘없는 민초들도 가만히 있지 않았다. 한양(서울)의 인력거꾼들은 단발하지 않으면 영업자격을 박탈하고 감옥에 보내겠다는 엄포에 스스로 자청해서 감옥으로 들어갔고 해주의 이름 없는 로인 두 명은 옛 시절의 의로움을 구한다는 유서를 남기고 관청 앞에서 자결의 길을 택했다.

단발을 강제하는 '체두관'이라는 새로 생긴 벼슬아치들은 전국의 시장바닥을 돌아다니며 만나는 사람마다 닥치는 대로 상투를 잘라 버렸다. 벽장에 숨어 있는 자들까지 끌어내어 악착같이 상투를 잘라 버리자 강원도 춘천 지역의 사람들은 이에 반대하는 '애발당'이라는 모임을 스스로 만들어 조직적으로 국가에 대항했다. 그들은 목은 잘려도 상투는 자를수 없다는 취지의 격문을 랑독하고 전국으로 반란을 확산시켰으며 이들의 반란으로 안동, 충주의 관찰사들이 살해당하고 의성, 영덕, 예천, 청풍, 단양, 천안, 양양, 고성, 삼수, 저평 군수들이 피살되었다. 변변한 수도물 시설이나 세제도 없어서 머리이와 벼룩이 들끓던 그 시절, 우리 국민들은 왜 그렇게 간수하기도 힘들고 거동에도 불편한 상투를 서양식 짧은 머리로 변화하는 데 극렬하게 반발하였을까?

중국과 웰남이 경제개발에 성공한 것은 미국의 도움이 없었으면 불가능한 일이었다. 대한민국이 그렇지 않은 것처럼 중국과 웰남이 미국의 지배를 당하거나 앞잡이라고 생각하는 사람은 지구상 그 어디에도 없다. 최근 비밀 해제된 미국의 국가안보결정 지침에 의하면 미국은 1970년대 캄보쟈(캄보디아)를 침공한 웰남을 몰아내기 위해 중국에 비밀리에 1억 2000만 딸라를 건네는 328프로젝트를 진행했다. 미국은 쏘련에 대항하는 아프가니스탄 반군에도 중국 군부를 통해 20억 딸라를 우회적으로 지출하였다. 사회주의 국가 중국과 자본주의 국가 미국의 이러한 '밀약의 력사'는 길고도 깊다.

그렇다면 조선반도는 미국과 중국, 어느 쪽과 악수를 해야 하는가? 답은 이미 나와 있다. 두 차례의 세계대전에서의 승자는 전통 강대국들과 한편이었던 국가들이었다. 신흥 강대국으로 부상하려던 나라들은 2차 대전에서 전통 강대국들에 신나게 두들겨 맞았고 지금은 중국이 전통 강대국들에 얻어맞고 있다. 신흥 강대국 로씨야는 자국을 침범했던 독일을 몰아내기 위해 잠시만 전통 강대국들과 손을 잡았을 뿐이다.

1972년 중국을 방문한 미국 대통령은 주한미군 2만 명 철수결정에 감사하다는 주은래(저우언라이) 총리에게 "남이든 북이든 조선인은 충동적인 사람들이다. 우리 두 나라(미·중)를 곤궁에 빠뜨리는 사건을 일으키지 않도록 서로 영향력을 발휘해야 한다. 조선반도가 미·중 갈등의 장이 되는 것은 어리석은 짓이다."라고 말했다. 2017년 중국의 습근평(시진핑)은 미국 대통령 트럼프가 북쪽의 최고지도자를 만나려고 하자 그의 플로리다 별장까지 날아가 "코리아는 력사적으로 중국의 속국이었다."고 설교했다. 실제로 19세기 말 청일전쟁 당시 충청남도 아산에 상륙한 중국군은 주민들에게 '애휼속국(愛恤屬國: 속국을 사랑하고 돕기 위해 출병했노라)'이라는 포고문을 내걸었다.

일부 정치학자들은 약소국인 우리나라는 미국과 중국 량자 택일보다 다수의 지원을 확보하는 것이 유리하므로 스위스와 같은 중립국 지위를 표방하는 외교정책을 펴야 한다고 주장한다. 하지만 고만고만한 크기의 강소국들이 모여 있는 유럽에서는 스위스 같은 중립국 지위를 국제금융 세력들이 보호할지 몰라도 주변국들이 감당하기 어려운 강대국들뿐인 동아시아에서 조선반도의 중립적인 역할 유지는 국제사회의 보호가 불가능하다. 핀란드가 중립국을 표방하다 쏘련에 먹혔던 과거를 기억하며 최근 나토에 가입한 리유이기도 하다. 지나간 력사는 우리에게 국제 정세에 어두워 확실한 강자가 누군지 제대로 읽지 못했던 실수를 범하지 말라고 가르친다. 조선반도는 중국이 아니라 미국과 협력해야 지리적으로 가까운 중국과 일본, 로씨야의 탐욕을 견제할 수 있다.

그런데 최근 국제 정세가 조선반도에 유리하게(?) 급변하고 있다. 예상치 못했던 중국의 부상과 로씨야와 조선의 새로운 관계 설정으로 조선반도 환경이 급변하고 있다.

미국의 국익을 보호하는 일선에는 항상 미중앙정보국(CIA)이 있다. 뉴욕타임스에 따르면 매일 아침 미국 대통령에게 보고되는 미중앙정보국의 정보보고서 80%는 싸이버 해킹으로 획득한 내용이라고 한다. 미국 국가안보국 해커로 근무하던 에드워드 스노든의 폭로에는 각국 대통령들의 비밀통화를 포함하여 그 섬뜩함이 도를 넘는다. 미중앙정보국은 스위스의 암호장비회사 크립토를 몰래 소유하고 그 회사 장비를 쓰고 있던 대한민국을 비롯한 120개 국가들의 비밀 통신을 들여다보고 있었다. 지난 2018년 그 회사를 매각하고 더는 그런 짓을 안 한다고 하지만 그 말을 믿는 사람은 아무도 없다.

지금까지 미국은 인터네트를 비롯한 싸이버 공간에서 절대적인 우위에 있어 왔다. 전 세계에 인터네트 트래픽을 관리하는 13개밖에 없는 도메인네임서버(DNS) 서버 중 10개가 미국에 있고 나머지 3개도 스톡홀름, 암스테르담, 도꾜 등 미국과 절대적으로 친한 국가들에만 있다. 미국이 마음만 먹으면 전 세계는 특정 지역, 례를 들어 '.cn', '.ru'라는 도메인을 DNS에서 삭제하면 중국과 로씨야는 인터네트가 먹통이 된다. 지금은 중국과 로씨야를 비롯한 국가들의 강력한 항의로 DNS 기능이 ICANN 이라는 국제단체로 넘어가 미국이 싸이버 권력을 포기한 듯 보이지만 이는 오산이다.

미국은 이미 인터네트를 통한 도감청 수준이 완벽한 단계에 있어 ICANN 없이도 주도권을 유지할 수 있다. 미국과 영국은 오래전부터 전 세계에 깔려 있는 통신케이블에 MVR(Massive Volume Reduction)이라는 고성능 려과장치(필터)를 설치하여 전자메일, 인터네트 사용 기록, 전화통화에서 일반적인 내용은 버리고 특정 주제, 인물 등에 대한 내용만 집중 분석하는 기술을 개발하여 사용하고 있다.

그런데 문제는 중국 때문에 더 이상 미국이 싸이버 세상에서 절대적인 강자의 위치를 유지할 수 없는 상황이 되어 가고 있다는 것이다. 정보통신 기술의 발전은 예전과 같이 미국의 일방적인 보복을 불가능하게 만든다. 미국은 중국의 싸이버 해킹을 향해 '미국의 민감한 자료에 게걸스러운 탐욕'을 보인다고 분노하고 있다. 2020년 7월 크리스토퍼 레이 미국 연방수사국(FBI) 국장은 허드슨 연구소 강연에서 중국의 해킹을 절도에 비유하며 인류 력사상 최대의 '부의 이전'이라고 했다.

사실 조선반도는 랭전시대에 미국과 로씨야의 비밀협약에 따라 암묵적으로 북과 남에 첨단 무기 제공을 적절히 조절해 왔다. 6·25전쟁과 같이 강대국들이 수렁에 빠지는 참사를 관리해 왔던 것이다. 조선이 군사도발 수위를 높이면 미국은 먼저 로씨야에 전화를 한다. 로씨야 군사위성체계 '글로나스'에서 5개의 코드를 받아쓰는 조선의 ICBM(대륙간탄도미싸일)들은 로씨야가 이 코드를 막아 버리면 눈먼 총알이나 다름없다. 조선이 인공위성에 목을 매는 리유는 미싸일에 눈을 달아 주는 통신기능의 독립 때문이며 남쪽에서는 저해상도의 위성이라 폄하하며 애써 이 통신기능을 외면하고 있다.

최근 우크라이나 전쟁에는 강대국들의 리익이 걸린 국제정치 력학이 숨겨져 있다. 흑해와 지중해 패권을 노리는 로씨야의 길목에는 우크라이나가 위치하고 있다. 랭전시대에 로씨야가 동서독의 통일과 독일의 나토 가입을 수락했던 것은 쏘련을 겨냥했던 나토의 비확대(동유럽의 나토 가입 불가)를 미국이 약속했기 때문이었다. 하지만 현재 미국과 나토는 중립국인 북유럽 국가들은 물론 동유럽으로의 확대에도 진심이다.

대한민국이 미군에 제공하는 군수품이 우크라이나에 우회 투입되고 조선의 군수품이 우크라이나에 투입되는 한 로씨야와 미국의 랭전시대 밀약은 더 이상 지켜지지 않을 것이다. 로씨야는 조선의 인공위성 도움에 그치지 않고 최첨단 위성통신기술들을 이전하는 데 주저하지 않을 것이다. 로씨야의 미싸일 제어 기술로 갈아탄 조선은 2024년 2월 12일 240미리 방사포 사격을 공개하며 대량 발사 포탄에도 눈이 달리게 하는 '탄도조종체계의 질적 변화'를 대놓고 자랑하고 있다. 지난 2004년 로씨야는 대한민국에서 빌린 돈을 최신 군사기술로 갚기 위해 대한민국 기술자 수십 명을 로씨야 '두브나'라는 지역에 불러 첨단 미싸일 통신기술을 전수해 주었다. 남쪽에 제공한 기술을 북쪽에 주지 않았을 거라 믿고 싶은 것은 남쪽의 희망사항 일 뿐이다. 로씨야와 미국 기술을 잘 조합한 대한민국의 '천궁' 미싸일은 요즘 최대 수출 실적을 올리고 있다.

혼란스러운 국제정세인 것 같지만 중국의 부상과 로씨야의 심술은 조선반도에 유리하게(?) 작용하고 있다. 미국은 쏘련을 무너뜨릴 때 중국을 리용했던 것처럼 중국의 부상에 조선반도를 어떻게 리용할지 고민하게 될 것이다. 조선에 대한 미국의 구애 유혹은 중국의 성장과 비례하며 더욱 커지게 될 것이다. 조선이 만약에 중국과 가까운 서해안의 항구들이나 중국과 맞닿은 내륙 지역을 미군기지로 빌려준다면 미국은 뭐든지 해 줄 것이다. 8·15해방 이후 현재까지도 함경북도 라진항을 비밀리에 로씨야 해군기지로 제공하고 있는 것처럼 조선에서 외국군대의 상주는 불가능한 것도 아니다.

로씨야와 조선의 밀착도 문제될 것 없다. 미국의 '최혜국대우(MFN)' 조치는 조선에 로씨야보다 더 많은 실익을 보장하게 될 것이다. 조선이 핵시설과 핵무기 확산을 통제할 수 있는 '감시장치'만 보장한다면 미국은 조선에 '최혜국대우(MFN)' 조치를 선사할 수 있다. '감시장치' 조건에 의한 대북제재 완화는 핵 포기가 아닌 핵 보유를 인정하는 것이라며 분노하는 강경파들도 있다. 하지만 대한민국이 싫든 좋든 강대국들은 내적으로 이미 조선의 핵보유를 기정사실화하고 있다. 2024년 3월 미국 헤리티지재단의 차기정부 정책방향 보고서인 '프로젝트 2025'의 국방 분야 총괄집필자 크리스토퍼 밀러는 조선과의 핵협상은 '기대가 아니라 현실에 두어야' 한다며 핵 포기가 아닌 핵 군축을 주장했다. 그는 대한민국 언론과의 인터뷰에서 "왜 안 되는데?(Why not?)"라고 신경질적으로 반응했다. 강대국들만 하염없이 바라보는 현대판 사대주의 발상의 강경파들은 비슷한 상황인 파키스탄의 핵 보유 과정은 모른 척한다.

대한민국의 현실적인 과제는 호주처럼 핵추진 잠수함이라도 보유하여 조선의 핵기지들을 선제적으로 제압할 수 있는 능력을 갖추거나 핵 보유 명분을 만드는 것이다. 조선의 핵 포기를 기다리지만 말고 할 수 있는 현실적인 과제들을 착실히 추진하는 가운데 동맹국 미국의 국익을 위한 조선반도의 리점을 끊임없이 확대재생산 해야 한다. 미국의 번영을 위한 중국과 로씨야의 견제에 조선반도가 기여할 수 있다는 믿음을 미국에 줄 수 있다면 북과 남은 정상회담 없이도 평화를 유지할 수 있으며 통일도 도모할 수 있다. 미국의 의심만 해소되면 중국에서 도망치듯 웰남이나 동남아, 인도로 몰려갔던 다국적 기업들과 대한민국 기업들도 중국의 동북3성과 로씨야를 아우르는 지역 거점인 조선으로 몰려가게 될 것이다. 조선반도는 동북아시아의 지정학적 리점을 노리는 세계 각국의 투자 경쟁으로 불타오르는 진풍경을 맞이하게 될 것이다.

통일은 언제쯤 될 수 있을까?

근대사 수백 년간 우리나라는 강대국들의 속국으로 살다가 스스로의 힘이 아닌 외세에 의해 2번이나 독립을 맞이했다. 그 첫 번째는 청나라와의 관계를 끊어 내기 위한 일본의 간계로 선사받은 자주독립국가 지위이다. 그 어설픈 독립국가 지위는 1895년 청일전쟁으로 일본의 우위가 확실해 져서야 서울 서대문구에 독립을 자축하는 독립문이나마 세울 수 있었다. 하지만 또다시 일제에 먹혔다가 1945년 외세에 의해 2번째 독립을 이루었다. 그러나 둘로 갈라진 상태이다. 진정한 독립의 완성은 통일이다.

세계적인 력사고전으로 손꼽히는 2천 년 전 책『사기열전』에는 이런 내용이 있다.

"무릇 백성은 다른 사람의 재산이 자기보다 10배 정도 많으면 돈 있는 사람들을 시기질투하고 헐뜯는다. 자기보다 100배 정도 많으면 피해 다니고 1000배 정도 많으면 시키는 것은 뭐든지 마다하지 않는다. 그런데 1만 배 정도 많으면 스스로 하인이 된다."

북과 남의 경제력 격차는 2023년 소득 기준으로는 30배, 국민총생산액 기준으로는 48배가량 차이난다. 북남 회담에 참가했던 남쪽 실무자들은 분에 넘치는 남쪽의 지원을 마치도 당연하다는 식의 북쪽 태도에

울화통이 치밀어 오른 적이 한두 번이 아니라고 한다. 거지에도 인격이 있음을 모르는 바 아니어서 받아 가는 사람의 자존심을 될수록 자극하지 않으려고 최대한 배려하는데도 북쪽의 태도는 불손하기 그지없다. 그런데 『사기열전』을 읽다 보면 왜 북쪽이 그런지 리해될 것이다. 북과 남의 경제격차가 100배 정도는 차이가 나야 피해 다닐 정도로 협상의 주도권이 확실하게 결정된다.

지금 상황에서는 북을 최대한 도와주어 남쪽과의 격차를 줄이는 것보다 남쪽의 경제성장에 더욱 박차를 가해 격차를 늘려 가는 것이 더 합리적일 수 있다. 통일을 주장하는 이들에게 이런 주장은 악담같이 들릴 것이다. 하지만 조선반도를 둘러싼 대내외적 정치·군사·경제적인 환경을 들여다보면 아무리 긍정적으로 분석해도 통일은 너무나 풀기 어려운 고차원의 방정식이다. 북쪽을 아무리 도와주어도 남쪽과 격차를 10배 이하로 줄이기 힘들며, 백두산 폭발로 몰락했다는 발해처럼 천재지변이나 외부의 압력으로 북이 최대한 망가진다 해도 핵무기를 가진 북과 남의 격차는 100배 이상 넘기 힘들다. 통제와 감시에 필요한 방대한 조직 및 인력의 비효율성으로 부실할 수밖에 없었던 북쪽의 국가유지 능력은 첨단 통신장비와 인공지능의 발전으로 더 공고해질 수도 있다.

현재로서 진정한 통일은 아무리 빨라도 서로가 기억하지 못하는 세대들끼리에나 가능하다. 그래서 통일의 목표는 체제통합이라는 물리적인 통일보다 민족성 회복이나 유지를 위한 자유로운 왕래 정도로 바뀌어야 한다. 실낱같은 희망일지라도 통일의 가능성을 붙잡기 위해 리산가족 방문이든 자유관광이든 경제협력이든 서로가 마주할 수 있는 접점을 끊임없이 만들어 가는 것만이 통일을 앞당기는 길이다.

2

세계는 넓고 할 일은 많다

세계 대부분 나라들의 수산물 시장은 야행성 물고기를 잡으러 바다에 나갔던 배들이 돌아오는 이른 새벽에 문을 열어 활기를 띠다가 정오가 지나면 한산해진다. 수산물 시장의 생명은 신선함이기 때문이다. 그러나 아프리카 대륙에서만은 례외다. 수산시장이 오후 느지막이 열린다. 새벽부터 서둘러 생선을 팔 리유도 없고 사러 오지도 않는다. 아침에 문을 열면 드물게 한두 사람이 생선을 사 가는데 그것은 어제 팔다 남은 것이다. 아프리카의 시간은 다르게 흐른다. 모든 것이 느리다. 천혜의 자원을 가진 아프리카 대륙이 다른 대륙에 비해 발전이 더디고 경제적으로 궁핍한 리유이기도 하다. 수산시장에서의 그 반나절 차이가 바로 다른 대륙을 따라가지 못하는 간격이고 그러다보니 자본주의 제국으로부터 끊임없이 략탈의 대상이 되어 왔다.

요즘 아프리카 대륙에 류통되는 상품은 대부분 중국산이다. 중국인들이 인도인들이 장악했던 아프리카의 중소상인 류통망을 거의 빼앗아 버렸다. 중국은 전통 강대국들이 그러했던 것처럼 자국이 설치한 일대일로를 통해 본국에서 저렴하게 생산된 상품을 아프리카에 비싸게 팔고 아프리카의 천연자원을 말도 안 되는 가격으로 후려쳐 가는 거래(무역)의 략탈을 자행하고 있다. 영국과 프랑스를 비롯한 전통 강대국들의 령역을 중국이 점령해 가고 있는 것이다. 최근 영국과 프랑스는 과거 아프리카 침략에 대한 참회 경쟁에 돌입했다. 서로가 아프리카에 대한 진정한 속죄와 참회의 눈물을 흘리겠다고 난리며 아프리카에 대한 개발지원방식(ODA)의 자금 지원과 경제 회생에 기꺼이 동참하겠다고 목이 쉬도록 노래하고 있다. 그 참회의 뒷면에는 다름 아닌 중국의 영향력에 잠식당하는 아프리카를 지켜볼 수만 없다는 안타까움이 숨겨져 있다. 유럽 강대국들의 젖 줄기였던 아프리카 대륙이 어느새 훌쩍 커 버린 중국의 자금과 경제력에 의존하기 시작하는 상황은 유럽에도 결코 반가운 일이 아니다.

지금까지 우리나라는 한 번도 주변 국가들을 침략한 적이 없다. 북이나 남이나 식민지를 소유해 본 경험이 없다 보니 제국적인 담대한 생각을 상상조차 하지 못했다. 하지만 우리는 이젠 비좁아 터진 조선반도를 떠나 세계를 향해 나아가야 한다. 조선반도는 태생적으로 좁은 령토와 자원부족으로 무언가를 새로 만들어 내지 않으면 어려운 상황이다. 아메리카나 유럽 대륙이 아니더라도 아프리카 대륙에라도 기발을 꽂아야 한다. "자기 땅에 발을 붙이고 눈은 세계를 보라."가 아니라 "세계가 우리 발아래 있다."는 정신으로 무장해야 한다. 강대국들에 비해 령토가 좁고 인구가 적은 조선반도의 경우 세계를 향한 진출은 너무 절실하다. 좁아 터진 조선반도보다 아프리카 대륙 같은 곳에서 남쪽의 기술과 자본, 북쪽의 인력이 협공을 이루면 어떤 모습일까?

북쪽은 한때 대단한 수익 창출까지는 아니지만 농업경험, 군부대 작전능력 등을 전수해 준다며 아프리카를 비롯한 여러 나라에 진출해 본 경험이 있다. 대한민국 사람들 또한 이미 1970년대부터 중동에 진출하여 엄청난 돈을 만져 본 경험이 있다. 남쪽은 벌써 디지털(수자화) 기반으로 무장하고 민첩하게 대응하며 지금은 동남아와 남미, 아프리카 시장까지 주름잡고 있다.

세계를 향한 우리의 목표는 분명하다. 하지만 빛의 속도로 변화하는 오늘날 식민지 개척의 개념은 새롭게 정의되고 있다. 요즘은 총과 대포가 아닌 돈과 기술을 갖고 싸운다. 돈과 기술로 싸우는 전쟁에서는 서비스(봉사) 산업이라는 새로운 무기가 필요하다. 대한민국이 경제개발 당시 본보기로 삼았던 과거의 미국과 일본, 그리고 현재의 대한민국을 들여다보면 빠르게 변하고 있는 세계시장의 서비스 정신을 읽을 수 있다. 미국과 일본에서 두루 살아본 한 대한민국 사람은 각 나라를 이렇게 비교한다.

"일본에 체류할 때 일이다. 구입한 TV 배송 날짜를 바꾸려고 전화를 했다. 담당자는 극도로 공손하고 친절했다. 하지만 요청은 정중히 거절했다. 대한민국에서는 특별히 친절하지는 않았지만 날짜를 바꿔 줬다. 심지어 마지막 순간까지도 약속 변경이 가능하다. 융통성과 신속성에서 가히 혀를 내두른다. 미국에서는 통화조차 할 수 없었다. 자동응답기가 하염없이 기다리게 하는 시스템이 30분도 넘는 곳이 허다하다. 미국에서는 서재의 전기 문제를 수리하는 데 3개월 후에나 가능하다고 했다. 대한민국에서는 전화를 받자마자 달려왔을 것이다. 1970년대 미국에 처음 체류할 때 느낌은 진정한 선진국이었다. 모든 것이 감탄스럽고 훌륭했다. 그런데 반세기가 지나도록 미국은 변한 게 별로 없다. 다른 나라들은 초고속 전자 시대에 맞춰 급속히 변화하는 데 효율적이고 흠잡을 데 없던 미국 사회는 어느새 비효율적이고 느려러진 존재가 됐다."

현재 대한민국의 서비스(봉사) 산업규모 전체는 선진국들에 비해 적거나 효율성이 떨어진다고 평가된다. 하지만 우리민족 특유의 빨리빨리 정신과 불같은 호랑이 기질이 체화된 일부 분야에서는 타의 추종을 불허한다. 대한민국의 배달 속도는 세계 최고이며 지능형손전화기(스마트폰)에 의한 인트네트 접속자 수도 세계 최고다. 세계에서 가장 먼저 최신 이동통신 기술인 5G 상용화 서비스를 시작했다. 남보다 한발 앞서지 않으면 시장에서 살아남을 수 없기에 빨리빨리 정신과 불같은 호랑이 기질은 모든 수출 기업들에 체화되어 있다.

호랑이 기질이 탑재되어 세계를 향한 대한민국의 수출주도형 경제발전사는 정말 흥미롭다. 대한민국은 외국인들의 말에 전혀 개의치 않았다. 포항에 제철소를 세운다고 하니 외국의 경제인들은 로동집약 산업이 아닌 자본집약 산업인 철강업의 진출에 대해 미친 짓이라고 비웃었다. 남쪽은 철강산업에 필요한 자원과 기술 부족에도 철강산업의 리윤창출에 성공했고 자동차, 조선업 등 련관산업의 세계적인 발전을 견인하였다. 철강만 그런 게 아니다. 1983년 삼성그룹이 반도체 진출을 선언했을 때 밖에서는 온통 비웃음이었다. 삼성은 반도체가 뭔지도 모르는 사람들을 데려다 세계 최초로 64K D램 메모리를 만들었다. 반드시 해야한다는 동기부여를 위해 64km 눈보라 속 야간 강행군을 기획하고 땡땡언 밥 속에 "조국의 명운이 그대들에게 달려 있습니다."라는 쪽지를 넣었다고 한다. 야간 강행군에 참가했던 모두를 눈물 흘리게 만들었다는 이 사연은 흡사 조선의 혁명력사 학습자료인 '항일빨찌산 참가자들의 회상기' 속에 등장하는 항일혁명 투사들의 불굴의 투쟁정신에 대한 이야기처럼 느껴진다.

1974년 일본에서 핵심 부품을 가져다 조립하던 현대그룹이 독자적으로 국산 자동차 개발을 추진할 때도 밖에서는 온통 비아냥뿐이었다. "현대가 자동차 개발에 성공하면 손바닥에 장을 지지겠다," 호언장담하는 고위관료들이 수두룩했다. 현대차가 미국에 진출한 것은 1986년이다. 현대차는 2015년 누적 판매대수 1000만 대를 넘어서면서 세계에서 가장 치열한 자동차 시장인 미국에서 '속도위반' 경고를 받을 정도의 급격한 성장을 이루었다. 현대차에 엔진을 공급하던 일본 미쯔비시는 2005년부터 현대차에 역으로 기술사용료(로열티)를 지급하고 있다.

2009년 아랍에미리트 원자력발전소 수주 경쟁에서 대한민국은 경쟁 입찰자인 프랑스를 제치고 승리했다. 프랑스 사람들은 '하루 8시간씩, 주 4.5일 35시간 근무'를 1초도 허비하지 않고 열심히 일했지만 수주 경쟁에서 졌다고 푸념했다. 하지만 아랍에미리트에 파견된 대한민국 사람들은 전시 상황실(워룸, War Room)을 차려 놓고 주말에도 발주처의 온갖 자료 요청에 주 4.5일 체제가 아닌, 매일 24시간 체제로 즉각 대응하는 등 마치 군사작전을 펴듯이 업무 편의 서비스를 제공하여 수주 경쟁에서 이겼다고 한다.

현대건설이 타이(태국) 고속도로 건설에 처음 진출한 것은 1965년이었다. 쟁쟁한 미국, 유럽 등의 29개 건설사와 경쟁한 끝에 약 100km 구간의 2차로 고속도로 건설을 552만 딸라에 수주하였다. 당시로선 큰 금액이었지만 해외건설 경험이 부속했던 탓에 결국 큰 손해를 보고 말았다. 하지만 손해를 감수하고도 공사를 성공적으로 끝낸 현대건설의 서비스 정신은 타이(태국) 정부를 감동시켰고 6개의 고속도로 건설을 더 맡겼다. 고속도로, 수로공사, 초고층 빌딩, 석유화학 공장, 원자력발전소, 제철소, 대형 다리건설 등 대한민국의 건설기술과 력량은 이미 세계 수준과 어깨를 나란히 한다.

조선에 내다 팔 물건과 기술이 없는데 어떻게 세계로 진출 하냐고? 언어와 풍습, 지리적으로 가까운 남쪽은 수출주도형 경제에 이미 익숙해져 있으며 남쪽에서 만든 물건을 해외에 팔 곳은 많다. 북쪽에서 외상으로 달라고 하면 줄지도 모른다. 전 세계에 있는 해외동포 네트워크도 활용할 수 있다. 해외동포들이 북쪽을 바라보는 시선은 대한민국 본토인들보다 굉장히 우호적이다. 그들에게 북과 남은 하나의 조국이라는 공통점으로 인식된다. 오늘날 세계 각국에 우리민족이 없는 곳이 없다. 세계 각국에 퍼져 있는 해외동포들은 대한민국의 경제발전으로 모국에 대한 자부심이 대단하다.

조선반도에서 최초 해외 이민은 1903년 1월 13일 102명이 하와이에 도착한 것이 시초였다. 그들은 짐을 풀자마자 사탕수수 농장에서 하루 13시간씩 일했다. 1905년에는 7200명으로 늘어났으며 그들은 고생한 돈으로 독립자금을 모아 리승만 에게 전달했다. 1905년 5월 4일에는 1000여 명이 메히코(멕시코)에도 도착했다. 그들 중 일부인 300여 명은 1921년 쿠바로 재이민 가기도 했다. 서양보다 더 많이 이민 간 나라는 1860년부터 시작된 중국과 로씨야를 비롯한 주변국이다. 중국의 연변지역 조선족자치주는 조선에서 대량 이주한 이민들 때문에 생겨났다. 연해주는 지금은 로씨야에 속해 있지만 과거에는 우리나라 발해의 령토였다. 1882년 연해주에 거주하는 조선인은 1만 137명으로 로씨야인 8385명보다 더 많았다고 한다. 1937년 쏘련이 강제로 조선인들을 중앙아시아로 이주시킬 때에는 약 17만 명에 달했다고 한다. 현재 해외에 정착한 우리 동포는 180개국에 750만 명에 이른다. 중국을 포함한 동아시아에 330만 명, 북미에 280만 명, 유럽에 69만 명, 중남미에 10만 명, 중동에 2만 명, 아프리카에 1만 명 등이다.

남쪽에는 국내 기업들의 수출을 도와주는 한국무역센터(KOTRA)라는 국가기관이 있다. 전 세계 84개국 127곳에 있는 KOTRA 해외무역관의 역할은 수출 경험이 없거나 현지 인맥이 부족한 기업들을 위해 유망 시장을 발굴하고 수출실무 대행 및 상담을 진행해 주는 것이다. 통역이나 해외 구매자 상담 등 각종 지원인력의 배치를 비롯하여 소자본의 중소기업들이 감당하기 힘든 부분을 국가가 부담하고 있다. 대기업들도 초창기 수출에 나설 때에는 KOTRA의 지원을 받으며 성장한 후 독립적인 해외지사들을 차린다. KOTRA에서 북쪽의 수출지원 업무를 대행해 주는 것은 그리 어려운 일이 아니다.

해마다 새해 초가 되면 전 세계의 시선은 스위스의 휴양도시 다보스로 몰린다. 그곳에서는 세계적인 기업인, 경제학자, 정치인 등이 대거 참여하는 세계경제포럼이 열린다. 포럼이란 특정 주제를 가진 사람들이 모여서 대화하고 토론하는 것을 말한다. 국제 민간회의 중에서 가장 영향력이 큰 이 행사는 일명 '다보스 포럼'이라고도 한다. 부자들의 잔치라고 비판받기도 하는 이 포럼에 지난 2023년 대한민국의 대통령을 비롯해 5대 기업 그룹 회장들이 총 출동했다. 전 세계 300여 명의 정치 및 재계의 최고위급 인사들도 참석했다. 대한민국은 '2023 다보스 코리아 나이트' 만찬 준비를 위해 최고의 호텔 주방장들로 편성된 13명의 료리사 군단을 대동하였다. 료리사들은 우리민족 특유의 맛과 향을 세계적인 음식에 접목한 30여 종의 음식을 만들어 '코리아의 밤'을 즐겁게 만들었다. 특히 비빔밥은 전 세계인 누구나 좋아하는 메뉴로 그 위상을 떨쳤다. 갖가지 좋은 재료를 잘 섞어서 건강에 좋은 비빔밥을 만들어 내는 우리의 민족성은 '다보스 포럼'에 참석한 전 세계 유명한 인사들의 찬사를 받았다. 뭐든지 잘 섞어 최고를 만들어 내는 우리의 민족성이 그 자리에 참석한 세계적인 과학자들과 기업인들, 정치인들과 잘 결부된다면 우리는 분명 지구상에서 최고의 국가를 만드는 해법을 남보다 먼저 찾아낼 수 있을 것이다.

북과 남의 정치인들과 기업인들이 다보스에 모여 조선반도의 세계 진출을 위하여 세계인들과 련대를 모색하는 날이 반드시 오리라 나는 믿어 의심치 않는다. 지구상에는 아직도 조선반도 북쪽과 남쪽의 사람들을 필요로 하는 곳이 많다. '아프리카의 게으른 시간'을 '천리마의 시간'으로 바꿀 수 있는 북쪽 사람들과 '빨리빨리' 문화에 익숙한 남쪽 사람들이 세계 각국에서 위용을 떨치는 날이 오게 될 것이다.

더 이상 비좁은 령토 안에서 북과 남이 싸우지 말고 세계를 향해 나아가자!

쉬어가기 마당

대한련합국 USK(United States of Great Korea)

승자들에 의해 기록된 력사는 강자들의 이야기로 가득 차 있는 것 같지만 사실 약자들이 강자들을 이기는 과정에 대한 기록이다. 『삼국지』에 나오는 적벽대전은 그 누구도 깨뜨릴 수 없다던 조조의 수십만 대군을 무너뜨린 기록이며 임진왜란의 명량해전은 일본의 수백 척 함대를 단 13척의 함대로 물리친 리순신 장군의 기록이다. 세계의 초거대 기업들인 마이크로소프트, 애플, 구글, 아마존, 테슬라 등도 그 탄생 초기에는 초라하기 그지없는 약자였으며 대한민국의 대기업 현대, 삼성, LG, SK 등도 마찬가지다. 약자의 가장 큰 장점은 더 이상 잃을 것이 없어서 무서움이 없다는 것이다.

약자로만 살아오던 우리나라가 가장 잘나가던 때는 고구려 시절이다. 고구려 시절 우리나라의 령토는 중국 료동반도와 동북3성, 씨베리아 지역까지 아우르는 거대한 제국이었다. 물리적으로 그 령토를 회복하는 방법은 없을까? 있다! 예전에 우리 령토로 있던 지역들을 하나의 경제지역으로 묶어서 새로운 련합국을 만드는 것이다.

미국이라는 나라의 정확한 명칭은 USA(United States of America), 즉 아메리카국가련합이다. 미국은 '주(State)'라고 부르는 중부 아메리카 51개 국가들의 련합이다. 각 주마다 군대와 경찰을 갖고 있으며 자체적인 법과 독립적인 자치권을 행사한다. 세계 각국에 주둔하고 있는 미군은 각 주에서 차출된 미련방군이다. 영국은 4개의 국가련방이며, 대한민국

270

령토의 절반도 안 되는 작은 국가인 스위스는 무려 26개의 주가 모인 련방국가다. 동남아시아 지역의 말레이시아, 인도네시아 등도 모두 련방국가다.

고구려 시대의 령토들에 현존하는 국가 또는 지역끼리 뭉쳐서 대한련합국 USK(United States of Great Korea)을 만드는 것은 어떨까? 현대그룹 정주영 회장은 북과 남, 그리고 옛 고구려 땅인 씨베리아를 통합개발하려는 원대한 꿈을 안고 1001마리의 소를 끌고 방북하여 금강산 관광 시초를 열었다. 기업인 정주영 회장의 원대한 꿈의 시초였던 금강산 관광은 조선인민군 초급병사의 어설픈 실수로 허무하게 날아갔지만 북과 남의 지도자들은 지혜를 모아 다시 시작해 보는 노력은 해야 하지 않을까.

먼저 북과 남이 통일하고 여기에 중국 동북 지역과 련합하여 단일 경제지역을 만드는 것이다. 동북 지역은 료동반도의 대련항을 통해 세계로 나가는 것보다 조선의 라진항이 더 유리하다. 그리고 일본, 몽골, 대만까지 이 련합에 끌어들인다. 껄끄러운 일본? 통일된 우리나라의 경제력이 일본을 앞서는 것은 시간문제다. 현재도 대한민국은 구매력 기준으로는 이미 10년 전에 일본을 앞질렀고 명목 기준 1인당 GDP는 2025년이면 넘어선다. 로씨야의 씨베리아는 예전부터 본토에서 소외된 지역으로 중앙보다 지방정부의 자치권이 더 세다. 씨베리아까지 포함하는 단일 경제지역 '대한련합국 USK'가 완성되면 우리는 고구려의 령토를 되찾는 셈이다. 결코 불가능한 시나리오가 아니다.

③

미래 대응을 위한 3대 무기

강성대국을 규정짓는 국가의 종합국력에는 정치력이나 군사력도 있지만 가장 중요한 요소는 경제력이다. 경제력의 뒷받침이 없는 국가는 모래 위에 쌓은 성이나 다름없다. 그런데 경제학은 연구실에서의 실험이 불가능해 단기간의 경험적 학습효과를 기대하기 어렵다. 그래서 력사와 현재의 데이터에 충실한다. 무지의 궁극적인 종착점은 스스로에 대한 구속이다. 우리는 수학적 간결성을 지닌 우아한 리론이나 정교한 반박까지는 아니더라도 경제학에서 말하는 력사와 현재의 상황을 허심하게 받아들여야 한다.

동서고금을 통틀어 수천 년 동안 군사작전 전문가들이 애용하는 필독서로는 단연 『손자병법』이라는 전쟁고전이다. 『손자병법』의 마지막 36번째 계략을 보통 '삼십륙계 줄행랑'이라고 한다. 원문의 내용에서는 '나중을 위한 일보 후퇴'라고 되어 있지만 전문가들의 해석은 상대가 강하면 싸우지 말고 무조건 도망쳐서 목숨이라도 부지해야 나중을 대비할 수 있다고 설명한다. 그런데 지금은 수천 년 전 환경과 너무 다르다. 불과 100여 년 전 우리 선조들은 달라진 환경을 무시하고 세계와 담을 쌓고 도망치듯이 살려다가 망국의 운명을 재촉하였다. 지금도 다르지 않다. 조선은 지구촌을 떠나 다른 행성을 찾아가지 않고서는 강대국들의 그늘에서 벗어날 수가 없다.

경제학자들은 한 나라가 도약하기 위해서는 아무리 짧아도 30년 정도가 소요된다고 한다. 30년은 부모와 자식 간의 세대간격이다. 부모 세대부터 열심히 노력해야 자식 세대에서나 빛을 볼 수 있다는 뜻이다. 현재 조선이 10~15년이라는 단시간에 선진국들을 따라잡을 방법은 조선인민들에게 절망적이게 들릴지 몰라도 전혀 불가능하다. 비하와 조롱을 위한 맹목적인 비판이 아니다. 랭철한 현실을 말하는 것이다.

지금 조선의 수준으로는 유치원 어린이부터 황혼의 로인들까지 모든 사람들이 일당백의 '혁명정신'으로 무장하고 경제건설에 온몸을 불사를 각오로 덤벼들어도 활과 창으로 무장하고 기관총 앞에서 자멸하던 구한말 력사의 재현을 맛보게 될 것이다. 지금은 일본의 젊은 사무라이들이 선진국에 직접 뛰어들어 새로운 문물을 받아들이던 때와도 다르다. 그러나 기회는 있다. 기회는 준비된 자에게만 차례지는 신의 특혜다.

만약에 신이 있다면 무엇을 준비해야 신이 우연을 가장하고 선사하는 특혜를 누릴 수 있을까? 국가의 경제성장을 위한 제도적인 장치로는 재산권, 로동규칙, 시장자유 등 넓은 의미의 사회적 규범들이 속한다. 현재 조선의 환경에서 이 모든 것을 한꺼번에 바꾸기는 어렵다. 하지만 세계는 너무 빨리 변하고 있다. 잠깐 방심하는 사이에 승패가 가려지고 생사가 결판난다. 한꺼번에 바꾸려고 잘못 시도했다가는 바뀌기도 전에 나라가 혼란에 빠져 버릴 것이다. 당장 할 수 있는 것부터 집중하여 그것이 사회 전반에 폭넓게 적용되고 영구적으로 전파되는 제도적 틀을 갖추어 나가야 다양하게, 또는 우연히 다가오는 기회들을 붙잡을 수 있다.

이 책에서는 무슨 거대한 개혁개방 프로젝트 같은 국가정책을 제시하려는 것이 아니다. 그냥 지금 당장 할 수 있는, 조금만 노력하면 가능한 대안을 말하는 것뿐이다. 이미 대한민국을 비롯한 선진국들이 실행하고 있는 검증된 방법이기도 하다.

조선이 30여 년 후 맞이하게 될 미래 세계는 상상을 초월한다. 미래에는 지구상의 모든 무생명체 물질과 현상이 0과 1이라는 두 개의 수자로 콤퓨터와 련결될 것이다. 모든 생명체는 A(Adenine), T(Thymine), G(Guanine), C(Cytosine)이라는 네 개의 DNA 언어로 콤퓨터와 련결된다. 콤퓨팅에 의해 더 이상 식품을 농경지에서 생산된 알곡이나 가축이 아니라 반도체 공장과 같은 곳에서 유전자 기술로 배양하게 될 것이다. 고기겹빵(햄버거)에 들어가는 소고기 배양육 단가가 2013년 기준 38만 딸라에서 2023년 2~3딸라까지 내려갔다. 인간의 숙명인 먹는 문제뿐 아니라 수천 년간 이어지던 종족의 번식까지도 달라진다. 인간은 더 이상 10개월씩 임신과 출산의 고통을 겪지 않고 각자 배우자의 정자와 란자로 체외 임신을 거쳐 태아 육아기에서 다 자란 태아를 원하는 만큼 공급받게 될 것이다. 신생아는 부모의 각종 질병 및 신체적 결함이 제거된 우량 유전자와 다양한 수치를 측정하는 반도체칩을 장기의 일부처럼 심고 태어나게 될 것이다. 최근 태동하는 인공지능(AI)의 발전 속도와 적용범위는 너무 빠르고 방대해서 그 미래를 예측조차 할 수 없다. 정신 차리지 않으면 락오자가 되는 것은 순간이다.

19세기 말 우리의 선조들은 결코 바보가 아니었다고 본다. 우리의 선조들은 도무지 무엇부터 해야 할지 모르는 암울한 상황 때문에 국가를 보호하는 최선의 길은 쇄국이라고 생각했을 것이다. 서구의 문명을 접한 일본이 당황한 속에서도 뭔가 조금만 노력하면 따라잡을 수 있겠다는 판단을 했던 것은 기본적인 실력이 준비되어 있었기 때문이다. 기본적인 실력만 있으면 거대한 산업의 판도를 바꾸기 위해 업계 최고의 위치에 있지 않아도 된다. 기본 실력만 준비되어 있으면 강대국들의 최고기술을 응용하여 얼마든지 그들을 따라잡거나 심지어 앞설 수도 있다. 핀테크 기술에 의한 중국의 금융 시스템 확립이 그랬고, 유선전화 단계를 건너뛰고 무선전화망으로 통신망을 일거에 구축한 아프리카 국가들이 그랬고, 현재 조선의 국가통신망도 그 길을 가고 있다.

현기증이 날 정도로 급변하는 세상이라지만 정신 차리고 상황을 응시하다 보면 미래 변화의 기저에는 0과 1이라는 수자와 A, T, G, C라는 DNA 언어, 그리고 콤퓨터 기술이 핵심으로 자리 잡고 있다. 정치·경제·사회·문화를 아우르는 국가의 모든 문제는 국제 공용어이며 콤퓨터 활용 언어인 영어와 콤퓨터 제어 기술, 지역 특색에 맞는 거점 도시 경쟁력으로 귀결된다. 조선은 영어의 대중화, 전 국민의 콤퓨터 언어 교육, 선진국형 거점 도시설계 이 3가지 정도만이라도 지금부터 준비해야 한다. 기본적인 실력 장전은 이 정도면 충분하다. 그래야 선진국들의 초격차 기술들을 따라잡을 수 있는 기회가 생기거나 향후 그들을 따돌리고 앞서 나갈 수 있는 기회까지도 엿볼 수 있다.

첫 번째 무기 - 영어 교육

영장류 중에서 유독 인간만이 세계를 제패할 수 있었던 리유는 '언어'를 구사할 수 있었기 때문이다. 그런데 언어는 같은 장소, 같은 시간에 있어야 한다는 제약이 있다. 인간은 이러한 단점을 극복하기 위하여 '문자'를 발명했다. 이 문자를 대량으로 생산할 수 있는 인쇄기술의 발명으로 세계는 지난 수천 년간의 문명을 일약에 바꾸어 놓았다. 지난 수세기 동안 강대국의 탄생과 몰락 과정에서 지구촌의 수많은 문자와 언어들은 사라지고 강대국의 반열에 오른 국가들만이 자기들의 문자와 언어를 공고히 하여왔다. 대부분의 강대국들이 사용하던 라틴계 문자와 그로부터 파생된 언어들은 지금 현재 이 지구촌에서 가장 큰 영향력을 미치고 있다.

라틴계 문자와 언어의 중심에는 오늘 날 지구촌의 초강대국 미국과 바로 직전 세기 초강대국 영국이 사용하던 영어가 자리 잡고 있다. 강대국 에스빠냐(스페인)의 몰락 이후 초강대국 지위를 수백 년간 유지하며 식민지 국가들에 영어를 퍼뜨리던 영국에 이어 새롭게 떠오른 미국의 경제력은 영어 전파의 가장 큰 원동력이었다. 요즘 대부분 가정집들에 하나쯤은 다 있는 TV, 랭동기(냉장고), 랭풍기(에어컨), 콤퓨터, 손전화기, 인터네트 등을 가장 먼저 상품화하여 돈을 긁어모은 국가는 어디일까? 바로 미국이다. 현시대 산업의 쌀이라고 부르는 반도체 기술의 대부분은 미국이 갖고 있다.

라틴계 문자를 공유하는 프랑스, 독일, 에스빠냐(스페인) 등 전통 강대국들은 중국, 대한민국, 일본 등 동북아시아 국가들이 한자라는 문자에 익숙한 것처럼 영어에 익숙하다. 특히 첨단 과학기술 발전의 핵심적 역할을 하는 콤퓨터 자판의 물리적, 론리적 배렬이 영어와 완벽하게 호환되는 라틴계 문자의 영향력은 무시할 수 없다. 최근에는 라틴계에서 파생된 키릴문자 령역의 로씨야를 비롯한 동유럽 국가들도 합세하는 추세이다. 라틴계 문자 중심의 유럽과 미국을 따라잡으려면 우선 그들이 소통하고 공유하는 영어부터 리해해야 한다. 그들만의 언어와 문자를 정복해야 미래를 내다보는 선견지명의 눈높이를 그들과 맞출 수 있으며 그들이 어떤 생각을 하는지 알 수 있다.

일본과 중국이 부국강병을 위해 가장 먼저 행한 것도 강대국들의 언어를 정복하기 위한 대규모 번역 집단의 양성이었다. 오늘날 전 세계 학술토론 대부분이 영어로 발표되고 있으며 세계적 학술지에 실리는 론문 98% 이상이 영어로 제출되고 있다. 세계흐름을 주도하며 국제 공용어 역할을 하는 언어가 지금은 바로 영어다.

싱가포르는 동남아에 위치한 화교권 국가임에도 국가 공용어가 영어다. 싱가포르는 국가 공용어를 영어로 선포하고 교육관련 모든 세금을 없앴다. 교육 관련 사업에 투입되는 자금과 인력 등에 국가의 존재를 부정하는 행위만 아니면 전부 허용하자 그 작은 땅덩어리에 오로지 과학기술 연구에만 매진하는 세계적인 지식인 집단이 몰려들었다. 영어의 국가 공용어 채택 덕분에 그 작은 땅덩어리가 갑자기 중계무역의 중심지가 되어 버렸다. 영어 때문에 모든 환경이 순풍을 만난 돛배처럼 순항을 이어 갔다.

인공지능에 의해 거의 완벽에 가까운 번역기로 언어의 장벽이 사라지는 이 시대에 영어를 공부해야 한다고 하니 모두들 의아해할 수도 있다. 물론 번역기는 모든 언어와 다양한 정보를 자유자재로 리해할 수 있게 도와준다. 그런데 진짜 경쟁력은 더 많은 사람들을 이어주고 련결하는 그물망(네트워크) 능력에서 나온다. 특히 해외시장 경험이 일천한 조선에는 더욱 중요하다. 세계와 소통하고 선진국들을 따라잡으려면 현재 국제 공용어처럼 통용되는 영어를 반드시 넘어서야 한다. 단순한 정보의 교환을 넘어 서로의 감정까지도 헤아릴 수 있는 친밀함을 기계는 절대로 흉내 낼 수 없다. 기계의 번역이 아닌 대면 의사소통은 영어 서류보다 더 중요한 령역이다.

영어가 밥 먹여 주냐고? 그렇다. 적어도 조선에서는 더욱 그렇다!

두 번째 무기 - 코딩 교육(콤퓨터 언어)

21세기 과학기술을 관통하는 하나의 단어는 데이터다. 인공지능, 자률주행, 전기차 등 모든 것이 데이터와 련결된다. 이 말은 곧 기계장치(하드웨어)보다 운영기술(쏘프트웨어)이 더 중요해진다는 것을 의미한다. 세계는 지금 인공지능(AI)과 빅데이터에 의한 4차 산업혁명의 초입에 들어서고 있다. 1차부터 4차에 이르는 산업혁명 때마다 국가 간 주도권의 변화가 일어났으며 강대국의 몰락과 탄생이 반복되었다. 인류 근대사에 커다란 획을 그었던 1차 산업혁명(1784년 수력터빈과 증기기관의 발명으로 시작된 기계적 생산설비의 등장)부터 2차 산업혁명(1870년 전기의 발명으로 전동기에 의한 대량생산설비의 소형화 및 작업 공정의 기계화, 본격적인 대량생산을 위한 로동의 분업 시작), 3차 산업혁명(1969년 상업용 콤퓨터의 등장과 정보기술 혁명으로 무인 및 자동화 공정의 시작)에 이르기까지 조선반도는 항상 력사의 비주류였다. 콤퓨터 중심의 4차 산업혁명에서도 조선이 뒤쳐진다면 미래는 정말 암울하다.

19세기 말 프랑스가 국력을 자랑하려고 강철로 된 거대한 에펠탑을 지었던 것처럼 지난 세기 국가의 경제력을 상징하는 강철산업은 오늘날 반도체 산업으로 대체되었다. 자국 내에서 생산된 질 좋은 강철로 각종 첨단기술과 전후방 산업을 견인하는 자동차 등의 산업은 반도체 기술과 정보기술 발전으로 새로운 변곡점에 들어서고 있다. 수많은 반도체가 장착된 요즘 자동차는 더 이상 기계가 아닌 굴러다니는 콤퓨터다. 자동차에 관한 세계 특허기술 등록 1위는 자동차 업체가 아니라 거대 정보기술(IT) 업체들이다.

선진국들은 작은 동네 식당부터 대기업에 이르기까지 DX(디지털 전환)에 미쳐있다. 콤퓨터는 인간에게 공기처럼 필수적인 존재가 되었다. 인공지능 Chat-GPT를 만들어 세상을 깜짝 놀라게 했던 MS사의 샘 올트먼 최고경영자는 미래에는 콤퓨팅 수요가 지금보다 더 폭증할 것이며 엄청난 량의 콤퓨팅이 가장 중요한 화폐가 될 것이라 확신한다고 주장했다. 콤퓨터에 의한 인공지능은 조선의 마지막 자존심 국방력에도 영향을 미친다. 최근 로씨야는 우크라이나 전쟁에 무인전투차량 '마르케르'를 투입하였다. 유탄발사기, 기관총을 장착한 마르케르는 적군과 아군 구별, 작전수행 등을 콤퓨터가 내장된 로보트의 지시에 따른다. 우크라이나 역시 독일제 무인전투차량 '테미스'를 준비했다. 사상 첫 무인 로보트가 격돌하는 전쟁은 이미 시작되었다.

조선은 1966년 중형급 전자계산기를 처음으로 개발했다. 1968년에 이미 김책공대, 김일성종합대학에 프로그램, 콤퓨터 학과를 개설했고 자강도 희천시에 진공관 전문 기업인 '희천38호' 공장이 생기면서 콤퓨터 설계가 본격적으로 추진되었다. 1969년 진공관으로 된 1세대 콤퓨터 '전진5500'을 남쪽보다 먼저 개발했다. 1970년 '룡남산 1호', 1972년 '백두산 102' 개발에 련이어 성공했다. 1977년 과학기술연구원에 반도체 전세대인 직접회로 공장을 건설했지만 반도체 개발이 부진하여 1982년 일본산 부품 조립으로 된 8비트 '봉화401'을 생산했다. 그런데 여기까지다. 반도체를 비롯한 첨단기술 경쟁에서 뒤처지면서 더 이상 조선의 콤퓨터 하드웨어는 쓸모가 없다.

하지만 미리 겁먹을 필요는 없다. 콤퓨터 하드웨어 제조능력이 없어도 콤퓨터를 운영할 수 있는 쏘프트웨어 능력만 있으면 살아남을 수 있다. 첨단기술이 녹아있는 기계설비(하드웨어) 투자가 어려운 조선의 처지에서 뛰어난 인력으로 유지되는 쏘프트웨어 능력까지 없으면 살아남기 힘들다. 세계적인 대기업 나이키나 애플은 직접 제품을 생산하지 않는다. 본사에는 연구개발 인력만 소유하고 있고 대부분 제품은 해외 공장들에 주문한다. 세계에서 지능형손전화기(스마트폰) 절대 강자인 애플의 경우 연구개발 인력만 2만 명에 달하는 것으로 알려져 있다. 해외에서 생산되는 대부분 제품들은 무인공장에서 생산된다. 콤퓨터가 내장된 로보트들이 일하는 무인 생산시스템의 핵심 자산은 그 시스템을 리해하고 운용할 수 있는 쏘프트웨어 능력이다.

로보트와 인공지능(AI)에 의한 무인자동화 시스템의 발전으로 기계장치를 비롯한 하드웨어의 물리적 위치는 더 이상 중요하지 않다. 콤퓨터 운영기술의 핵심은 콤퓨터와 대화할 수 있는 언어인 코딩 능력에 있다. 코딩이란 콤퓨터와 대화하는 언어를 말한다. 인간과 콤퓨터 사이의 소통과 번역 수단이다. 인간의 생각과 계획을 콤퓨터가 리해하는 언어로 변환하고 콤퓨터에 입력하는 작업을 '코딩'이라고 부른다. 콤퓨터와 대화할 수 있는 방법인 코딩을 숙지하는 것은 현대판 문맹퇴치 운동이다.

코딩 교육은 당장에 큰 수익을 창출하여 국가 경제에 도움을 주는 효자 종목이 아니다. 그러나 향후 미래를 위해서는 코딩 교육이 로동인구의 두뇌지수를 높이는 유일한 길이다. 코딩을 알아야 콤퓨터로 처리되는 모든 데이터를 리해하고 처리할 수 있으며 그 속에서 가치 있는 정보를 뽑아내고, 그것을 일반인들도 쉽게 알 수 있도록 시각화하고, 모든 사람들에게 전달할 수 있는 능력을 만들어 낼 수 있다.

물론 요즘 인공지능 기술은 웬만한 코딩도 인간보다 더 잘한다. 그러나 하늘을 날지 못하는 인간이 비행기를 조종하여 하늘을 날아다니는 것처럼 아무리 지적 로동을 대신하는 기계가 세상에 넘쳐나도 결국 인간이 없으면 사용 불가능하다. 코딩과 같은 질 높은 기술인력을 보유하는 것이 결국 강성대국을 결정하는 기준이 될 것이다.

　코딩 교육을 무슨 해외의 대형 은행을 털어오거나 외국 기술을 훔쳐 오는 정보화 전사들을 양성하기 위한 국가적인 과제라고 생각하면 오산이다. 코딩 교육은 전 국민 누구에게나 해당되는 현대판 문맹퇴치 운동이 되어야 하며 코딩 교육은 주체사상이 아니라 인공지능(AI)으로 무장한 혁명전사로 거듭나기 위한 전 국민적인 운동이 되어야 한다.

세 번째 무기 - 도시 계획

　대부분의 개발도상 국가들이 그러했듯이 조선이 선진국들을 단시간에 따라 잡을 수 있는 가장 빠른 방법은 수준 높은 고급인력을 낮은 인건비로 선진국 시장에 공급하는 과정을 통해 그들의 지적 자산을 훔쳐 오는 것이다. 그런데 아무리 철통같은 혁명사상으로 무장시켜 해외에 파견한다 해도 고급인력들의 대량 탈북을 막을 수 없을 것이다. 그 위대한 주체의 혁명사상은 조선과 같이 폐쇄된 공간에서만 작동할 뿐이다. 고급인력의 탈출을 막으면서 최신 과학기술을 습득하려면 선진국 고급인력들을 자국 내로 초대하여 자국 내에서 그들과 함께 경쟁할 수 있는 환경을 만들어 주는 것이다.

　고급인력 틈새시장, 즉 선진국들이 자기들 박사 1명의 인건비로 조선에서 박사급 5~10명을 고용할 수 있다면 선진국들은 기꺼이 조선에 몰려가게 될 것이다. 선진국 투자자들과 기술개발 인력들이 불편 없이 지낼 수 있도록 선진국형 또는 이를 뛰어넘는 최신형 '스마트 도시'를 만들어 놓는다면 조선 사람들은 선진국 고급인력들과 함께 어울리면서 조국을 위해 그들을 뛰어넘는 창의적인 혁신을 만들어 내게 될 것이다.

미국에는 최첨단 과학기술과 관련 기업이 몰려있는 실리콘밸리라는 지역이 있다. 이곳에 있는 기술기업의 40% 이상은 해외 이민자들이 설립했고, 콤퓨터 분야 고급 인재의 70% 이상이 외국 태생이다. 미국 정부는 혁신적인 기술이 탄생할 수 있도록 도시구조를 잘 만들어 놓은 것밖에 없다. 그것이 오늘 날 미국의 경쟁력인 것이다.

예전부터 도시의 경쟁력은 국가의 경쟁력이었다. 싱가포르나 홍콩과 같은 도시국가들의 경제개발 속도가 빨랐던 리유는 도시 집중화의 리점이 있었기 때문이다. 산업혁명을 가장 먼저 일으켜 전 세계를 호령했던 영국의 발전 과정을 들여다보면 도시발전 력사와 그 맥을 같이한다. 도시는 산업혁명의 결과물이다. 도시는 시간 개념과 얽혀 있다. "시간은 곧 돈이다."는 명언처럼 도시의 집중화로 이루어지는 근접성은 돈의 원초적 재료인 시간을 절약하게 만들어 준다. 도시에 집중된 인력은 혼자보다 여러 명의 협동에 의한 분업생산 시스템으로 획기적인 생산량 증대를 이룰 수 있다. 도시집중화는 생산적·효율적·창의적·혁신적인 사고로 이어진다. 도시집중화는 각종 사회간접자본 비용을 획기적으로 줄여 효율적인 혁신경쟁의 장이 가능하게 한다.

조선이 세계를 향해 나아가 강성대국이라는 목표를 이룬다는 것은 곧 조선의 모든 도시들이 세계적인 도시들과 비교해도 손색없는 도시로 거듭난다는 것을 의미한다. 그러나 단 시간에 모든 도시를 그렇게 하기는 어렵다. 그래서 라진-선봉시를 비롯한 특정 지역을 경제개발구로 만들어 그 지역만이라도 선진국형 도시로 만드는 거점형 도시계획을 차근차근 준비해야 한다.

인류의 력사는 공간적으로 들여다보면 다른 사람과의 련결 밀도를 높여 온 력사다. 도시에 집중된 고밀집 로동시장과 그 로동력에 의한 과학자·연구성과·대기업 등의 생태계는 다양한 업종의 협업과 창의력을 자극한다. 도시집중화는 제약된 공간과 시간의 단점을 더 확실하게 보완한다. 교통수단의 발전은 거점화된 공간의 거리와 시간을 단축시켰고 고층 건물들은 최소한의 교통수단으로 더 많은 사람들을 만날 수 있는 공간과 시간을 만들어 준다. 서울은 세계 3위 지하철대국이다. 15개 로선과 300여 개의 역으로 촘촘하게 짜여진 지하철은 1천만 서울 시민들이 애용하는 교통수단이다.

물리적인 도시 집중화의 한계는 정보기술과 접목하면서 새로운 변화를 맞이하고 있다. 같은 도시에 사는 사람들은 최소한의 교통수단도 필요 없는 초고속 인터네트 망으로 련결된다. 이러한 련결은 다양한 사람들과의 교류 속에서 이루어지는 창의적 협동기능이 폭발하게 만든다. 가정용 콤퓨터는 슈퍼 콤퓨터와 1:1로 비교하면 연산능력이 형편없지만 인터네트로 수백 대를 련결하면 슈퍼 콤퓨터와 비슷한 능력을 가지게 된다. 가정용 콤퓨터가 지금은 지능형 손전화기(스마트폰)로 진화하면서 인류는 더 이상 공간과 시간의 제한이 없는 세상에서 살고 있다.

최근 도시집중화의 발전 방향은 영국이 시도했던 100년 전과 많이 달라지고 있다. 도시의 인구 및 자원 집중은 그대로인데 도시에 거주하는 근로자들의 지식수준은 달라졌다. 도시집중화의 원동력이었던 제조업은 절대적인 생산량이 증가했음에도 불구하고 그곳에 근무하는 근로자수는 점점 줄어들고 있다. 대부분의 로동력은 로보트와 콤퓨터들이 대신한다. 자동화 시대에 도시의 경쟁력은 인구수에 비례하는 근로능력 로동자 머리수가 아니라 두뇌 수준이 결정하게 될 것이다. 제조업 기반의 도시집중화는 무인자동화공장 등의 증가로 더 이상 효율적이지 않다. 도시집중에 의한 발전을 구사했던 선진국들의 전략을 교조적으로 받아들이지 않자면 창조적인 모방이 필요하다.

지금 이 순간도 변화하고 있는 미래적인 도시 형태에 보조를 맞추려면 선진국형 스마트 도시계획이 미리 반영되어야 한다. 도시에서 발생하는 많은 량의 데이터를 수집하고 분석하여 도시의 운영 및 관리를 개선할 수 있는 빅데이터 기술도입 등을 념두에 두고 도시설계를 준비해야 한다. 도시에 존재하는 모든 기기가 련결되어 실시간 정보를 전달하는 초고속 인터네트 도입은 필수다. 선진국형 도시는 인공지능 기술과 함께 도시 운영을 위한 엄청난 데이터들과의 싸움이 될 것이다. CCTV, 각종 인증 시스템, 비상 상황 대응 등 보안 및 재난 시스템은 물론 쓰레기 관리, 대기 오염 관리 등 미래의 사물인터네트(IoT) 기술은 도시의 운영을 자동화하고, 데이터를 분석하며, 모든 문제를 예측하고 있다. 자율 주행차, 공유 차량, 공유 자전거, 전자지갑 등 령리한(스마트한) 이동기재(모빌리티) 시스템도 구축해야 하며 에네르기(에너지) 절약을 위한 스마트 전력망, 에네르기(에너지) 저장시스템 등의 구축은 선진국형 도시 건설의 필수 요건이다.

조선이 정보기술(IT)로 무장한 전 세계의 디지털 유목민(디지털 노마드)들이 마음껏 활보할 수 있는 선진국형 거점 도시들을 만들어 놓는다면 조선은 동북아시아의 지리적 리점을 살리는 중요한 핵심 지역으로 확실하게 자리 잡을 수 있게 될 것이다. 모든 도시들을 그렇게 하라는 것이 아니다. 우선 거점 도시 몇 개만이라도 시작해야 한다.

두 개의 조국

나는 지금도 학창 시절에 배웠던 일제강점기 저항시인 리상화의 「빼앗긴 들에도 봄은 오는가?」를 가끔 읽어 본다. 어린 마음에도 나라를 빼앗긴 설움과 분노에 울컥했던 그 감정은 지금도 그대로이다. 아름다운 삼천리금수강산을 36년간이나 착취하다 못해 둘로 갈라지게 만든 일본 제국주의를 생각하면 지금도 치가 떨린다. 태어난 고향과 부모님 묘소, 그리운 형제들, 소꿉시절 친구들이 지금도 살고 있는 또 다른 조국 북녘 땅, 마음대로 갈 수도 없어서 빼앗긴 땅처럼 되어 버린 저 북녘 땅에도 해마다 봄은 오겠지. 시적 은유기법에 매료 되었던 조선의 어느 시인과 일제강점기 저항 시인 리상화의 시가 파편처럼 내 몸 곳곳을 쑤셔대는 아픔 속에서 나는 오늘도 하얗게 날밤을 새운다.

무엇을 아끼랴 그 무엇을 서슴으랴
그대 숭엄하고 존엄 높은 모습에
한 줄기 빛이라도 더해 줄 수 있다면
내 불붙는 석탄이 되어
어느 발전소 화실에 날아들어도 좋아라

그대의 은정 가없이 펼쳐진

저 푸른 이랑들을 더욱 푸르게만 할 수 있다면

내 한 줌 거름이 되어

어린모 한 포기를 살찌운들 무슨 한이 있으랴

하지만 지금은 남의 땅

가고 싶어도 갈 수 없는 땅

빼앗긴 들에도 봄은 오는가

"대한민국은 통일을 위해 무엇을 할 것인가 물을 뿐 조선 립장에서 그들이 무엇을 원할 것인지는 묻지 않는다." 동독의 마지막 총리가 대한민국 당국자들에게 한 말이다. 내 삶의 무대에서 젊은 시절을 통째로 빼앗아 갔던 암울한 그 환경에서 헤어 나오지 못하고 있는 고향 땅을 생각하면 혼자서만 좋은 곳에서 살아남았다는 '죄책감'이 수시로 나를 찌른다. 뭔가 해야만 한다는 '사명감'으로 가슴이 먹먹해지고 살아온 삶의 모든 덩어리들이 통일이라는 한 방향으로 화살표를 그리며 달려가는 느낌이다.

1960년대 초반 아시아 부국들인 동남아 국가들을 돌아보던 대한민국의 젊은 경제학자들은 "왜 우리 농촌은 이다지도 가난하며 산업은 또한 이렇게 싹수조차 없단 말인가." 통탄하며 눈물을 흘렸다. 하지만 그 눈물은 부러워하던 그 나라들을 멀리 따돌리고 동아시아의 맹주로 군림하는 자양분이 되었다. 그토록 '강성대국'을 갈망하는 조선의 피 끓는 젊은이들과 경제학자들에게는 과연 이런 통찰의 눈물이 없단 말인가?

해외에 한 번쯤 나가 본 조선 사람들은 주변을 잠깐만 둘러봐도 너무 다른 외부 세상을 직관적으로 느끼게 된다. 외부 세상의 인민들은 전국 어디를 가든 '려행증' 같은 것이 필요 없으며 심지어 해외에도 마음대로 다닐 수 있다. 로동과 파견장, 식량정지, 당생활이동중, 군사이동중, 분주소 입퇴거 수속 등의 복잡한 절차와 뢰물이 필요 없으며 원하는 곳 어디서든 살 수 있다. 지구촌에는 아프리카의 빈국들도 있지만 적어도 조선반도 주변 국가들은 조선이 상상도 못 할 풍요로운 세상에서 살고 있다.

"자기 땅에 발을 붙이고 눈은 세계를 보라."는 당의 방침을 하늘같이 받들어도 외부 세계를 객관적으로 바라볼 수 있는 신문이나 방송은 어디에도 없다. 아무리 가난한 아프리카 일지라도 지능형손전화기(스마트폰)로 전 세계 콤퓨터 련결망인 인터네트에 언제든 접속 가능하며 '탈북민'이라고 검색하면 남쪽에 내려온 3만 4천 명(2024년 기준)의 북쪽 사람들이 어떻게 사는지 실시간으로 알아보는 것쯤은 일도 아니다.

해외를 다녀간 조선 사람들은 암묵적인 침묵 속에 서로 눈치만 본다. 스스로를 보호하는 생존본능에 따라 그들이 할 수 있는 가장 높은 수위의 저항은 당과 국가의 권위에 순종하는 것처럼 보이는 위선적인 행위뿐이다. 선진국을 향한 조선의 변화가 암울함을 눈치 챈 약삭빠른 자들은 희망이 안 보이던 독립운동 시절의 친일파들처럼 스스로 보위부의 밀정이 되거나 군중의 맨 앞장에서 서로에 대한 잔인함을 부추기고 있다.

해외에 나가 보지 못해 아무것도 모른 채 세상은 원래 이런 거라는 듯이 살아가는 사람들은 더욱 많다. 모두들 죽어서도 영생한다는 '정치적 생명'의 교묘한 군중심리에 심취되어 있다. 현재의 고달픈 삶이 죽어서 부귀영화를 누린들 무슨 소용 있겠냐마는 그 고귀한 정치적 생명을 위해 '누가 더 고달팠는지' 겨루는 충성경쟁에 매일매일 자신을 갈아 넣고 있다. "인민대중이란 작은 거짓말보다 더 큰 거짓말에 쉽게 속는다."는 히틀러의 선전선동 리론을 잘 각색하여 사회주의10대전망목표, 강성대국 건설 등 현란한 거짓말들을 대를 이어 투척하며 인민들을 현혹시키고 있다. 사람들은 이러한 사회적 현상에 의문을 갖기보다 그 군중 속에서 내쳐질까 봐 오히려 전전긍긍이다.

개인이 군중이 되는 순간 인간은 주체성을 외면하는 무의식 상태가 된다. 이는 개인의 무지 탓이 아니다. 당일군이나 보위일군도 일단 군중이 되면 비슷하다. 일종의 집단적 정신상태가 만들어져 리수복과 같은 공화국영웅들처럼 혁명전사가 생의 의무인 듯이 살아간다. 자신이 속한 집단에 대한 맹목적인 믿음은 화재 속에서 수만 명의 피땀어린 외화로 장만한 국가설비보다 1호 영상을 먼저 구출하는 비정상적인 행동까지 정당화, 영웅화 하며 자기희생을 마다 않는다. 혁명적 인간은 그렇게 만들어진다.

전인민적 소유, 협동적 소유라는 개인 재산권의 모호함은 치유할 수 없는 부패구조를 야기한다. 당일군이나 보위부, 안전부, 중간 간부들에게 지급되는 턱없는 월급은 부패를 양산하는 치명적인 구조를 잉태하고 있다. 어디를 가서 무엇을 하든지 뢰물 없이는 작동하지 않는 조선의 사회구조는 자연스러운 현상이 되어 버렸다.

배급을 주지 않는데도 빠짐없이 진행되는 주, 월 생활총화와 시도 때도 없이 이어지는 강연회, 학습회, 방침전달, 포치사업 등에서 '비사회주의 현상'을 없애자고 매번 다짐하는 것은 마치 공기 마시듯이 일상화된 무의식적인 행위일 뿐이다. 비사회주의 원칙대로 한다면, 배급을 안 주는데도 매일 출근해서 죽지 않고 살아 있음을 과시하며 최고지도자의 초상화 먼지를 정성스럽게 닦아 내는 사람들을 모두 감옥에 보내야 한다.

당의 요구대로 비사회주의 안하고 국가배급만 바라보는 사람들은 이미 조선에 없다. 지난 1990년대 중후반의 '고난의 행군' 시기에 당과 국가에 충실한 사람들은 장마당에 안 가고 집에서 그대로 죽음을 맞이했다.

오로지 당과 국가만을 믿고 혁명에 충성했던 이 순진한 사람들을 죽음에로 내몬 것은 정말 죄악이다. 인간의 죽음 앞에서는 그 누구를 막론하고 겸허해야 한다. 그 책임은 누구에게 물어야 하는가?

'고난의 행군' 속에서 굶어죽은 자들은 전쟁 상황처럼 온몸으로 막을 적의 화구도 없어서 장렬한 전사는커녕 평화시기의 그 흔한 공로메달도 해당되지 않는다. 그 억울한 영혼의 시체들은 지금도 거리에 몰려다니며 새해부터 벌어지는 각종 명목의 '전투'들을 비웃는다. 대를 이어 계속되는 수많은 전투들 속에서 살아남은 자들은 뼈만 남은 착각의 용사가 되어 오늘도 '혁명의 승리'를 위하여 용맹하게 전진한다.

그 용맹스러운 전사들을 보유한 조선은 아직도 1인당 년간 소득이 1300딸라인데(2022년 기준 세계은행) 아래동네 대한민국은 5천만 명 이상 국가들 중 7번째로 3만 딸라를 달성한(2018년) 나라가 되었다. 대한민국 정부(행정안전부)의 2023년 11월 발표에 따르면 대한민국 인구 5,182만 명(북 2,588만, 2021년 말 기준) 중 외국인은 226만 명으로 평양시 인구에 이른다. 대부분이 중국과 동남아를 비롯한 저소득 국가 출신이다. 본국에서 수십 년간 벌지 못하는 돈을 대한민국에서는 몇 년이면 가능하기에 몰래 입국한 불법 체류자까지 포함하면 그 수자는 더욱 늘어난다. 대한민국이 법으로 강제한 2024년도 최저시은 시간당 9860원으로 세계 3위 경제대국 일본을 넘어섰다. 주5일 근무(토·일은 하늘이 무너져도 쉰다) 기준으로 최저 월급은 206만 원(약 1600딸라)을 넘는다.

2021년 남쪽의 무역총액은 코로나 상황에도 9801억 딸라로 력대 최고치를 기록했다. 북쪽은 현 지도부가 출발하던(2011. 12. 17.) 그해 63억 딸라이던 무역총액이 10년이 지난 2021년에는 8.6억 딸라로 쪼그라들었다. 남북의 단순비교는 무려 1136배에 달한다. 선조들로부터 '쇄국'이라

는 력사자산을 물려받은 조선반도, 세계사적 흐름에 편승하지 못한 북쪽
과 그 흐름에 올라탄 남쪽의 격차는 앞으로 얼마나 더 벌어질 것인가?

　오늘도 '강성대국'을 갈망하며 조국에 대한 걱정과 고민으로 남몰래
밤을 새우는 내 고향 북녘 땅의 정의로운 청년들과 지식인들의 집단지성
발현에 자양분이 되기를 기원하며 삼가 이 책을 바친다.

- 김경산 -

못다 한 이야기(에필로그)

　이 책을 준비하면서 가장 고민했던 것은 조선의 젊은 청년들과 지식인들이 과연 책의 내용을 어느 정도 리해할 수 있을까였다. 사실 제목부터가 거창한데다가 정치, 경제, 금융, 사회과학 등을 넘나드는 거시적인 감각과 경제적인 기초지식을 아우르는 어려운 용어들이 너무 많다. 그래서 재미있는 력사책을 읽듯이 '경제사'적 형식을 빌리고, 중간에 북과 남을 비교하는 생뚱맞는 주제들로 '쉬어가기 마당'도 넣는 등 흥미를 자극하면서도 리해하기 쉽게 하려고 했지만 내 능력은 여기까지임을 고백한다.

　아무리 느리게 변하는 조선이라지만 최근에 온 탈북민들을 만나 보면 내가 살던 그곳의 미세한 변화가 느껴진다. 고향을 떠난 지 어언 20여 년이 넘은데다가 나도 모르게 스며든 대한민국식 관점과 시각이 투영된 이 책의 내용이 북에서는 낯설게 느껴질 수도 있다는 생각에 불안을 떨칠 수가 없었다. 다행스러운 것은 대한민국 물이 아직 덜 든 최근 입국 탈북민들과 오래된 탈북민 지식인들은 이 책 내용에 호평 일색이었다. 하지만 북쪽이 싫어 뛰쳐나온 사람들로만 구성된 집단을 조선사람 전체로 일반화할 수는 없는 것이다.

　대북 관련 학자들과 전문가를 비롯한 유명인들에게도 조언을 구했다. 공통적인 비평은 국제사회를 바라보는 음모론적 시각, 조선의 독자들을 위해 반어법으로 구성된 목차, 그로부터 파생되는 대북 전략의 방향성 등의 의구심으로 귀결되었다. 약소국의 가난과 설음으로 범벅되어 상식처럼 굳어진 국제사회에 대한 인식을 질타하는 나의 신사고적 담론은 위험한 폭발물처럼 취급받는 느낌이다. 그들의 비평은 배신자로 치부하는 북쪽에서의 추방된 삶을 스스로의 외로운 '내적 망명'이라 애써 위로하며 남쪽에서 버텨오던 나에게 북과 남 어디에도 온전히 기댈 수 없는 '경계인의 삶'마저 느끼게 하였다. 탈북 당시의 미묘한 감정이 또다시 나를 짓이기고 있었다.

북과 남을 두루 살아 본 탈북민인 나는 북과 남의 현실과 국제사회를 바라보는 시각에 있어서 철저한 객관성을 유지하려고 노력했다. 어느 한쪽에도 치우치지 않고 중립적인 시각을 유지할 때에야 비로소 나의 진정성이 인정받는 것이라는 생각은 지금도 변함이 없다. 국제사회와 대북 정책에 대한 성찰적 시각의 일부 내용은 직설적이거나 랭소적인 차원을 넘어 도발적이기까지 하다. 공개적인 담론 자체가 금기시되는 주제들도 있다.

나는 단지 미국 중심의 국제사회의 본질을 조선에 알려 주고 싶었을 뿐이고 선진국 국가 정책의 핵심은 화폐와 금융구조 중심의 체력강화임을 알려 주고 싶었을 뿐이다. 또한 외부적인 수술에 의한 조선의 개방이 아니라 깨달음에 의한 스스로의 내부변화 방향을 알려 주고 싶었을 뿐이다. 나의 주장은 국제사회에 대한 음모론적 시각이 아니라 강대국들의 본성을 통찰해야 한다는 것이며 국제사회나 대한민국의 입맛에 맞는 거창한 대북 전략이 아니라 지금 당장 조선 내부에서 스스로 할 수 있는 목표와 방향을 제시할 뿐이다.

이렇게라도 하는 것이 두고 온 고향에 대한 마음의 빚을 갚는 길이고 통일을 위한 길이며 여기에 돌을 던지면 기꺼이 너덜너덜해질 각오도 되어 있다. 다르다는 리유로 비난당할지라도 세상의 모든 주장은 출판될 권리가 있다. 진정한 자유의 세상이라면 말이다.